D1705432

Karsten Sgominsky

Thilo Brauer

GIN

Alles über Spirituosen
mit Wacholder

Gin ★ Genever ★ Steinhäger ★ Wacholderbrände

2., aktualisierte Auflage

édition
gastronomique

Fachverlag von GastroSuisse
Edition spécialisée de GastroSuisse

Impressum

Herausgeber	GastroSuisse, Blumenfeldstrasse 20, 8046 Zürich
Gesamtverantwortung	Marco Moser, Leiter Verlage GastroSuisse
Autoren	Karsten Sgominsky und Thilo Brauer
Vertreten durch	erzähl:perspektive Literaturagentur, München, www.erzaehlperspektive.de
Lektorat	saltoverbale! Textatelier Michaela Gröner, M. A., München, www.saltoverbale.de
Projektleitung	Sandra Hasler, Leiterin édition gastronomique
Grafische Gestaltung	James Communication AG, Waldeggstrasse 32, 6343 Rotkreuz, www.jamescom.ch
Fotos	Die Produktabbildungen stammen von den jeweiligen Herstellern, soweit nicht anders angegeben. Der Bildnachweis für sonstige Abbildungen folgt am Ende des Buches.
Druck und Ausrüstung	Ostschweiz Druck, Hofstetstrasse 14, 9300 Wittenbach, www.ostschweizdruck.ch
Verlag und Vertrieb	édition gastronomique, Fachverlag von GastroSuisse, Blumenfeldstrasse 20, 8046 Zürich, Telefon 044 377 52 27, www.gastrobuch.ch, info@editiongastronomique.ch

2. Auflage 2016
© 2016, édition gastronomique/GastroSuisse
ISBN 978-3-905834-39-0

Inhaltsverzeichnis

Aperitif

Über die letzten Jahrzehnte hin betrachtet führte Gin weitestgehend ein Schattendasein gegenüber Spirituosen wie Wodka, Rum oder Whiskey, doch seit dem Jahrtausendwechsel bringt er sich wieder zunehmend in Erinnerung und hält seither verstärkt Einzug in die Bars. Daran hat nicht zuletzt die wieder auflebende Barkultur einen bedeutenden Anteil. Alten Cocktailrezepturen mit Gin wird wieder neues Leben eingehaucht und sowohl Cocktail-Connaisseure als auch die Bartenderzunft können sich dieser Tage an einem wesentlich breiteren Spektrum an Spirituosen, Likören, Bitters und Softdrinks aller Art erfreuen.

Sucht man jedoch nach wohlfundiertem Wissen über Gin, stellt sich alsbald heraus, dass Werke zu diesem Thema rar gesät sind. Ein Nachschlagewerk, das umfassend über Gin, Genever, Old Tom und zum Beispiel auch Wacholderbrände Auskunft geben könnte, fehlte bisher gänzlich. Dieser Mangel an einem Fachbuch über die Gesamtheit der Wacholderspirituosen ließ die Idee für dieses Buch entstehen, das sowohl die Lücke in den Büchersammlungen über Weine und feine Brände schließen als auch der neuen «E-Gineration» als ausgiebige Wissensquelle dienen soll.

Für jeden interessierten Genießer ist es zweifelsohne eine Bereicherung, mehr über das in Erfahrung zu bringen, was sich in den verschiedensten Wacholderspirituosen wiederfindet. Viele fragen sich irgendwann: Was kommt da außer Wacholderbeeren noch alles hinein? Woher kommen diese anderen Zutaten? Welche Geschichte steckt dahinter? Diese und viele andere Fragen sollen in diesem Buch beantwortet werden, denn es ist genau dieses Wissen, das bisher den Bartendern vorbehalten blieb. Es versetzt sie nämlich in die Lage, die jeweilige Spirituose besser zu verstehen und sie nicht nur entsprechend ihren Besonderheiten in Cocktails einzusetzen, sondern einfach besser zu «komponieren». Doch nun wird sich auch Ihnen die bislang geheime Welt des Gins mit all seinen Facetten öffnen.

Und über all dem weht ein Hauch von Geschichte, denn schließlich waren es Genever und später Gin, die die Cocktailära mit einläuteten und der Welt wahrhaft großartige Mixturen brachten. Man denke nicht nur an die große Zahl verschiedener Martini-Cocktails und die klangvollen Klassiker, sondern dabei auch an die großen Filme Hollywoods – schließlich wäre wohl kaum ein Medium besser geeignet gewesen, um die glanzvolle Welt der Cocktails zum Schillern zu bringen.

Denken wir nur kurz zurück an die Zeiten, in denen Wodka unter den klaren Spirituosen völlig dominierte, während man den Gin fast gänzlich aus den Augen verloren hatte. Doch nun ist er der neue Star auf dem Parkett und präsentiert sich mit frischem Design sowie überraschender Vielfalt, sodass im Rückblick auf die letzten Jahre rückhaltlos von einer Gin-Renaissance gesprochen werden kann.

Von Letzterer profitiert übrigens auch der Genever. Ebenfalls über lange Zeit beinahe in Vergessenheit geraten, erstrahlt auch er wieder in neuem Licht und gibt heute Gelegenheit, alte Cocktailrezepturen mit Genever neu zu erleben. Höchste Zeit also für eine Hommage an die Wacholder-spirituosen!

Auf unserer Website www.gin-buch.de finden Sie aktuelle Neuheiten, Trends, erweiterte Informationen zum Buchinhalt sowie spezielle Anregungen.

Doch nun umgeblättert und eingetaucht in die Welt des Gins!

Karsten Sgominsky und Thilo Brauer

Kapitel 1
Historie

Der Gin verdankt sein Dasein dem holländischen Genever und dessen Geschichte reicht wiederum zurück bis ins 16. Jahrhundert. Aber wie kamen nun einstmals Wacholder und Spirituose zusammen und was geschah von da an weiter, was letztlich den Gin unserer Tage hervorbrachte? Diese Frage soll in diesem Kapitel beantwortet werden.

Destillation – die Anfänge

Schon in der Antike war die Wacholderbeere (lateinisch: Juniperus) als vielseitig einsetzbares Heilmittel bekannt und gehörte zum Repertoire der praktizierenden Ärzte, allen voran des Hippokrates (ca. 460–370 v. Chr.). Das erste komplexe europäische Werk über Medizin ist das griechische «Corpus Hippocraticum», eine Sammlung von Texten, die zu Lebzeiten von Hippokrates beginnend über die nachfolgenden Jahrhunderte erweitert wurde und unter anderem Hinweise sowohl zur äußeren Applikation als auch zur Einnahme von Beerenzubereitungen enthält, darunter solche mit Wacholder.

In den Jahrhunderten nach Christi Geburt wurde in Europa Medizin als Wissenschaft, abgesehen von einigen wenigen Einzelpersonen, fast überhaupt nicht beachtet, was im Hinblick auf die Bildung und allgemeine Versorgung auf diesem Gebiet nicht ohne Folgen blieb. Man halte sich das Europa der ausklingenden Spätantike (ca. 8. Jahrhundert n. Chr.) vor Augen: Ein Großteil der vorhandenen Schriften und Bücher fiel religiös motivierter Vernichtung und kriegerischer Zerstörung im Verlauf der Völkerwanderungen jener Epoche zum Opfer. Das dann nur noch spärlich vorhandene Kulturgut in Form von Schriftsammlungen über Medizin und Heilkunde war überwiegend in den Händen des Klerus. Kompetente Ärzte waren rar, denn diese wurden fast ausschließlich im arabisch-persischen Raum ausgebildet und deren Dienste konnten sich nur Herrscher, Adlige oder Reiche leisten. Das einfache Volk war also auf Wanderärzte und örtliche Bader angewiesen, die Knochenbrüche richten konnten, kleinere chirurgische Eingriffe vornahmen, Zähne zogen und andere Heilpraktiken wie die Zubereitung von Mixturen und Elixieren anwandten. Das ließ natürlich viel Raum für zahlreiche Quacksalber und Scharlatane, die nichts weiter kannten als Aderlass und Scheinbehandlungen, ihre «Wundermedizin» verkauften und sich dann schnell aus dem Staub machten, sofern sie nicht schon vorher enttarnt und erschlagen wurden. Erst im frühen Mittelalter regte sich neues Interesse am umfangreichen Wissensschatz von einst und es entstanden zwei Zentren der Naturwissenschaften: Salerno im Südwesten Italiens am Tyrrhenischen Meer gelegen und Toledo im Zentrum der Iberischen Halbinsel.

Toledo profitierte von der Vielsprachigkeit seiner Bevölkerung und entwickelte sich dadurch zu einem Übersetzungszentrum arabischer und griechischer Schriften, die von den verschiedensten Wissenschaften handelten. Vornehmlich wurden sie ins Lateinische übersetzt und eine der namhaftesten Persönlichkeiten in diesem Genre war Gerhard von Cremona (1114–1187), dessen zahlreiche Arbeiten noch Jahrhunderte später Grundlage wissenschaftlicher Studien waren. Er war es auch, der das wohl bedeutendste medizinische Werk des Mittelalters dieser Region übersetzte: das bei Cordoba entstandene «al-Tasrif» des Abu I-Qasim Chalaf ibn al-Abbas az-Zahrawi (936–1013), alias Abulcasis, das dreißig Bände umfassend die arabischen und klassisch griechisch-römischen Lehren kombinierte und die europäische Medizin bis zur Renaissance mitprägte.

Das kosmopolitische, wissenschaftlich aufgeschlossene maurische Spanien war maßgeblich dafür verantwortlich, dass die Medizin neben anderen Naturwissenschaften in Europa zunehmend nach dem Vorbild morgenländischer Schulen akademisiert wurde.

Salerno sah ebenfalls keine Universitätsgründung an sich, aber die Einrichtung eines Benediktinerklosters im nahe gelegenen Montecassino, in dem die Schriften griechischer Ärzte wie Hippokrates und Galenos sowie Texte aus arabischen Kulturen zusammengetragen, übersetzt und angewandt, jedoch größtenteils vorerst nicht weiterentwickelt wurden. Konstantin der Afrikaner (Constantinus Africanus, 1017–1087) war einer der Protagonisten, die für den Aufstieg Salernos als medizinwissenschaftliches Zentrum durch Übersetzungen ins Lateinische als Kompendien verantwortlich zeichneten. Salerno wurde mit der Zeit durch Zuzug von Gelehrten und weiterer Anhäufung medizinischen Wissens zu einer bedeutenden Adresse für angehende Ärzte und Genesungsuchende. Hier entstand um 1150 eines der frühesten und bedeutendsten medizinischen Werke des Mittelalters aus europäischer Feder, das «Circa instans», das die Anwendung, Verarbeitung und Wirkung von fast 300 Arzneipflanzen – darunter auch Wacholder – beschreibt und dem Arzt und Lehrer

Matthaeus Platearius (gest. 1161) als Verfasser zugeschrieben wird, was aber nicht gesichert ist.

Für unsere Thematik von größerer Bedeutung ist jedoch das «Compendium Salerni» des Magister Salernus Aequivocus (gest. 1167), das er während seiner Schaffensperiode in Salerno (ca. 1130–1160) verfasste, denn es enthält einen der frühesten Nachweise einer Weindestillation, die «aqua ardens» – «brennendes Wasser» – ergab, das noch verhältnismäßig schwach alkoholisch und wohl kaum genießbar war.

Kaiser Friedrich II. (1194–1250) des Heiligen Römischen Reiches war ein großer Förderer der Naturwissenschaften und erhob Salerno zu einer strukturierten Ausbildungsstätte, an der auch Frauen als Schüler, Lehrer und praktizierende Ärzte zugelassen waren.

Die Bedeutung von Toledo und Salerno besteht also darin, dass eine Vielzahl von Naturwissenschaften dem europäischen Raum zugänglich gemacht wurden, was dem Fortschritt auf vielen Gebieten zuträglich war. In Bezug auf das hier vorliegende Thema hat Salerno eine besondere Stellung, weil man sich dort über Jahrzehnte mit der Destillation befasste und die gewonnenen Erkenntnisse dem medizinischen Fortschritt zugutekamen.

Wacholder & aqua vitae

Das erlangte Wissen blieb nicht allein und exklusiv in Salerno, sondern verbreitete sich rasch nordwärts. Es erschienen mehrere Werke von Autoren, die nichts mit Salerno oder Toledo zu tun hatten, wie zum Beispiel das «Liber de natura rerum» («Buch der natürlichen Dinge») von Thomas von Cantimpré, einem in Brabant (im heutigen Belgien) geborenen geistlichen Gelehrten, der unter anderem die medizinische Wirkung von Wacholderbeeren und Wacholderöl beschrieb und sich hauptsächlich antiker Quellen bediente.

Ohne explizit genannt zu werden, diente von Cantimprés Werk dem Niederländer Jacob van Maerlant (ca. 1230–1300) als Hauptquelle, als dieser seine in Versform verfasste Naturenzyklopädie «Der naturen bloeme» zwischen 1266 und 1269 in Damme (bei Brügge) schrieb. Es handelt sich hierbei um die älteste Referenz in niederländischer Sprache, die Wacholder behandelt. Jüngsten Forschungen zufolge bezweckte er damit, den auf Griechisch und Latein begrenzten Kreis der für Wissenschaften verwendeten Sprachen um das Niederländische zu erweitern. In seinen Versen beschreibt van Maerlant, dass Wein oder Regenwasser, in denen Wacholderbeeren gekocht wurden, gegen Bauchschmerzen und Magenkrämpfe hülfen. Destillation wird hingegen im ganzen Buch nur einmal genannt: Aus Wacholderholz destilliertes Öl sei eine reichhaltige Medizin, die zur Bekämpfung einer Vielzahl von Krankheiten, wie z. B. Fieber, Epilepsie oder Arthritis, tauge.

Interessant ist auch das Buch «Liber ignium ad comburendos hostes» («Buch des Feuers zum Verbrennen der Feinde»), über dessen Entstehungsdatum keine Einigkeit herrscht und als dessen Verfasser ein Marcus Graecus vermutet wird, über den historisch jedoch nichts bekannt ist. Im Grundtenor ins 12./13. Jahrhundert eingeordnet, beschreibt es hauptsächlich die Herstellung von Sprengpulvern und erwähnt ein aus Wein destilliertes «aqua ardens», dessen Entflammbarkeit durch das Hinzufügen von Schwefel erhöht werden kann und das die damals (und auch heute noch) bemerkenswerte Eigenschaft hatte, dass es, wenn man es auf ein Tuch träufelte und anzündete, brannte, ohne dabei den Stoff zu verbrennen.

Federführend bei der Verbesserung der Destilliertechniken war der ab 1264 in Bologna unterrichtende Arzt Taddeo Alderotti (auch als Thaddäus Florentinus bekannt), der diese insbesondere in seinem Werk «De virtutibus aquae vitae et eius operationibus» («Von den Tugenden des Lebenswassers und seinen Anwendungen») darlegte. Er entwickelte ein Kühlungssystem, was es ihm ermöglichte, hochprozentigen Alkohol zu gewinnen. Was bewirkte diese Kühlvorrichtung? Die Siedepunkte für Wasser und Alkohol sind unterschiedlich hoch. Will man aus dem zu destillierenden Wein den Alkohol herausfiltern, muss die Siedetemperatur von Alkohol (78,3 °C) erreicht werden, ohne aber die des Wassers (100 °C) zu erreichen, sonst steigen beide Dämpfe gleichzeitig auf, vermischen sich und kondensieren gemeinsam. Etwas mehr als 100 Jahre zuvor arbeitete Magister Salernus ohne Kühlung, weshalb ihm «nur» das «aqua ardens» gelang. Alderotti hingegen fand heraus, dass es unerlässlich ist, das Ablaufrohr ständig zu kühlen, um den Alkohol rasch kondensieren zu lassen, bevor er sich mit später aufsteigenden Wasserdämpfen vermischen kann. Nur das kontrollierte Zusammenspiel von Hitze und Kühlung lässt durch mehrfache Destillation reinen Alkohol entstehen und dieses Verfahren, das bis heute Grundlage der Alkoholdestillation ist, hat Alderotti entwickelt.

Taddeo Alderotti nannte sein destilliertes Wasser «aqua vitae» – Lebenswasser –, welches nach mindestens vier Destillationen «perfecta» sei. Im Gegensatz zum «aqua ardens» verbrannte es ein darin getränktes Tuch vollständig. Er unterschied zwischen einfachem («simplex» – also dem puren Destillat) und zusammengesetztem («composita») Lebenswasser. Letzteres ging aus der Erkenntnis hervor, dass «aqua vitae» die Eigenschaft aufwies, die Heilkraft von Kräutern, Blüten und Wurzeln aufzunehmen, wenn man diese ins «aqua vitae» einlegte.

Es entstand also Wasser, das einen von innen wärmte; Wasser, das Heilkräfte besaß; Wasser, das von Feuer vertilgt wurde (und nicht umgekehrt!). War das der Weg zum Elixier der Unsterblichkeit? Leider nein. Alderotti pries zwar außerordentlich die vielseitige Wirkung der verschiedensten «compositas» auf die Gesundheit des Menschen und erachtete sie als lebensverlängernd, mahnte aber zu einem bedachten, dosierten, am besten mit Wein verdünnten Gebrauch dieses kraftstrotzenden Heilmittels.

Zusammenfassend kann man sagen, dass Taddeo Alderotti mit seiner Entwicklung und dem daraus entstandenen Resultat eines hochprozentigen Branntweins mit Heilwirkung sowohl der Medizin und Chemie entscheidend zum Fortschritt verhalf, als auch den Grundstein der Pharmazie und – im erweiterten Sinne – der Destillationsindustrie legte.

Pest und Medizin

Als die große Pestepidemie – der «Schwarze Tod» – von 1347 bis 1353 in Europa grassierte und ein Massensterben verursachte, dem ein Drittel der Bevölkerung Europas (ca. 25 Millionen Menschen) zum Opfer fiel, wurde fieberhaft nach Heilmitteln gesucht, denn selbst Gelehrte und Mediziner standen dieser Seuche hilflos gegenüber. Alte Schriften wurden konsultiert und unzählige Pflanzen zur Bekämpfung ausprobiert, darunter auch Wacholder, der in den verschiedensten Formen Anwendung fand. Man entfachte z. B. große Wacholderfeuer, die die Luft von Krankheitserregern reinigen sollten. In den Räumen mit Erkrankten wurden Wacholderzweige verräuchert, um zu desinfizieren und «böse Geister zu vertreiben». Elixiere aus Wacholderbeeren wurden gleichsam Pestkranken und den noch Gesunden gereicht, denn obwohl der Wacholder keine heilende Wirkung erzielte, so erwies er sich doch als probates Mittel zur Vorbeugung und Linderung. Während der nun über die Jahrhunderte in weiten Teilen Europas immer wieder ausbrechenden Pest wurde stark auf Wacholder zurückgegriffen.

Unter den Ärzten und Heilkundigen entwickelte sich eine neue Form der Prävention: Um sich vor Ansteckung zu schützen, trugen sie einen Komplettschutz in Form von langen Mänteln, Handschuhen, einem Stock (um die Erkrankten nicht direkt berühren zu müssen) und Kapuzen mit Schutzmaske, in die häufig ein «Schnabel» eingebaut war, der mit einer Mischung aus wohlriechenden Kräutern und Wacholderbeeren gefüllt war, um die pestilenzartigen Ausdünstungen der Erkrankten zu übertünchen und antiseptisch zu wirken. Der Kupferstich «Doctor Schnabel von Rom» (1656) von Paul Fürst stellt diese Maskerade sehr anschaulich dar.

Im Buch «Ein guts nuczlichs buchlin von aussgeprenten wassern» von Michael Puff von Schrick (ca. 1400–1473) wird die Eigenschaft des Weindestillats als Träger medizinischer Wirkstoffe wegweisend manifestiert, da der Autor nicht nur die Rezepturen nach Anwendung ordnet, sondern auch vielseitig den Branntwein und dessen Wirkung auf den Körper lobpreist: «Wer alle Morgen trinkt in halben Löffel vol gepranten weins der wird nimmer krank.» Er bemühte sich um die Vervielfältigung und Zugänglichkeit des in seinem Buch übersichtlich zusammengetragenen medizinischen Wissens, um damit den Ruf des Berufsstandes Arzt und das Volk vor Kurpfuschern zu schützen. Dieser Wunsch sah sich

«Doctor Schnabel von Rom»
Kupferstich über
Schutzbekleidung
Paul Fürst, 1656

«Das buch der waren
kunst zu distillieren»
Hieronymus Brunschwig
Straßburg 1512

allerdings erst kurz nach seinem Tode erfüllt, als sein Buch – begünstigt durch den von Johannes Gutenberg um 1450 erfundenen maschinellen Buchdruck mit beweglichen Lettern – erstmalig gedruckt und mehrfach neu verlegt wurde.

Ein beachtlicher Meilenstein sind zweifelsohne die beiden Werke des Straßburger Wundarztes Hieronymus Brunschwig (ca. 1450 – 1512), «Das Buch der rechten kunst zu distilieren die eintzige ding» («Kleines Destillierbuch», 1500) und «Das buch der waren kunst zu distillieren» (1512). Hier schreibt er ausführlich über die «fünfte Essenz» und «aqua vitae composita», für das man Kräuter und Beeren in mehrfach destilliertem Wein einlegt (mazeriert) und anschließend destilliert. Seine Werke wurden in der Folge oft kopiert und übersetzt, da sie in vielerlei Hinsicht als fundamentale Vorlage über das Destillieren und Extrahieren pflanzlicher Wirkstoffe zu medizinischen Zwecken dienten.

Aus Büchern, Traktaten, Rezeptsammlungen und der eigenen Erfahrung lernend, nutzten nun viele Alchimisten, Ärzte und Heilpraktiker «aqua vitae» unter Zugabe von Kräutern und Gewürzen zur Herstellung ihrer Heiltränke, was eine schrittweise Verbesserung der Behandlungsmöglichkeiten für jedermann – inklusive des einfachen Volkes – mit sich brachte.

Weindestillat kontra Korndestillat

1507 wurde im thüringischen Nordhausen erstmals eine Branntweinsteuer urkundlich erwähnt. Dieser Branntwein («bornewyn») wurde jedoch noch nicht aus Korn, sondern üblicherweise aus Bier und Met destilliert. 1545 wurde ebenda das erste Kornbrennverbot per Ratsdekret verhängt.

Im 500 Kilometer weiter westlich gelegenen Antwerpen sprach sich 1552 der dort ansässige Mediziner Philippus Hermanni in seinem Buch «Een constelijk Distileerboec» deutlich gegen die zunehmende Verwendung von Bier zur Herstellung von Branntwein (niederländisch: brandewijn) aus. Doch nicht allein jenes Aufbegehren machte ihn bekannt, sondern vielmehr ließen die ausführlich beschriebenen Destillierverfahren und -apparate plus zahlreiche Rezepturen sein Werk in den Niederlanden zu dem Handbuch für Destillateure werden.

Hierdurch wird deutlich, dass schon im frühen 16. Jahrhundert nicht mehr nur Wein destilliert wurde, der das feine «aqua vitae» ergab, sondern auch Branntwein aus Bier, Met und schon bald darauf direkt aus Getreide gebrannt wurde. Letztere Methode verbreitete sich rasch im deutsch-niederländischen Raum, in dem sich die Destillierzentren Westeuropas befanden.

Grund dafür ist der Unterschied in den Kosten, denn Getreide gab es überall und vergleichsweise preiswert, wohingegen Weinanbau durch schlechte Ernten und lange Kälteperioden im Norden immer seltener anzutreffen war. Die Einfuhr von Wein war natürlich ungleich teurer und der dezimiert noch lokal angebaute Wein gewiss nicht wesentlich billiger. Somit vollzog sich auf dem Gebiet der Branntweine bald ein Klassenunterschied: Während die oberen Schichten, Ärzte und Apotheker weiterhin auf sanfteren, reineren aromatisierten Branntwein aus Weindestillat schworen, nahmen die unteren Bevölkerungsschichten mit billigerem, nicht aromatisiertem Kornbranntwein vorlieb.

Diese Entwicklung des frühen Widerstandes gegen die Getreidedestillation setzte sich durch Verbote in weiteren deutschen Städten fort. In Augsburg wurde 1570 eine Verordnung verfügt, die die Produktion von Weizenspirituosen für andere als medizinische Zwecke verbot, weil sich eine Hungersnot abzeichnete, die zwei Jahre später ihren Höhepunkt erreichte. Zu diesem Verbot kam es, als einige Stadtväter Branntweine als «gesundheitsschädlich und eine nutzlose Verschwendung von Weizen» verurteilten und diesbezüglich bereits in Kraft getretene Verordnungen der Städte Nürnberg und Frankfurt als Vorbilder ins Feld führten. Doch nicht nur Zweckentfremdung von Getreide war ihr Motiv, sondern sie warfen gleichzeitig den Branntweinherstellern vor, sie würden Weizenbrand mit legitimem, gutem Branntwein aus Wein vermischen und bezichtigten sie somit der Panscherei.

Betrachten wir an dieser Stelle kurz die politische Lage Mitteleuropas in der zweiten Hälfte des 16. Jahrhunderts: Die Länder Niederlande, Belgien und Luxemburg gibt es zu jener Zeit noch nicht, sie bestehen stattdessen aus siebzehn niederländischen Provinzen, die bis nach Nordfrankreich hineinreichen und allesamt zur spanischen Krone gehören. Durch ihre Handelshäfen und Handelsflotte sind die Niederlande eine starke Wirtschaftsmacht und auch strategisch wichtig für das erzkatholische Spanien. Die sich durch die Reformation in den Niederlanden ausbreitende protestantische Glaubensrichtung des Calvinismus wird von der spanischen Inquisition brutal unterdrückt, was zu einer Massenflucht nach Osten in deutsche Fürstentümer und gen Westen nach Frankreich, zu starken Unruhen und 1568 schließlich zum Achtzigjährigen Krieg führt, in den sich ab 1618 der hierzulande weitaus mehr bekannte Dreißigjährige Krieg auf deutschem Boden einfügt.

1581 kommt es zur Unabhängigkeitserklärung der nördlichen Niederlande unter der Führung von Wilhelm I. von Oranien, die sich zur Republik der Sieben Vereinigten Provinzen ausruft. Die südlichen Staaten bleiben die Spanische Niederlande.

Im August 1585 unterzeichnet Queen Elizabeth I den «Vertrag von Nonsuch», in dem sie den rebellierenden protestantischen Provinzen der Niederlande militärische und finanzielle Hilfe zusichert. Noch im selben

Jahr segelt eine Streitmacht von ca. 6.000 Soldaten und 1.000 Reitern unter der Führung von Robert Dudley, 1st Earl of Leicester, in die Niederlande.

So kamen englische Truppen erstmals mit Kornbranntwein in Berührung, den die niederländischen Soldaten vor der Schlacht tranken und der ihnen extra Kampfeskraft verlieh. Obwohl nicht zweifelsfrei belegbar, lässt sich mit hoher Wahrscheinlichkeit sagen, dass die englischen Soldaten diesem Getränk den Namen «Dutch courage» («Holländischer Mut[macher]») jetzt schon gaben, wo sie noch Waffenbrüder waren, und nicht erst – wie in manchen Quellen zu lesen ist – in späteren Kriegen des 17. Jahrhunderts, als sie nicht mehr gemeinsam, sondern gegeneinander fochten. Fakt ist jedoch, dass dieser Branntwein durch die heimkehrenden Soldaten nach England kam, dort aber mangels Destillierwissens nicht reproduziert werden konnte und «Dutch courage» zu einem geflügelten Wort im englischen Sprachgebrauch wurde.

In diese Periode des ausklingenden 16. Jahrhunderts fällt der für uns entscheidende Teil der Lebensgeschichte des in Köln geborenen Caspar Janszoon Coolhaes (1536 – 1615). Einst Kartäusermönch, fungierte er vielerorts im deutsch-niederländischen Raum als Minister in kirchlichen Ämtern. Mit 38 Jahren zog er in die Stadt Leiden in die Rapenburch (heutige Nr. 22), wo er im Februar 1575 die Eröffnungsrede bei der Einweihung der ersten Universität der nördlichen Niederlande hielt und dort als erster Professor Theologie unterrichtete. 1582 wurde er unter Kontroversen von der Reformierten Kirche Hollands exkommuniziert und in der Folge auch von seiner Lehrtätigkeit an der Universität entbunden, da er zu liberale politische Ideen vertrat, die zu Konflikten zwischen Kirche und Kommunalregierung führten. Er erhielt daraufhin zwar weiter vom städtischen Magistrat ein Gehalt, suchte sich aber einen neuen Lebensunterhalt und entschied sich, Destillateur und Apotheker zu werden. Dazu belas er sich über Kräuter, über die Kunst des Destillierens und konsultierte darin Erfahrene. 1588 erschien sein Buch «Van seeckere seer costelijcke wateren» («Von sicher sehr köstlichen Wässern»), das in bestimmten Aspekten außerordentlich interessant ist.

Freimütig gibt er die Autoren und Gelehrten an, deren Werke er studierte bzw. von denen er sich persönlich Rat und Hilfe holte. Im Vorwort und an weiteren Stellen im Text schreibt er, dass die meisten seiner Wässer in der Region wenig bekannt sind, weshalb man denken könnte, es seien einfache Branntweine und keine Wässer. In diesem Zusammenhang warnt er ausdrücklich vor Branntweinen, die aus den verschiedensten Getreidearten, schalem Bier und nicht mehr trinkbarem Wein destilliert werden. Diese Sorte sähe nur aus wie richtiger Branntwein, ist es aber nicht; trotzdem werden die Leute dafür zur Kasse gebeten, als wäre es welcher. Wahren Branntwein («aqua vitae») könne man nur aus gutem Rheinwein oder anderen guten Weinen machen, aber nicht aus Getreide. Der Leser solle selbst entscheiden, ob man aus einer unreinen, ungesunden Basis ein gutes, gesundes Getränk bereiten könne. Im Kapitel «Observationen» weist er auf die Bedeutung der eigenen Erfahrung hin. Seit 14 Jahren hätte er einen sehr schlechten Magen und probiere eine Unmenge an Medizin und Ratschlägen aus, aber nichts half. Seine Frau war sechs Jahre lang derart krank, dass es stadtbekannt war. Doch dank der Heilkraft seiner Wässer seien sie beide jetzt bei bester Gesundheit und er möchte mit seinem Buch ausführen, wie man diese Wässer mittels Destillation herstellt. Unter der Kapitelüberschrift «Aqua Iuniperi: Weecholter, ofte Genever water» («Aqua Junipeir: Wacholder- oder auch Genever-Wasser») beschreibt er die Wirkungsweise dieses Wacholderbranntweins und fortführend die des «edlen, sehr kostbaren Wacholderöls – Oleum Juniperi».

Das Bemerkenswerte an Caspar Coolhaes ist, dass er die Nutzung von Kornbranntwein nicht aus agrarökonomischen Gründen anprangert, sondern aus einem ausgeprägten Qualitätsbewusstsein heraus. Er war auch derjenige, der als Erster seine Wässer aktiv in Druckform vermarktete, und konnte auf diese Weise überregionale Klientel für seine Qualitätsprodukte erreichen, was ihm am Ladentisch allein nur schwerlich möglich gewesen wäre. Des Weiteren erbrachte er wohl als Erster in der Fachliteratur einen ausführlichen Quellennachweis und sein Buch ist die erste uns bekannte Publikation überhaupt, die die Bezeichnung «Genever» für einen Wacholderbrand wiedergibt (vgl. dazu das Kapitel «Genever»). Nimmt man sein propagiertes Qualitätsbewusstsein, die aktive Produktvermarktung durch sein Buch und seinen nicht zu unterschätzenden Bekanntheitsgrad zusammen, so könnte man Caspar Coolhaes durchaus als den Pionier für die Verbreitung des Begriffs «Genever» für einen mit Wacholder aromatisierten Branntwein bezeichnen.

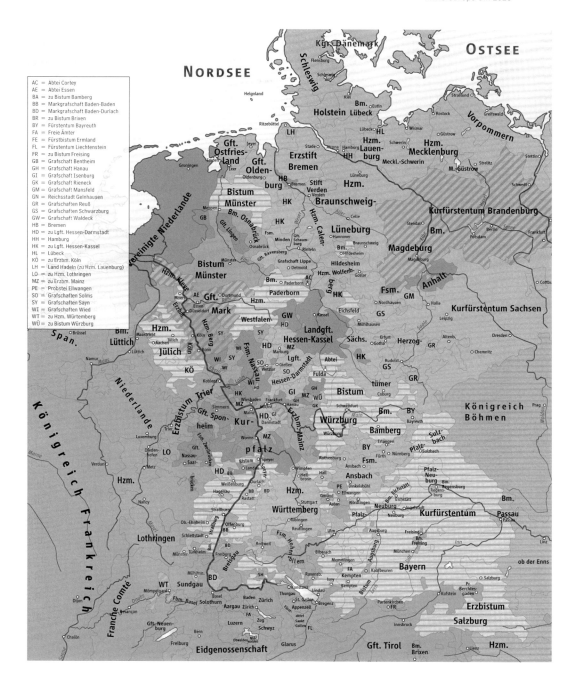

AC = Abtei Cortey
AE = Abtei Essen
BA = zu Bistum Bamberg
BB = Markgrafschaft Baden-Baden
BD = Markgrafschaft Baden-Durlach
BR = zu Bistum Brixen
BY = Fürstentum Bayreuth
FA = Freie Ämter
FE = Fürstbistum Ermland
FL = Fürstentum Liechtenstein
FR = zu Bistum Freising
GB = Grafschaft Bentheim
GH = Grafschaft Hanau
GI = Grafschaft Isenburg
GK = Grafschaft Rieneck
GM = Grafschaft Mansfeld
GN = Reichsstadt Gelnhausen
GR = Grafschaften Reuß
GS = Grafschaften Schwarzburg
GW = Grafschaft Waldeck
HB = Bremen
HD = zu Lgft. Hessen-Darmstadt
HH = Hamburg
HK = zu Lgft. Hessen-Kassel
HL = Lübeck
KÖ = zu Erzbm. Köln
LH = Land Hadeln (zu Hzm. Lauenburg)
LO = zu Hzm. Lothringen
MZ = zu Erzbm. Mainz
PE = Probstei Ellwangen
SO = Grafschaften Solms
SY = Grafschaften Sayn
WI = Grafschaften Wied
WT = zu Hzm. Würtemberg
WÜ = zu Bistum Würzburg

Das Korndestillat setzt sich durch

Im Laufe der 80er-Jahre des 16. Jahrhunderts wurde in den Niederlanden die Korndestillation immer stärker betrieben und überwog bald deutlich die Weindestillation, die auch weiterhin anzutreffen war. Einer der gewichtigen Gründe dafür war der Nebeneffekt, dass die Rückstände aus der Korndestillation als nahrhaftes Viehfutter verwendet werden konnten.

Ab 1598 wurden die südlichen Niederlande von Erzherzog Albrecht VII. von Österreich und Erzherzogin Isabella Clara Eugenia von Spanien regiert, die sich um Frieden und Erholung von den Folgen des jahrelangen Krieges bemühten. Aufgrund schlechter Ernten wurde 1601 ein Edikt verfasst, das die Herstellung, den Verkauf und den Konsum von Branntwein aus Korn verbot.

Edikt zum
Destillierverbot 1601

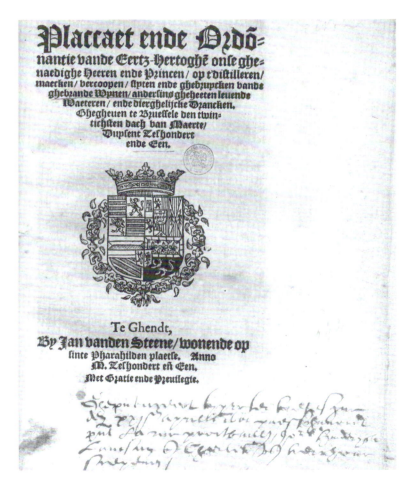

Wer von den Destillateuren nicht schon vorher aus religiösen Gründen geflohen war, der packte jetzt seine Sachen und zog vornehmlich in die nördlichen Niederlande um, wo dieses Verbot nicht galt. Diejenigen, die trotzdem blieben, destillierten Getreide illegal weiter, sodass dieser Erlass 18 Mal wiederholt werden musste.

Dass sich der Genever offensichtlich zunehmender Beliebtheit erfreute, wird durch ein niederländisches Staatsdekret von 1606 untermauert, das Steuern auf destillierte Anis-, Wacholder- und Fenchelwässer erhob, die als alkoholische Getränke verkauft wurden. Im Unterschied dazu enthielt die 1583er-Version dieses Dekrets noch keine Besteuerung jener Wässer. Das lässt den Schluss zu, dass diese ab 1606 nicht länger einzig als Medizin oder Heilmittel, sondern als mehr oder weniger stark konsumiertes Genussmittel angesehen wurden.

Richtigstellung

In vorherigen Abschnitten wurde ausführlich darüber berichtet, wer alles auf verschiedenste Weise Einfluss auf die Entwicklung des Genevers hatte. An dieser Stelle möchten wir auf zwei Namen eingehen, denen fälschlicherweise bis in die jüngste Vergangenheit hinein die Erfindung des Genevers zugeschrieben wurde.

Franciscus de le Boë (Franciscus Sylvius)

Franciscus de le Boë wurde 1614 in Hanau (bei Frankfurt/M.) als Sohn von Isaac de le Boë und Anne Vignet geboren. Als sein Geburtsdatum wird gemeinhin der 15. März angegeben, was jedoch inkorrekt ist, da sein Eintrag im Taufbuch der französisch-reformierten Gemeinde von Hanau vom 10. März datiert (siehe Abb. S. 22). Seine wohlhabende Familie war schon vor seiner Geburt aus religiösen Gründen aus der niederländischen Provinz Cambrai (Nordfrankreich) in die Gegend von Köln geflohen.

Franciscus de le Boë

Seine erste schulische Bildung erhielt er an der Akademie von Sedan, studierte anschließend an der Universität in Leiden Medizin und nach weiteren Zwischenstationen in Jena und Wittenberg promovierte er 1637 an der Universität Basel zum Doktor. Er bewarb sich um eine Stelle als Professor an der Uni Leiden, bekam jedoch keine und ging daraufhin nach Amsterdam, wo er eine lukrative Arztpraxis eröffnete.

1658 wurde er doch noch an den Lehrstuhl der Uni Leiden als Medizin-professor berufen, wo er bis zu seinem Tode 1672 blieb. Die Ideen und

Forschungsergebnisse von Paracelsus und van Helmont aufgreifend, schuf Franciscus Sylvius die Lehre der Iatrochemie und erzielte ebenfalls große Anerkennung auf dem Gebiet der Neuroanatomie.

Die Bedeutung seiner Erfolge in der Forschung ist unbestritten und es ist auch nicht so abwegig, davon auszugehen, dass Franciscus de le Boë während seiner Zeit als Arzt in Amsterdam Mixturen durch Destillation herstellte und dabei unter anderem auch mit Wacholder arbeitete, aber er kann definitiv nicht den Genever erfunden haben, da dieser schon ein populäres Gesellschaftsgetränk war, als er geboren wurde.

Sylvius de Bouve

Dieser Name tauchte vor etwas mehr als einem Jahrzehnt auf und war jüngst immer häufiger in Veröffentlichungen aller Art (zumeist im Internet) zu finden. Sylvius de Bouve wird unisono als ein «bekannter Professor an der Uni Leiden» beschrieben und sei Pharmazeut und Chemiker gewesen, der 1595 einen Wacholdertrunk namens «Genova» erfand, aus dessen rasch ansteigender Popularität das Getränk «Genever» wurde.

Dass der Begriff «Genever» schon früher von Caspar Coolhaes verwendet und gepriesen wurde, wissen wir bereits. Viel gravierender ist jedoch die Tatsache, dass ein Sylvius de Bouve weder im Leidener Professorenregister «Album Scolasticum Academiae Lugduno Batavae 1575−1940» (Leiden 1941) noch im Leidener Studentenregister «Album Studiosorum Academia Lugduno Batavae 1575−1875» (Den Haag 1875) aufgeführt ist. Ebenso wenig findet de Bouve im «Biographischen Index holländischer Apotheker bis 1867» (Rotterdam 1992) Erwähnung und auch im Buch «Leidens weg op 1576−1603» (Wervik 1992), das die Herkunft von Zuwanderern aus den südlichen Niederlanden studiert, ist er nicht verzeichnet. Zu guter Letzt gibt es noch die Leidener Bürgerregister («Poorterboeken») der Jahre 1532−1603, doch auch da sucht man ihn vergeblich.

Wenn er also die viel beachtete Person gewesen wäre, als die er vielfach dargestellt wird, so müsste er in irgendeinem Register zu finden sein. In Abwesenheit eines offiziellen Hinweises auf die Existenz des Sylvius de Bouve lässt sich derzeit nur schlussfolgern, dass es diese Person höchstwahrscheinlich gar nicht gab.

Genever regiert

Im 17. Jahrhundert gewannen Amsterdam und Rotterdam als Hafenstädte für internationale Ein- und Ausfuhr immer mehr an Bedeutung. Gewürze trafen aus den Kolonien in Ostasien ein, Getreide überwiegend aus dem Baltikum und Steinkohle zum Feuern der Brennöfen aus England. Brennereien hatten also eine stete Bezugsquelle für alles, was sie brauchten, und den Exporthafen für ihre Produkte direkt vor der Haustür. Zusätzlich lieferten die Getreiderückstände von der Destillation gutes Viehfutter, weshalb sich Viehmastbetriebe ansiedelten, die in der Stadt selbst unerwünscht waren. Daher zogen Destillerien in den Rotterdamschen Nachbarort Schiedam um, der sich zum Genever-Zentrum der Niederlande entwickeln sollte.

Wilhelm III. von Oranien-Nassau (1650–1702) – seit 1672 Regent der Niederlande und ab 1689 in Doppelmonarchie mit Queen Mary II König von England, Schottland und Irland

Das Destillieren war auch in England bekannt, allerdings in sehr kleinem Rahmen und größtenteils für den Hausgebrauch bzw. zu medizinischen Zwecken. Die 1638 gegründete «Worshipful Company of Distillers» erhielt per Petition von König Charles I. das Monopol für das Destillieren von Spirituosen in London und Umgebung. Dadurch wurde diese Sparte zwar fortan Regeln unterworfen, indem die anzuwendenden Destilliermethoden vorgeschrieben und kontrolliert wurden, jedoch konnte hier in keinster Weise vom Beginn einer ausgewachsenen Destillierindustrie die Rede sein, da die Ausübung eben nur einer verhältnismäßig kleinen Gruppe Privilegierter vorbehalten war.

England war also weiterhin ein Großabnehmer für holländischen Genever, dem auch die drei englisch-niederländischen Seekriege zwischen 1652 und 1674 um die Vormachtstellung im Seehandel kaum einen Abbruch taten. Es war November 1688, als der Regent der nördlichen Niederlande, Wilhelm III. von Oranien (1650–1702), mit seiner Streitmacht im Südwesten Englands landete und Anfang 1689 den englischen Thron bestieg, was in die Geschichte als «The Glourious Revolution» einging. Im Mai desselben Jahres erhielt Wilhelm III. vom Parlament die Erlaubnis, Frankreich, das von seinem Erzfeind Ludwig XIV. regiert wurde, formell den Krieg zu erklären. Dem folgte am 24. August 1689 ein Importverbot für französische Produkte. Das traf Frankreichs Wirtschaft nicht unerheblich, denn England war ein lukrativer Abnehmer für eine Vielzahl von Produkten, unter anderem auch für Brandy, der kurioserweise in Frankreich selbst verboten war.

Parallel dazu genehmigte der Stadtrat von Schiedam am 8. März 1690 die Gründung einer Gilde für Destillateure und Brennmeister, sicher mit Blick auf die sich potenziell stark erweiternden Handelsmöglichkeiten mit einem England, das fortan von einem Niederländer regiert werden würde.

Im Einklang mit dem Parlament erließ er 1690 den «Distilling Act», eine Verordnung, die dem Destillieren als Handwerk Vorschub leisten und durch minimale Steuersätze die Verwendung von englischem Getreide in großem Stil steigern sollte. Damit stieß er die Türen für eine in England ganz neue Industrie auf: Getreidealkoholherstellung. Grund dafür war nicht allein, dass er das Fehlen des französischen Brandys durch einheimischen Branntwein ausgleichen wollte; Wilhelm hatte weiter gedacht.

Es sollten große landwirtschaftliche Überschüsse produziert werden, um Hungersnöten vorzubeugen, die einen König unpopulär machen würden. Die Destillierindustrie war ein guter Abnehmer für Überschüsse jeglichen Getreides, auch schlechten. Durch die Wiedereinführung von Subventionen für den Export von gemälztem Getreide fanden sich sogar ausländische Abnehmer, allen voran sein Heimatland. Landarbeiter, Hafenarbeiter, Müller, Bäcker, das Transportwesen etc. würden mitprofitieren. Zusätzlich käme durch Steuern und Lizenzgebühren mehr Geld in die Staatskasse, zumal er gleichzeitig die Abgaben für Bier und Ale verdoppelte. All diese augenscheinlich noblen Motive hatten einen politischen Hintergrund: Die meisten seiner Gegner im Parlament besaßen große Ländereien. Wenn jetzt die Bauern durch den Aufschwung größere Profite machten, so könnten jene Grundbesitzer höhere Pachten verlangen, somit mehr verdienen und den politischen Zielen Wilhelms gewogener werden.

Dass er dadurch indirekt das Monopol der «Worshipful Company of Distillers» und deren Qualitätsstandards aufhob, tangierte ihn sicher wenig. Mit ihm kam nämlich auch das Destillierwissen nach London und man orientierte sich am holländischen Genever, der nach wie vor importiert und jetzt sogar am englischen Hofe getrunken wurde. Den englischen Neu-Destillateuren fehlte natürlich das umfassende Wissen und die Erfahrung ihrer holländischen Berufskollegen, um originalgetreuen Genever herzustellen, weshalb bisher fast überall zu lesen war, dass sie einen Getreidebranntwein erzeugten, der so harsch und ungeniessbar war, dass er zum Übertünchen dieses Geschmacks gesüßt worden sei. Wir sind jedoch zu einer anderen Auffassung gelangt: Genever war zum Ende des 17. Jahrhundert ein mit Wacholder und womöglich auch anderen Gewürzen aromatisierter Malzbranntwein («moutwijn»). Es ist aber fraglich, wenn nicht gar zu bezweifeln, ob dieser Moutwijn schon jenen Grad der Perfektion und Ausgeklügeltheit des Herstellungsprozesses aufwies, wie man es von ihm aus viel späteren Zeiten kannte bzw. heute kennt. War also der Genever nicht einfach ein aromatisierter Getreidebranntwein, der Farbe und Geschmack durch etwas Fasslagerung auf dem Transportweg erhielt? Träfe das zu, dann hätten die englischen Getreidedestillateure einen halbwegs vergleichbaren Getreidebrand herstellen können, denn auch in England wurde schon seit Langem Korn gemälzt, schon allein aus Gründen der Haltbarkeit.

Die sogenannten «compound distillers», also «Aromatiseure», die Getreidealkohol von den Großdestillen kauften, um ihn zu aromatisieren und an den Konsumenten zu verkaufen, dürften keine großen Probleme gehabt haben, etwas zu produzieren, was dem Genever ziemlich nahe kam. Der Geschmack kann also unserer Ansicht nach nicht so schlimm gewesen sein, wie es bisher oftmals dargestellt wurde. Daher lässt sich mit fester Bestimmtheit die These aufstellen, dass jener Getreidebrand nicht gesüßt wurde, was zusätzlich durch das Faktum gestützt wird, dass Zucker zu jener Zeit noch ein Luxusgewürz war und kein alltägliches Süßungsmittel, wie wir es heute kennen.

Aus Genever wird Gin

Da nun der Genever durch Import des Originals und Eigenproduktion in England, besonders in London, verstärkt getrunken wurde und der Begriff somit Eingang in den allgemeinen Sprachgebrauch fand, erscheint es ganz natürlich, dass der für englische Verhältnisse etwas umständliche Name «Genever» bald zu «Geneva» und das Getränk später vom gemeinen Volk letztlich «Gin» genannt wurde. Erstmals wurde diese Verkürzung zu einem Einsilber 1714 in der politischen Satire «Bienenfabel» von Bernard Mandeville schriftlich erwähnt.

Nichtsdestoweniger existierte auch der Name «Geneva» parallel weiter. Und es sollte eines Tages der englische Gin sein, der seinen Vorfahren in den Schatten stellen würde und 200 Jahre später einen globalen Siegeszug antrat. Aber bis es soweit war, durchlief er ein düsteres Kapitel seiner Geschichte.

Als Wilhelm III. von Oranien 1702 starb, wurde, zurückkehrend zur englischen Blutslinie, seine Schwägerin als Queen Anne inthronisiert. Sie hatte den Ruf, Spirituosen nicht abgeneigt zu sein, und behielt Wilhelms Kurs nicht nur bei, sondern erließ ein Gesetz, das der Alkoholdestillation noch mehr Freiraum gab und vom Parlament verabschiedet wurde. Darin wurde zum verstärkten Verbrauch gemälzten Korns ermuntert und faktisch jedermann ein Freibrief zum lizenzfreien Destillieren gegeben, solange die Branntweine nicht auch im selben Haus getrunken wurden. Was einst durch Wilhelm als ökonomischer Geniestreich begann, sollte sich in Bälde zum sozialen Desaster entwickeln.

Durch das Fehlen jeglicher Qualitätsstandards bzw. einer Körperschaft oder Institution, die selbige überwachen würde, entstanden jede Menge kleiner Hinterhofdestillen. Viele Läden und Pubs betrieben eine solche, anfangs als zusätzliche, später als Haupteinnahmequelle. Dadurch floss Gin billig und en masse durch Londoner Kehlen, was eine Trunksucht überwiegend in den unteren Schichten der Bevölkerung zur Folge hatte. Erster Widerstand gegen diese Zustände regte sich Anfang der 1720er, als die Sterberate höher wurde als die Geburtenrate, ein Zustand, der die nächste Dekade fortwähren sollte. Selbst der Kolumnist Daniel Defoe – einst glühender Anhänger des Gins und der Korndestillation, die ökonomischen Aufschwung und Wohlstand brachte – sah sich um 1727 genötigt, sich nun gegen diese unkontrollierte Gin-Herstellung zu wenden und sie öffentlich anzuprangern.

In London gab es 1729 ungefähr 1.500 «compound distillers». Im krassen Gegensatz dazu gab es nur etwa zwei Dutzend Großdestillen, von denen man Getreidealkohol beziehen konnte. Trotzdem verdienten alle an den über 20 Millionen Litern Gin, die jährlich destilliert wurden, weshalb jetzt auch Monarchie und Regierung mitkassieren wollten. So wurde noch im selben Jahr der erste «Gin Act» erlassen, welcher hohe Lizenzgebühren und Steuern für aromatisierte Spirituosen einführte; Rohalkohol blieb nach wie vor steuerfrei. Damit wurden legitime Destillateure und Händler zur Kasse gebeten, was die meisten zu illegalem Destillieren trieb. In Teilen Londons, wie dem damaligen Armenviertel St. Giles, verkaufte um 1730 etwa jedes dritte Haus Gin. Mit der Illegalität kam unweigerlich auch der Absturz in der Qualität, und für Gin kamen Spitznamen wie zum Beispiel Madame Geneva, Mother's Ruin oder Ladies Delight in Umlauf, die die Identität des Gins verkleideten.

Trotz der neuen finanziellen Bürden stieg in London die offiziell produzierte Menge an Gin im Jahr 1733 auf rund 40 Millionen Liter. Bei nur etwa einer halben Million Einwohnern entsprach das einem durchschnittlichen Pro-Kopf-Jahreskonsum von 70 bis 80 Litern. Und das beinhaltete noch nicht die Mengen an illegal verkauftem Gin! Die Behörden wurden zunehmend auf den sozialen Verfall der ärmeren Bevölkerung Londons durch weitverbreiteten, maßlosen Spirituosenkonsum aufmerksam und erkannten die Lücken des Gin Acts von 1729, sodass er aufgehoben und durch den zweiten Gin Act ersetzt wurde. Dieser legte fest, wer ab sofort nur noch Gin verkaufen durfte, und schloss zum Beispiel Straßenverkäufer und normale Läden aus. Dieses nicht durchdachte Gesetz ließ weitere Lücken klaffen und so ging das Gin-Trinken ungehindert weiter.

Januar 1734. Judith Defour, Arbeiterin in einer Spinnweberei, holte ihre 2-jährige Tochter Mary vom kirchlichen Armenhaus, in dem das Kind schon seit Wochen in Obhut genommen wurde, für einen Besuchstag ab. Man hatte Mary schick zurechtgemacht und mit einem Petticoat, Strümpfen und Jacke ausstaffiert. Judith gab Mary jedoch nicht wie verabredet am Nachmittag wieder ab, denn etwas Grauenvolles geschah: Judith zog der kleinen Mary auf einem Feld die Kleider aus, um sie zu verscherbeln und vom Erlös ein paar Gläser Gin kaufen zu können. Als das Mädchen in der Kälte laut weinte, erdrosselte Judith ihre Tochter, ließ sie im Graben liegen und ging in eine Kaschemme, um Gin zu trinken. Dieser schockierende Vorfall rief tiefe Bestürzung in ganz London hervor und wurde von den Gin-Gegnern als abscheuliches Beispiel für Gewalt angeführt, die durch Alkoholsucht hervorgerufen wird, um im Parlament Gehör für ihren Anti-Gin-Kreuzzug zu finden.

Als der öffentliche Druck 1736 immer größer wurde, versuchte man es mit einer Notbremse. Der dritte Gin Act wurde verabschiedet, der völlig überzogene Lizenzgebühren, horrende Steuern und zusätzlich einschränkende Konditionen beinhaltete. Der verfolgte Zweck war, die Herstellung und den Konsum von Spirituosen durch drastische Auflagen stark zu minimieren, aber diese Maßnahme kam effektiv einem Verbot des Gins gleich. Das verursachte landesweiten Aufruhr (bis hin zu vereinzelten Unruhen) und für «Madame Geneva» wurden gespielte Begräbniszeremonien zelebriert.

Die Undurchführbarkeit dieses dritten Gin Acts wurde sehr bald offensichtlich. Die Kriminalität blieb unvermindert, Korruption stand auf der Tagesordnung und illegales Destillieren nahm überhand, da es an organisierten Strukturen fehlte, diesem auf die Schliche zu kommen und es nur durch Informanten aufgespürt wurde, die sie – falls nicht be- oder erstochen – verraten würden. Deshalb hob man diesen völlig missglückten Versuch von einem Gin Act 1742 wieder auf.

Ein Jahr später wagte man mit dem vierten Gin Act einen neuen Versuch, die Übel zu bekämpfen und gleichzeitig viele dringend benötigte Steuergelder einzunehmen. Aber selbst mit dieser neuen Gesetzgebung, die Abgaben und Einschränkungen vernünftiger gestaltete, war keine entscheidende Besserung der durch die «Gin Craze» («Gin-Begeisterung» bzw. «Gin-Verrücktheit») herbeigeführten Probleme zu verzeichnen. London produzierte in diesem Jahr eine exzessive Menge Gin: weit über 80 Millionen Liter.

Rettung nahte 1751. In Petitionen an das Parlament und auf Anraten ärztlicher Gutachterkommissionen, die umgehendes Einschreiten forderten, traten der «Tippling Act» und weitere Verordnungen in Kraft, die den Gin Act von 1743 in akzeptablen Maßen verschärften. Produktion, Verkauf und Verzehr wurden durch Steuererhöhungen und vor allem durch die Einführung von Schanklizenzen besser kontrolliert als je zuvor.

Einen nicht geringen Anteil an diesem letzten Gin Act, der die stark betroffenen Teile Londons wieder auf einen zivilisierten Weg bringen sollte, hatten Künstler und Publizisten, die auf ihre Weise die unhaltbaren Zustände dokumentierten. Der englische Maler und Grafiker William Hogarth

«Gin Lane» von William Hogarth, 1751

hielt die Auswüchse und Destruktion des Alkoholismus in seinem Stich «Gin Lane» von 1751 fest. In der Mitte des Bilds sieht man eine entmenschte Mutter, die stumpfsinnig in der Tabakdose scharrt und dabei achtlos ihr Kind fallen lässt. Das Schild über der Eingangstür zur Kellerkneipe titelt: «Drunk for a Penny / Dead Drunk for Two Pence / Clean Straw for Nothing» («Betrunken für einen Penny / Sturzbetrunken für zwei Pence / Sauberes Stroh umsonst»). Ein sehr kraftvolles Stück Propaganda, das seine politische Wirkung nicht verfehlte.

Gin Craze – ganz London im Delirium?

Die Kapitelüberschrift spiegelt den Eindruck wider, den man durch die Beschreibungen der Londoner «Gin Craze»-Periode in der Regel gewinnt. Dieses Bild muss man jedoch relativieren.

London war kein einziger Moloch von Trinkern und Kriminellen aller Couleur. Diese Trunksucht und der damit einhergehende krasse soziale Verfall mit einem allgegenwärtigen «Gevatter Tod» spielten sich größtenteils in den Armenvierteln Londons ab und betrafen Männer wie Frauen sowie leider auch Kinder. Durch das plötzliche Fehlen jeglicher Qualitätsstandards und Kontrollorgane konnte jeder – selbst der gröbste Dilettant – Gin destillieren. Der oftmals auf plumpe Weise produzierte Gin war ungenügend rektifiziert und enthielt zumeist alles andere als Kräuter, Beeren und Gewürze. Auch wir haben uns gefragt, was denn verwendet wurde, das den Gin der Unterschicht so gesundheitsschädlich machte, und wurden unter anderem beim Weinessighersteller Beaufoy, James & Co. fündig, der eine «Rezeptur» jener Zeit wie folgt beschreibt:

- Schwefelsäure
- Mandelöl
- Terpentinöl
- Weinalkohol
- Stangenzucker
- Zitronenwasser
- Rosenwasser
- Alaun
- Salz von Weinstein

Der Quäker Mark Beaufoy, der um 1741 zum Partner der Firma wurde, fuhr in seinen frühen Jahren nach Holland, um die Essigbraumethoden im kontinentalen Europa zu studieren. Man sagt, er lehnte Gin-Destillation ab, nachdem er Hogarths «Gin Lane» sah und der verwendeten Substanzen gewahr wurde.

Gottlob gab es im Gegensatz zu diesen gewissenlosen Kreaturen, die todbringenden Alkohol verschacherten, auch respektable Destillateure, die eine Berufsehre und ein Gewissen hatten. Sie übten ihr Handwerk standesgemäß aus und stellten ausrektifizierten und vernünftig aromatisierten Gin bzw. Geneva her, den sich allerdings fast ausschließlich nur die Herrschaften der oberen Schichten leisten konnten. Wenn auch etwas spät, so legte Ambrose Cooper mit seinem Werk «The Complete Distiller» («Der ausgereifte Destillateur») von 1757, in dem er wie zuvor schon

«Beer Street» von William Hogarth, 1751

Beaufoy auch Methoden und Zutaten anprangert, doch Zeugnis für die Existenz aufrichtiger Destilliermeister ab.

Ohne Zweifel nehmen sich die Sterbestatistiken aufgrund des maßlosen Alkoholkonsums während der «Gin Craze» katastrophal aus, dennoch muss das durch den Pöbel entstandene Image Londons im Gesamtkontext gesehen werden. Man kann getrost davon ausgehen, dass sich der Großteil der Londoner Bevölkerung zu benehmen wusste und sich überwiegend an Bier, Wein, Likören und verhältnismäßig gutem Gin labte. Diese Seite Londons wird sehr gut durch einen weiteren Stich von William Hogarth illustriert. Zeitgleich mit «Gin Lane» brachte er nämlich das Pendant «Beer Street» heraus. Dort sieht man die Leute glücklich, sorglos und geschäftig. Auch wenn diese Darstellung etwas idealisiert sein mag, so brachte sie doch eines ganz deutlich zum Ausdruck: Das Leben der «Beer Street» wollen wir haben, das der «Gin Lane» jedoch nicht.

Gin wird salonfähig

Als Englands Ernte 1757 ausfiel, wurde vom Parlament ein vorübergehendes Verbot für das Destillieren von Getreide erlassen. Das war der Anfang vom Ende der «Gin Craze», denn auch die darauffolgenden Jahre brachten Missernten.

Im Zuge der Gesetzesvorlage von 1760 über die Wiedereinführung des Destillierens aus Getreide wurden die Steuerabgaben für Branntweine auf ein solches Maß erhöht, dass Gin nicht mehr billig angeboten werden konnte. Das Ungeheuer «Trunksucht» war dadurch so gut wie gebannt und Firmen wie Gordon's, Booth's, Nicholson's, Burnett's und Boord's standen an vorderster Front bei der Etablierung einer anständigen Destillierindustrie, die neue Standards setzte und Qualitäts-Gin produzierte. Im Handelsregister von 1794 werden in London etwa 40 Destillen, Mälzereien und Aromatiseure gezählt, die 90% des gesamten Gins in England produzieren.

Gleich zu Beginn des 19. Jahrhunderts wird in Europa viel experimentiert und entwickelt, was eine erste Industrialisierung der Destillation auf den Weg bringen sollte. Unter anderem griff der Franzose Jean-Édouard Adam (1768–1807) das längst in Vergessenheit geratene Konzept der «Dampfdestillation» des deutschen Chemikers und Erfinders Johann Rudolph

Glauber (1604–1670) – mehr bekannt durch sein «Glaubersalz» – neu auf und entwickelte es entscheidend weiter.

Durchaus von Jean-Édouard Adam inspiriert, ließ sich der deutsche Kaufmann Johann Heinrich Leberecht Pistorius (1777–1858) im März 1817 in Preußen seine Erfindung eines Doppelbrennapparats patentieren. Dieser «Pistoriussche Brennapparat» ermöglichte die Destillation von Alkohol aus einer Kartoffelmaische in nur einem einzigen Destillierdurchgang. Dem Iren Aeneas Coffey (1780–1852) wurde am 5. August 1830 in London ein Patent für seinen Brennapparat («Coffey Still») erteilt. Es war keine Neuerfindung Coffeys, sondern eine verbesserte Version des ein paar Jahre zuvor vom Schotten Robert Stein entwickelten kontinuierlichen Brennverfahrens, das wesentlich auf Pistorius' Erfindung basiert. Dieses neue Brennverfahren kam anfangs in Whiskey-Destillen zur Anwendung, wurde aber schon bald darauf auch von Gin-Herstellern übernommen, weil mit dieser Methode die Basisspirituose gegenüber dem herkömmlichen «Pot Still»-Verfahren wesentlich kosteneffektiver produziert werden konnte. Das Ergebnis war ein hoch ausrektifizierter, reiner und geschmacksneutraler Getreidealkohol, der sich vorzüglich mit den herkömmlichen Aromaträgern zu Gin destillieren ließ und ohne Zuckerzugabe ein ganz neues Geschmacksbild ergab. Das brachte über die folgenden Jahrzehnte den uns heute bestens bekannten «London Dry Gin»-Stil hervor. Der Name ist schnell erklärt: «London», weil der Großteil der Gin-Hersteller in London seinen Produktionsstandort hatte; «Dry» nicht etwa, weil er «trocken» wäre, sondern weil er ohne die Zugabe von Zucker hergestellt wird, im Gegensatz zum gesüßten «Old Tom Gin».

Die Bezeichnung «London Dry Gin» wurde daher anfangs oftmals noch mit erklärenden Zusätzen wie «unsweetened» (ungesüßt) versehen, da der normale Konsument nichts mit der Bedeutung von «Dry» anfangen konnte. Etwa zeitgleich mit Coffeys revolutionärem Brennapparat entstanden in London die ersten Trinkhallen unter der Bezeichnung «Gin Palace». Es waren von außen und innen aufwendig dekorierte, außergewöhnlich geschmackvoll eingerichtete und mit Stuck verzierte Großraumbars, die sogar Gaslampen als Beleuchtung zu bieten hatten und in denen aus geschliffenen Gläsern getrunken wurde. Charles Dickens beschreibt in «Sketches by Boz» (1836) einen solchen «Gin Palace» in der Drury Lane mit einem aufmerksamen Auge fürs Detail und ist sichtlich beeindruckt, denn er resümiert: «Das Gebäude [...] ist einfach umwerfend, wenn man es im Kontrast mit der Düsterkeit und dem Dreck sieht, der gerade hinter uns liegt.»

Ebenfalls in der ersten Hälfte des 19. Jahrhunderts entstand über dem großen Teich in den USA der Begriff «Cocktail» (erstmals 1806 in der New Yorker Zeitung «The Balance and Columbian Repository» erwähnt und erläutert), der sich über die kommenden Jahrzehnte als Sammelbegriff für Mixturen von Gesellschaftsgetränken durchsetzte. Gleichzeitig entwickelte sich der Berufsstand «Bartender», denn es wurden stets neue Mixgetränke kreiert, die großen Anklang fanden. Große Namen wie Jerry Thomas, Harry Johnson und George J. Kappeler leisteten Pionierarbeit in einem weltweit neuen Genre namens «Barkultur». Diese meisterhaften Bartender brachten die ersten Bücher mit Cocktailrezepturen und Anleitungen für den Barmann heraus, wie z. B. «Bar-Tenders Guide – How To Mix Drinks» (1862), «Bartenders' Manual» (1882) und «Modern American Drinks» (1895). Dieser Trend wurde auch in London aufgegriffen, obschon in kleinerem Stil. Die erste richtige American Cocktail Bar wurde um 1874 am Piccadilly Circus eröffnet, «The Criterion». Deren erster Barkeeper Leo Engel ließ es sich auch nicht nehmen, selbst ein Barbuch unter dem Titel «American & other Drinks» (1878) zu verfassen.

Hier ein kurzes Streiflicht, wie es zu jener Zeit um die koexistierenden Spirituosen Genever und Gin stand. Obwohl in England die Verbrauchssteuer für ins Ausland exportierten Gin schon seit 1850 aufgehoben war, lief der London Dry Gin im internationalem Maßstab noch seinem Konkurrenten Genever hinterher. Holland exportierte in den 1870ern jährlich über 50.000 Hektoliter Genever. Das Schiedamer Jahrbuch von 1878 vermeldet sage und schreibe 341 Brennereien und 64 Mälzereien in der Stadt. Die USA importierten 1880 sechsmal soviel Genever wie Gin.

Doch plötzlich kam es in Holland zur Krise. Zu viele Betriebe rangen um schwindende Absatzmärkte, da immer mehr holländische Kolonien wegfielen und Dry Gin immer stärker auf den Markt drückte. Ein Viertel aller Hersteller Schiedams ging bis 1884 in Konkurs. Die Industrialisierung zeigte ebenfalls einen unvorhergesehenen Effekt: Durch modernere Produktionsmethoden, billigere Rohstoffe (wie Melassealkohol) und starke Konkurrenz aus Frankreich in der Hefeherstellung konnten fortschrittlich orientierte Produzenten schneller und kostengünstiger größere Mengen Genever herstellen als mit den traditionellen Methoden. Der Zusammenbruch der Malzweinindustrie Schiedams wurde 1897 durch die Einführung der Verbrauchssteuer auf Zucker weiter beschleunigt. Expandierende Unternehmen wie Beefeater, Tanqueray und Gordon's füllten mit ihren Gins schnell die entstandene Marktlücke aus, sodass sich um die Jahrhundertwende der Name «London Dry Gin» als fester Begriff für einen ungesüßten Gin in den Köpfen festgesetzt hatte.

Prohibition und Kriegsjahre

Der Begriff «Prohibition» ist im deutschsprachigen Raum zum Teil besser bekannt unter «Alkoholverbot in Amerika». Die Prohibition war ein Verbot der Herstellung, des Verkaufs, des Transports sowie der Ein- und Ausfuhr von Alkohol, der mehr als 0,5% Vol hat.

Ziel war es, den sozialen und gesellschaftlichen Problemen wie Trunksucht und Kriminalität entgegenzuwirken bzw. diese zu bekämpfen. US-Präsident Wilson legte gegen die Prohibition zwar sein Veto ein, trotzdem wurde sie 1919 vom Kongress beschlossen und trat 1920 in Kraft.

Das neue Verbot von Ausschank und Verkauf von Alkohol hatte selbstverständlich massive Auswirkungen auf das gesellschaftliche Leben. Bars und Clubs gingen als sogenannte «Speak Easy»-Lokale in die Illegalität. Eintritt erhielt man nur auf Empfehlung oder per Losungswort. Der Name «Speak Easy» – zu gut Deutsch «sprich leise» – ist darauf zurückzuführen, dass man nur gedämpft oder im Flüsterton miteinander sprechen sollte, um nicht die Aufmerksamkeit von Passanten, Nachbarschaft und Gesetzeshütern auf sich zu ziehen. Mit Alkohol beliefert und betrieben wurden die Speak Easys von Banden der organisierten Kriminalität. In New York soll es 1922 ca. 5.000 von diesen Lokalitäten gegeben haben. Bis 1927 steigerte sich diese Zahl Schätzungen zufolge auf 30.000–60.000.

Dieses Alkoholverbot erreichte sein Ziel in Bezug auf die Trunksucht nur teilweise, schlug aber in Sachen Kriminalität völlig fehl und hatte viel mehr einen umgekehrten Effekt mit fatalen Folgen. Es half nämlich der organisierten Kriminalität, sich strukturell erst richtig durch Schwarzbrennereien und Alkoholschmuggel zu entwickeln. Gangsterbosse wie Al Capone in Chicago oder die «Cosa Nostra» (und viel mehr noch die «Kosher Nostra») in New York verdienten Unsummen. Korruption war bei Polizei, Kontrollorganen und in der Politik gang und gäbe.

Für private Partys sowie für die Versorgung der Speak Easys mit Gin diente sogenannter «Badewannen-Gin»: Rohalkohol wurde in das größte verfügbare Haushaltsgefäß, die Badewanne, gegossen und mit Wacholderessenzen und anderen künstlichen Aromatika versetzt. Aufgrund mangelnder Strukturen und Mittel, später zusätzlich verstärkt durch die amerikanische Wirtschaftskrise ab 1929, war die Prohibition von Anfang an nicht wirksam umsetzbar. Sie wurde nicht umsonst als «The noble experiment» («Das ehrenhafte Experiment») bezeichnet. Im Dezember 1933 wurde unter der Präsidentschaft von Franklin D. Roosevelt das Gesetz zur Prohibition wieder aufgehoben, es aber den einzelnen Staaten der USA überlassen, es beizubehalten oder aufzuheben. Bis 1948 war die Prohibition in drei Staaten immer noch gültig.

Nach Aufhebung des Alkoholverbots ging das Trinken von Alkohol und (Gin-)Cocktails in gewohnter Manier weiter, jetzt aber eben wieder legal und mit qualitativ besseren Spirituosen.

Als die Prohibitionszeit begann, wurden viele Bartender brotlos und eine baldige Zurücknahme des Verbots war nicht absehbar. Deshalb machten sich nicht wenige von ihnen auf den Weg nach Europa, wo sie offiziell ihrem Beruf nachgehen konnten, und brachten dadurch die Barkultur verstärkt in die Alte Welt. Gin war groß in Mode und in Cocktails sehr gefragt. Doch im Wandel der Zeiten und auf der steten Suche nach Neuem ermattete in England das Interesse an Cocktailpartys schon gegen Ende der 30er-Jahre. An ihre Stelle traten jetzt Sherry-Empfänge. Mit Beginn des Zweiten Weltkriegs fiel für Cocktails gänzlich der Vorhang. Gin wurde nur noch in stark reduzierten Mengen hergestellt. Alle Getreidekapazitäten waren der organisierten Versorgung der Truppen und Zivilbevölkerung zugeführt worden, denn der Seekrieg verursachte unübersehbare Lücken. Gin gab es nur noch rationiert und unter dem Ladentisch. Cocktails waren ausschließlich noch jenen möglich, die entweder genügend Vorräte hatten oder privilegierten Zugriff auf die Alkoholbestände.

Über dem Ärmelkanal in den Niederlanden und Belgien sah man hingegen eine Wiederholung dessen, was man teils schon aus dem Ersten Weltkrieg kannte: Deutsche Besatzungstruppen beschlagnahmten Destillieranlagen, um diese einzuschmelzen und der Rüstungsindustrie zuzuführen. Dieses Vorgehen beeinträchtigte zusätzlich die ohnehin schon über die letzten Jahrzehnte rückläufige Genever-Industrie, zumal internationale Absatzmärkte fehlten, denn Exporte waren zu Zeiten des Krieges wohl gänzlich unmöglich.

So begab es sich, dass ab der Nachkriegszeit Genever ein Produkt von rein regionaler Bedeutung wurde, das Interesse am Old Tom Gin stark zurückgegangen war und die internationale Showbühne ganz dem London Dry Gin gehörte.

Gin-Renaissance

Auch unter den britischen London-Dry-Gin-Herstellern hatte der Zweite Weltkrieg im wahrsten Sinne des Wortes seine Opfer gefordert. Mit den 1950er-Jahren lebte der Gin aber wieder auf und hatte seinen Höhepunkt in den 1960ern, als er die meistgetrunkene weiße Spirituose der westlichen Welt war.

Aus diesem Grunde wirkt es mehr als paradox, dass die Filmfigur des britischen Agenten James Bond nicht das Nationalgetränk Großbritanniens als Martini-Cocktails trinkt, sondern Wodka Martinis. Superagent 007 wurde vom britischen Autor und Gin-Liebhaber Ian Fleming erfunden, der James Bond in seinen Büchern, die von einer britischen Produktionsfirma verfilmt wurden, Gin Martinis trinken ließ. Die Voraussetzungen konnten britischer nicht sein, warum also Wodka statt Gin? Die einzige Erklärung dafür: Produktplatzierung für Smirnoff Wodka. Dass die James-Bond-Filme der 60er-Jahre den Trendwechsel «pro Wodka – kontra Gin» einläuteten, wäre eine kühne Behauptung. Gänzlich abwegig ist sie dennoch nicht, hält man sich den Welterfolg der James-Bond-Filme vor Augen. Immer mehr Cocktailrezepturen enthielten Wodka und ab den 70ern hatte der Wodka den Gin weltweit fast völlig verdrängt.

Erst Mitte der 90er-Jahre besinnt man sich wieder der traditionellen Barkultur. Gin steht wieder höher im Kurs und feiert eine dezente Revitalisierung. Mit seiner eigentlichen Renaissance im großen Stil ließ er sich aber noch bis zum Jahrtausendwechsel Zeit. Allein in den letzten Jahren sind unglaublich viele neue und vor allem hochwertige Gins auf den Markt gekommen, die nicht nur eine Neubelebung des mit anderen Spirituosen übersättigten Markts herbeiführten, sondern in denen auch durch filigrane Herstellungsmethoden eine Vielzahl von Aromaträgern zur Anwendung gelangt, die das großartige Potenzial des Gins zu neuen

Höhen emporklimmen lässt. Wo man in den meisten Bars noch vor nicht allzu langer Zeit höchstens drei bis vier verschiedene Gin-Sorten sah, sieht man heute oftmals mehr Gins als Whiskeys oder Wodkas im Angebot. Gleichzeitig hat sich auch sehr viel in Sachen Tonic getan. Neue, geschmacklich sehr unterschiedliche Tonics ermöglichen zusätzliche Variationen, sodass man heutzutage einen Gin Tonic auf mannigfaltige Weise probieren und genießen kann.

Die Welt der Cocktails befindet sich seither in einem steten Progress. Durch Barmessen und das Internet werden Trends, Ideen, Entdeckungen, alte und neue Rezepturen viel schneller als dereinst kommuniziert, wodurch sich eine neoklassische Barkultur entwickelt hat. Der Gin hat von diesem jähen Aufschwung in grandioser Manier profitiert, und in seinem Fahrwasser segelt auch zunehmend der Genever wieder mit. Dem Bartender und dem Cocktail-Connaisseur gleichermaßen bieten sich jetzt noch nie da gewesene Kombinations- und Auswahlmöglichkeiten bei der Zusammenstellung von Cocktails und Longdrinks, wobei die heutigen Gins, Old Toms und Genever auch pur ein Genuss sein können. Die Geschichte des Gins ist hier aber nicht zu Ende, sondern geht weiter, und wir können uns glücklich schätzen, Zeitzeugen einer neuen Gin-Ära zu sein.

Kapitel 2

Gin

Gin – wie schon im vorangegangenen Kapitel beschrieben, handelt es sich hierbei um eine Spirituose, die mit Wacholderbeeren und einer Auswahl verschiedenster Kräuter, Gewürze und Zitrusfrüchte, zusammengenommen «Botanicals» genannt, aromatisiert ist.

Der Grundstock

In den Anfängen der Gin-Herstellung diente Getreide als Ausgangsbasis. Um 1920 regelte man in England per Gesetz die Herstellung des Gins dahingehend, dass neben Getreide seitdem auch Rohstoffe wie Wein, Rüben, Kartoffeln, Zuckerrohr und Obst für die Alkoholgewinnung zum Einsatz kommen dürfen. Diese Regelung hat noch heute Bestand, obwohl primär Getreidealkohole verwendet werden.

Durch das mehrfache Destillieren vergorener Maische oder Melasse aus den oben aufgeführten Rohstoffen werden Neutralalkohole von bis zu 96% Vol Alkohol ausrektifiziert, um sie geschmacklich zu neutralisieren; daher auch die Bezeichnung «Neutralalkohol». Nur wenige Gin-Hersteller produzieren ihren Neutralalkohol noch selbst. Stattdessen wird dieser von Firmen zugekauft, die sich darauf spezialisiert haben.

Dieses rektifizierte Destillat wird für den weiteren Verarbeitungsprozess heruntergewässert (verschnitten). Wieso? Derart hochprozentiger Neutralalkohol würde sich als zu aggressiv erweisen, um ein schonendes Extrahieren der Geschmacksstoffe aus den Botanicals zu ermöglichen.

Gin entsteht

Wie kommen nun die Aromen der Botanicals in den Neutralalkohol? Die gängigsten Vorgehensweisen sind die Mazeration und die Dampfinfusion.

Mazeration: Hier werden die ausgesuchten Botanicals für eine bestimmte Zeit in den Neutralalkohol eingelegt, um dadurch die Aromastoffe zu extrahieren. Dieser Vorgang kann über Nacht erfolgen oder ein paar Tage oder auch länger dauern. Die Botanicals werden üblicherweise in Beutel gefüllt und zum Mazerieren eingelegt.

Destillierapparat
Bluecoat Destille, USA

Eine Nebenform ist die Digeration, in der für die Mazeration erwärmter Alkohol verwendet wird. Da jedes Botanical seine Aromastoffe unterschiedlich schnell abgibt, ist die separate Mazeration einzelner Botanicals (oder Botanical-Gruppen) eine zwar aufwendigere, aber zusehends immer populärer werdende Methode.

Nach der Mazeration erfolgt eine abschließende Destillation, an deren Ende ein wichtiger Arbeitsschritt steht: die Abtrennung von Vorlauf* und Nachlauf*. Hier kommt die ganze Erfahrung des Brennmeisters zum Tragen, denn er muss den Mittellauf, der das Herzstück bildet, genau abtrennen.

* siehe www.gin-buch.de

Dampfinfusion: Hierfür werden die Botanicals auf Körben im Steigrohr eines Brennapparats platziert. Sobald der Neutralalkohol im Kessel des Brennapparats erwärmt wird, steigen dessen Dämpfe auf und nehmen dabei die Aromen der Botanicals auf. Auch hier werden Vorlauf und Nachlauf vom Brennmeister abgetrennt.

Es gibt mehrere Destillationsverfahren und -apparate, die sich auf unterschiedlichste Art miteinander kombinieren lassen. Wir möchten auf dieses eigenständige und sehr weitläufige Gebiet hier nicht näher eingehen, da dies vom eigentlichen Thema wegsteuert. Die Destilliermöglichkeiten sind jedenfalls sehr komplex und vielseitig, was den Herstellern viel Raum für Individualität bis hin zur Extravaganz bietet.

Das Wasser

«Das Prinzip aller Dinge ist Wasser; aus Wasser ist alles, und ins Wasser kehrt alles zurück.»

Thales von Milet (ca. 624 – 546 v. Chr.)

Dem Wasser und seiner Qualität kommt bei der Gin-Herstellung entscheidende Bedeutung zu. Ob destilliertes Wasser, Schmelzwasser, frisches Quellwasser oder einfach das aus dem Wasserhahn, wird meist von der geografischen Lage der Destille bestimmt, zuweilen aber auch von der Firmenphilosophie. Wichtig und entscheidend sind die Werte des Wassers, die den Normen der Trinkwasserverordnungen entsprechen müssen.
Durch die Zugabe des Wassers wird der Gin auf die gewünschte Trinkstärke eingestellt, die mindestens 37,5 % Vol betragen muss, oftmals um die 43 % Vol liegt, aber durchaus auch über 50 % Vol hinausgehen kann.
Dieses Verschneiden kann nach dem Destillationsprozess vorgenommen werden oder davor, wenn der Hersteller das Mischungsverhältnis von Neutralalkohol und Wasser so einstellt, dass das fertige Destillat in gewünschter Trinkstärke aus dem Hahn des Destillierapparats tropft.

Resümee

Da es sich um eine klare Spirituose handelt, die keine Reifezeit benötigt, sind längere Lagerzeiten nicht zwingend erforderlich. Dennoch kann der Gin zur weitestgehenden Egalisierung (Gleichverteilung) für gewisse Zeit in Edelstahltanks, Steingutgefäßen oder in seltenen Fällen in Holzfässern gelagert werden.
Die verwendeten Rohstoffe für den Neutralalkohol sowie die Wahl der Botanicals, des Wassers und der angewandten Herstellungsverfahren liegen ganz im Ermessen der Hersteller und bilden gleichzeitig das sprichwörtliche Betriebsgeheimnis.

Rechtliche Grundlagen

Zum Abschluss sei noch der Gesetzestext angefügt, der dem Gin je nach Herstellungsverfahren eine entsprechende Bezeichnung zuordnet, Mindest- und Maximalwerte des Alkoholgehalts vorgibt, Zutatenmengen regelt und Qualitätsmerkmale festlegt. Das Amtsblatt der Europäischen Union hatte im Februar 2008 Richtlinien zum Gin geschaffen und im Februar 2014 Erweiterungen erlassen, die für Gin und destillierten Gin durch die Festlegung von Höchstmengen für den Zusatz von Zucker bzw. anderen süßenden Inhaltsstoffen die bislang eher willkürlich verwendete Namensergänzung «dry» einschränken.

Gin (20)

a) Gin ist eine Spirituose mit Wacholdergeschmack, die durch Aromatisieren von Ethylalkohol landwirtschaftlichen Ursprungs, der entsprechende sensorische Eigenschaften aufweist, mit Wacholderbeeren (Juniperus communis L.) gewonnen wird.

b) Der Mindestalkoholgehalt von Gin beträgt 37,5% Vol.

c) Bei der Herstellung von Gin dürfen nur natürliche und/oder naturidentische Aromastoffe gemäß Artikel 1 Absatz 2 Buchstabe b Ziffern i und ii der Richtlinie 88/388/EWG und/oder Aromaextrakte gemäß Artikel 1 Absatz 2 Buchstabe c der genannten Richtlinie verwendet werden, wobei der Wacholdergeschmack vorherrschend bleiben muss.

d) Die Bezeichnung «Gin» kann durch den Begriff «dry» ergänzt werden, wenn der Gehalt der Spirituose an zugesetzten süßenden Erzeugnissen nicht mehr als 0,1 g Zucker je Liter des Fertigerzeugnisses beträgt.

Destillierter Gin (21)

a) Destillierter Gin ist

  i) eine Spirituose mit Wacholdergeschmack, die ausschließlich durch erneute Destillation von Ethylalkohol landwirtschaftlichen Ursprungs von angemessener Qualität und mit entsprechenden sensorischen Eigenschaften und einem ursprünglichen Alkoholgehalt von mindestens 96% Vol in Destillierapparaten, die herkömmlicherweise für Gin verwendet werden, unter Zusatz von Wacholderbeeren (Juniperus communis L.) und anderen pflanzlichen Stoffen hergestellt wird, wobei der Wacholdergeschmack vorherrschend bleiben muss, oder

ii) eine Mischung der Erzeugnisse aus dieser Destillation mit Ethylalkohol landwirtschaftlichen Ursprungs der gleichen Zusammensetzung, Reinheit und gleichem Alkoholgehalt; zur Aromatisierung von destilliertem Gin können auch natürliche und/oder naturidentische Aromastoffe und/oder Aromaextrakte gemäß Kategorie 20 Buchstabe c verwendet werden.

b) Der Mindestalkoholgehalt von destilliertem Gin beträgt 37,5% Vol.

c) Gin, der durch den einfachen Zusatz von Essenzen oder Aromastoffen zu Ethylalkohol landwirtschaftlichen Ursprungs gewonnen wird, darf nicht die Bezeichnung destillierter Gin tragen.

d) Die Bezeichnung «Destillierter Gin» kann durch den Begriff «dry» ergänzt werden, wenn der Gehalt der Spirituose an zugesetzten süßenden Erzeugnissen nicht mehr als 0,1 g Zucker je Liter des Fertigerzeugnisses beträgt.

London Gin (22)

a) London Gin gehört zur Spirituosenart Destillierter Gin:

i) Er wird ausschließlich aus Ethylalkohol landwirtschaftlichen Ursprungs gewonnen und weist einen Methanolgehalt von höchstens 5 g/hl r. A. auf; sein Aroma wird ausschließlich durch die erneute Destillation von Ethylalkohol in herkömmlichen Destilliergeräten unter Zusetzung aller verwendeten pflanzlichen Stoffe gewonnen;

ii) der Mindestalkoholgehalt des hieraus gewonnenen Destillats beträgt 70% Vol;

iii) jeder weitere zugesetzte Ethylalkohol landwirtschaftlichen Ursprungs muss den in Anhang I Nummer 1 aufgeführten Merkmalen entsprechen, allerdings mit einem Methanolgehalt von höchstens 5 g/hl r. A.;

iv) sein Gehalt an zugesetzten süßenden Erzeugnissen darf nicht mehr als 0,1 g Zucker je Liter des Fertigerzeugnisses betragen, und er enthält keine zugesetzten Farbstoffe;

v) er enthält keine anderen zugesetzten Zutaten außer Wasser.

b) Der Mindestalkoholgehalt von London Gin beträgt 37,5% Vol.

c) Die Bezeichnung London Gin kann durch den Begriff «dry» ergänzt werden.

Gin-Marken

In diesem Abschnitt können bei Weitem nicht alle Gins vorgestellt werden, die es weltweit gibt. Durch die rasant angestiegene Popularität des Gins waren im Jahr 2010 über 30 neue Marken von europäischen Herstellern herausgebracht worden. Und seit 2012 sind allein auf dem deutschen Markt ca. 30 neue Marken erschienen. Bei dieser starken Dynamik auf dem aktuellen Stand bleiben zu wollen, kann ein Buch nicht leisten, weshalb es durch unsere Website www.gin-buch.de mit fortlaufenden Neuerscheinungen ergänzt wird.

Dennoch umfasst die Kollektion dieses Buches eine repräsentable Anzahl an Marken, die die stark erweiterte Riege an international etablierten Gins, interessante Neuheiten und ein paar «exotische Lokalmatadore» umfasst. Dabei wird größtenteils mit den Angaben des jeweiligen Herstellers gearbeitet. Die einzelnen Artikel enthalten mitunter auch Geschmacksbeschreibungen, die jedoch keine Bewertungen der Autoren repräsentieren. Des Weiteren werden die Gins auch nicht nach Qualität klassifiziert. Jeder Hersteller und Brandmeister hat die Zutaten für seine Produkte sorgfältig ausgewählt und dabei seine Qualitätsstandards selbst definiert. Der Leser sollte das als Ermutigung auffassen, selbst die ansprechendsten Sorten auszuprobieren und sich ein eigenes Bild zu machen, denn wie heißt es so schön? Erlaubt ist, was schmeckt! Dazu mehr in einem späteren Kapitel.

Erwähnt sei noch ein Gin-Stil, der sich über das letzte Jahrzehnt unter dem Begriff «New Western Dry Gin» eingebürgert hat. Dieser Stil definiert sich durch eine Verschiebung der Balance der Botanicals. Die üblicherweise weithin regierende Dominanz der Wacholderbeere wird einer Vielfalt von teils extravaganten Geschmacksträgern gleichgestellt.

Zudem sei ein Gin-Stil angeführt, der gelegentlich unter «Coloured Gin» (gefärbter Gin) firmiert. Dem fertigen Gin-Destillat wird in einem abschließenden Herstellungsschritt ein bestimmtes Botanical zum Mazerieren hinzugefügt. Dadurch erhält der Gin eine Färbung und letzte Aromatisierung. Durch diesen zusätzlichen Arbeitsgang mit dem eigentlich schon fertigen Produkt dürfen solche Gins laut Gesetz nicht «London Dry Gin» auf dem Etikett tragen und werden deshalb nur als «Gin» oder «Dry Gin» ausgewiesen.

Aviation

Es war Sommer 2005, als sich die Wege von Lee Medoff und Christian Krogstad von der House Spirits Distillery und des Bartenders Ryan Magarian kreuzten. Ein Jahr später war es dann so weit, als nach 30 Testläufen der Aviation Gin geboren war und als «New Western Dry Gin» Style vorgestellt wurde. Er vollzieht absichtlich eine Abkehr vom traditionellen London Dry Style und soll die neue Generation der Gin-Genießer ansprechen.

Der Name selbst ist einerseits dem Aviation-Cocktail entlehnt, der Anfang des 20. Jahrhunderts von Hugo Ensslin kreiert wurde, einem Bartender im New Yorker Hotel «Wallick». Hauptsächlich soll dieser Name aber «das Erwachen der wahren Mixbarkeit» dieser Spirituose zum Ausdruck bringen. Bevor im 400-Gallonen-Stahlapparat destilliert wird, werden die Botanicals für 48 Stunden in Neutralalkohol aus Roggenbrand mazeriert. Verwendet werden Wacholderbeeren, Anissamen, Kardamom, Koriandersamen, getrocknete Schalen der Süßorange, Lavendel und indische Sarsaparille (Stechwinden).

Mit entionisiertem, entmineralisiertem und entsalztem Wasser wird das fertige Destillat auf eine Trinkstärke von 42% Vol gebracht.

Land:
USA / Oregon
Hersteller:
House Spirits Distillery

Beefeater

Land:
Großbritannien / England
Hersteller:
Beefeater Distillery
Markeneigner:
Pernod Ricard Group

Londoner Towerwächter
«Beefeater»

Die Geschichte und Herkunft des Beefeater London Dry Gin kann bis ins Jahr 1820 zurückverfolgt werden, als John Taylor eine kleine Destille in Chelsea einrichtete und 1829 seine erste offizielle Brennlizenz erhielt. 1863 kaufte der Apotheker James Burrough diese Destille, nachdem er sich eine Zeit lang hingebungsvoll mit Destillationsexperimenten beschäftigt und schließlich ein Verfahren gefunden hatte, bei dem eine Mischung verschiedener Kräuter, Pflanzen und Gewürze durch einen besonderen Destillationsprozess mit Getreidedestillat zusammengebracht werden konnte – was diesen Gin zum Ergebnis hatte.

Auf der Suche nach einem passenden Namen, der seinem herzhaften, körperreichen Gin gerecht würde, fand er Inspiration bei den «Yeomen», den Wächtern des in der Nähe gelegenen London Towers. Diese trugen damals den Spitznamen «Beefeater» (Rindfleischesser). Dadurch unterstrich Burrough die noch heute starke Bindung seines Gins an London. Man sagt sogar, dass das Rezept des Beefeater London Dry Gin noch heute im Tower of London von den Beefeatern bewacht wird. Außerdem kennen nur sechs Personen die genauen Anteile aller Zutaten und den exakten Destillationsprozess.

Jede einzelne Flasche wird in der Beefeater Distillery in Montford Place in Kennington, London produziert. Dorthin zog die Destille im Jahre 1958, nachdem die ursprünglichen Produktionsstätten in Chelsea und später Lambeth der wachsenden Nachfrage nach diesem beliebten Gin nicht mehr gerecht wurden.

Die hohe Qualität und die wohldurchdachte Mischung seiner Bestandteile machen aus dem Beefeater einen sehr ausgewogenen Gin. Nur die hochwertigsten Zutaten werden sorgsam aus der ganzen Welt zusammengetragen: wild wachsende Wacholderbeeren aus Italien, Serbien und Mazedonien; Koriandersamen, die dem Beefeater seine Komplexität verleihen, werden aus Rumänien, Russland und Bulgarien importiert; die Wurzeln und Samen der Angelika geben dem Beefeater sein erdiges Aroma; die getrockneten Schalen der Bitterorangen aus Sevilla, Spanien spielen in der Rezeptur eine große Rolle. In einem sehr gewissenhaft ausgeführten Prozess werden alle Botanicals dem Neutralalkohol zugefügt und über einen Zeitraum von

24 Stunden darin mazeriert. Danach beginnt der abschließende Destillationsprozess. Am Ende wird er auf die Trinkstärke von 47% Vol Alkohol eingestellt und abgefüllt.

Der Vater des Beefeater-Gründers James Burrough war seinerzeit ein bedeutender Teehändler. Der heutige Masterdestillateur Desmond Payne fand zufällig ein Fragment von dessen Preisliste aus viktorianischer Zeit und war sofort inspiriert, aus der Ära dieses Teegeschäfts einen neuen Gin zu kreieren, der sich geschmacklich unter anderen Gin-Sorten hervorheben sollte. So entstand der Beefeater 24.

Payne wählte folgende zwölf Botanicals: japanischen Sencha-Tee, grünen Tee aus China, Schalen der Sevilla-Orange, Grapefruitschalen, Zitronenschalen, Wacholderbeeren, Koriandersamen, Mandel, Süßholz, Angelikawurzel, Angelikasamen und Veilchenwurz. Die Botanicals werden für 24 Stunden in Getreidealkohol mazeriert und anschließend in einem siebenstündigen Prozess im «Pot Still»-Verfahren destilliert; der fertige Gin hat 45% Vol.

Das Flaschendesign soll das Alte und das Neue in sich vereinen und wird durch das Relief im Glas besonders unterstrichen, das ein Kunsthandwerk des frühen 20. Jahrhunderts wiedergibt.

Bei Markteinführung Ende Oktober 2008 war er vorerst nur für Spanien und die USA vorgesehen, ist aber mittlerweile auch in vielen weiteren Ländern Europas erhältlich.

2013 erschien der Beefeater Burrough's Reserve, eine stete, aber stark limitierte Edition, die im Original-Destillierapparat von James Burrough hergestellt wird. Seine goldgelbe Färbung kommt von der anschließenden Lagerung in «Jean de Lillet»-Eichenfässern, die ihm geschmacklich auch eine komplexe Tiefe verleiht. Abgefüllt wird er mit 43% Vol in eine hübsche bauchige Flasche, die von vorn wie ein Ring anmutet und deren rundes Label von ins Glas eingelassenen Wacholderzweigen umrankt wird.

Es gab noch weitere Beefeater-Sorten, die wir hier mit anführen wollen, auch wenn sie zum Verdruss der wahren Gin-Liebhaber nicht mehr hergestellt werden.

Zum einen ist das Beefeater Wet, bei dem es nicht recht nachvollziehbar ist, weshalb er nicht mehr hergestellt wird. Schließlich verfügte er über ein durchaus interessantes Geschmacksprofil, das sich deutlich von dem anderer Beefeater Gins abhob.

Zum anderen gab es eine Produktreihe von saisonalen Gins. Die Beefeater Summer Edition hatte den Beefeater London Dry Gin als Basis und wurde durch die Zugabe von Holunderblüten, Hibiskus und Schwarzen Johannisbeeren bereichert. Diese Extra-Botanicals waren auch auf der erfrischend neuen Etikettierung abgebildet.

Nach gleichem Prinzip wurde die Beefeater Winter Edition zusammengestellt, mit dem Unterschied, dass die wärmenden Botanicals Zimt, Muskat, Piniensprossen und reichlich Sevilla-Orangenschalen hinzugegeben wurden und die Flasche ein winterlich-weihnachtliches Etikett erhielt.

Zu guter Letzt gab es zeitweise (ca. 2013) den Beefeater London Market. Das eher unauffällige Etikett ließ eine leichte Verwechslung mit dem Standard-Beefeater zu und man musste schon genau hinschauen, um zu erkennen, dass hier ein neues Beefeater-Produkt im Regal stand. Geschmacklich eine «resemblance of the late 19th century», bei der sich einem förmlich – auf angenehme Weise – die Assoziation mit gestärkten Altmännerhemden im sommerlich muffigen London aufdrängt. Schade, dass auch er nicht mehr hergestellt wird.

Ebenfalls nicht mehr hergestellt wird eigentlich der Beefeater Crown Jewel, doch kurz vor Redaktionsschluss erreichte uns die Nachricht von einer Neuauflage. «Schuld» daran war dem Vernehmen nach die hohe Nachfrage aus der internationalen Bartender-Riege, die diesen Gin ganz besonders wegen seiner ausgezeichneten Mixbarkeit in Cocktails schätzte. Dieser auf 50% Vol eingestellte Gin wird nach der Originalrezeptur von 1993 destilliert, die neun klassische Beefeater Botanicals enthält: Wacholder, Angelika-wurzel und -samen, Koriandersamen, Süßholz, Veilchenwurz, Schalen der Sevilla-Orange und spanischer Zitronen sowie spanische Mandeln. Beson-derer Zusatz ist hier die Zugabe von Grapefruit als zehnte Zutat.

Dies ist eine einmalige und auf sieben Batches limitierte Neuauflage. Sie wird in 1-Liter-Flaschen abgefüllt und ist fast ausschließlich für den Verkauf an Cocktailbars reserviert. Es wird also schwer sein, einer Flasche für die Vitrine daheim habhaft zu werden.

Biercée

Land:
Belgien
Hersteller:
Distillerie de Biercée

Diese 1946 im Südwesten Belgiens nahe der französischen Grenze gegründete Destille war bisher auf die Herstellung von Obstbränden und Genever spezialisiert, hat nun jedoch auch zwei Gins mit ganz unterschiedlichen Charakteren herausgebracht.

Als Basisalkohol dient hier der «Moutwijn» (sprich: Mautwein), also ein Branntwein aus gemälztem Korn, der normalerweise die Basis für Genever bildet (siehe Kapitel «Genever»). Alle Botanicals werden separat destilliert, um den spezifischen Eigenschaften jedes einzelnen gerecht zu werden und die Aromen bestmöglich einzufangen.

Less is More Gin soll das Prinzip widerspiegeln, dass weniger manchmal mehr ist. Somit finden «nur» sechs Botanicals Eingang in die Rezeptur: Wacholder, frische Zitronen und Orangen sowie geröstete Kakaobohnen, Hopfen und Gewürznelken. Das Ergebnis ist ein Destillat von 44% Vol mit vornehmlichem Wacholdergeschmack und pfeffrigen Noten.

Der Thesis & Antithesis Gin ist dahingegen schon wesentlich komplexer, denn es werden dreimal so viele Botanicals verwendet wie in seinem Pendant. Darunter befinden sich dieselben wie im unkomplizierten Gin oben, aber zudem auch solche wie Kreuzkümmel, Vanille, Fenchel und Mohnblumen.

In der Tat zwei geschmacklich außergewöhnliche Gins, was nicht zuletzt durch den Moutwijn hervorgerufen wird und eine Verbindung zu belgischen Traditionen wie deren berühmter Schokolade schaffen soll. Ein wirklich mutiges Experiment.

Black Forest Dry Gin

Land:
Deutschland
Hersteller:
Destillerie Kammer-Kirsch
GmbH

Die Destillerie Kammer-Kirsch ist eine in Südwestdeutschland ansässige Obstbrennerei, die im Jahre 1912 als AG gegründet und 1961 in eine GmbH umgewandelt wurde. Der Firmensitz war damals Oppenau, heute ist er Karlsruhe.

Ab dem Zweiten Weltkrieg entwickelte sich das Unternehmen sehr erfolgreich und es wurden nicht mehr einzig die beliebten heimischen Obstbrände produziert, sondern man stellte ab den 50er-Jahren auch einen eigenen Gin her: den Kammer Dry Gin.

In einem Rezeptbuch des Unternehmens dieser Zeit findet sich ein Cocktail namens «Pink Elefants», dem dieser Gin als Grundlage dient (Sie finden ihn im Kapitel «Mixologie»).

Ende der 70er-Jahre wurde seine Produktion eingestellt und er verschwand in den Archiven der Firma. Zum 100-jährigen Jubiläum 2012 wurden dann jedoch alte Akten gesichtet und so fand man das längst verloren geglaubte Rezept des Kammer Dry Gins wieder.

Es dauerte jedoch noch bis Anfang 2014, bis mithilfe eines befreundeten Destillateurs ein würdiger Nachfolger des alten Kammer Dry Gins mit sorgsam überarbeiteter Rezeptur gefunden wurde, der auf Black Forest Dry Gin getauft wurde.

Über die Auswahl der verwendeten Botanicals hält man sich traditionell sehr bedeckt und gibt nur so viel preis, dass der Black Forest Dry Gin vornehmlich ein Geschmacksbild aus Wacholderbeeren und Zitrusfrüchten aufzeigt, die aus Zitronenschalen und Pomeranzen gewonnen werden, und mit 47% Vol aufwartet.

Blue Gin

Land:
Österreich
Hersteller:
Blue Gin Handels GmbH

Hans Reisetbauer, Brennmeister aus Oberösterreich, wurde im Sommer 2003 dazu inspiriert, nicht wie geplant Wodka, sondern einen Gin zu produzieren. Er suchte nach alten Rezepturen, und nach vielen Versuchen, steten Verbesserungen und Verkostungen wurde nach zwei Jahren der Entwicklung der Blue Gin geboren und zusätzlich Markus Schenkfelder als Partner hinzugeholt.

Als Basis dient ein zweifach destillierter Getreidealkohol. Die ausgesuchten Wacholderbeeren und Beigaben wie Zitronenschalen, Koriander, Kurkuma, Angelikawurzel und Süßholzwurzel sind nur einige der Botanicals, die verwendet werden, denn nicht alle werden preisgegeben. Dennoch handelt es sich um Zutaten aus nicht weniger als den elf Ländern Spanien, Ägypten, USA, Mazedonien, Niederlande, Italien, Türkei, China, Rumänien, Vietnam und Indonesien. Die Botanicals werden für eine bestimmte Zeit mazeriert, bevor sie destilliert werden.

Weiches Quellwasser aus dem oberösterreichischen Mühlviertel stellt den Blue Gin auf eine Trinkstärke von 43% Vol ein.

Bluecoat

Die kobaltblaue Flasche mit goldenem Schriftzug soll die Uniform der Revolutionssoldaten von 1776 wiedergeben, dem Jahr der Unabhängigkeitserklärung, die dadurch zu historischem Erbgut geworden ist.

Bluecoat Gin verwendet reinen Neutralalkohol, um den ausgesuchten Botanicals aus dem Bioanbau die beste Basis zu geben. Besonderes Merkmal ist der Einsatz von Zitronen-, Süßorangen- und Limettenschalen, die mit weiteren Botanicals dem Bluecoat das typische Geschmacksprofil eines American Dry Gin verleihen. Nach dem Mazerieren der Botanicals lässt man sich für das Destillieren im «Pot Still»-Verfahren mittels sehr langsamer Erwärmung viel Zeit, sodass eine Destillationsrunde ca. zehn Stunden dauert.

Anschließend wird das Endprodukt mit dreifach gefiltertem, entionisiertem Wasser auf eine Trinkstärke von 47% Vol verschnitten, von Hand abgefüllt, verkorkt und versiegelt.

Und das Motto der Hersteller? «Be revolutionary!»

Land:
USA / Philadelphia
Hersteller:
Philadelphia Distillery

Bobby's Schiedam Dry Gin

Land:
Niederlande
Hersteller:
Herman Jansen Beverages B.V.
Markeneigner:
Bobby's Gin Company B.V.

Rotterdam 2012. Sebastiaan van Bokkel macht sich mit zwei Freunden auf den Weg zur Destillerie Herman Jansen, einem Genever-Hersteller in Schiedam (siehe Kapitel «Genever-Marken»), um dort seine Story und die dazugehörige Idee zu präsentieren.

Erstere geht wie folgt: Sein Großvater Jacobus Alfons stammt von den Molukken (Indonesien), die einst wichtigster Gewürzlieferant für die Niederlande waren und daher auch den Beinamen «Gewürzinseln» tragen. Bobby, wie ihn Freunde und Familie nannten, emigrierte 1950 in die Niederlande. Er liebte Genever, jedoch am liebsten mit Gewürzen versetzt, die ihn an seine ferne Heimat erinnerten.

Sebastiaan findet nun eines Tages im Hause seiner Mutter eine alte Flasche und ein Privatrezept seines Großvaters. Jetzt steht er beim Meisterdestillateur von Herman Jansen und möchte Schiedam-Genever mit den besten Gewürzen Indonesiens verbinden. Dieser ist begeistert und so macht man sich ans Werk. Nach fast zwei Jahren des Testens, Entwickelns und Verfeinerns stehen im Februar 2014 die Zusammensetzung sowie der Name fest: Bobby's Schiedam Dry Gin.

Die verwendeten Botanicals sind in kontinentale Gruppen aufgeteilt. Aus dem Fernen Osten kommen Gewürznelken, Koriandersamen, Kubebenpfeffer, Lemongras und Zimt; aus Europa die Genever-typischen Wacholderbeeren, Hagebutte und Fenchel. Mehr wird nicht verraten, weder über das Destillationsverfahren noch über andere Elemente der Herstellung. Schade, aber branchenüblich in den Niederlanden. Die 0,7-Liter-Flasche aus getöntem Glas ist der Form der traditionellen Steingutflaschen nachempfunden. Ihr wird ein indonesisches Ikat-Muster aufgedruckt, was die Verbindung zwischen Heimat und Wahlheimat von Bobby ausdrücken soll.

Boë

Land:
Großbritannien / Schottland
Hersteller:
VC2 Brands

Franciscus de le Boë, der Mann, der immer wieder (fälschlicherweise) mit Genever in Verbindung gebracht wird, gab auch hier bei der Namensgebung den Ausschlag.

Boë Superior Gin wird im historischen Dorf Doune produziert. Es wird eine Mischung aus den folgenden 14 Botanicals verwendet: Wacholderbeeren, Koriander, Süßholz, Ingwer, Veilchenwurz, Orangen- und Zitronenschalen, Kubebenpfeffer, wilde Zimtkassie von der Isle of Skye, Mandeln, Angelika, Kardamomsamen, Dill und Paradieskörner.

Das Korndestillat wird in einem Carterhead-Destillierapparat verdampft und nimmt dadurch die Essenzen der Botanicals auf, die durch dieses Verfahren nicht überhitzt werden.

Das Ergebnis ist ein würziger und erfrischender Gin.

Bombay

Die Geschichte der Bombay Gins nahm ihren Anfang, als der Brite Thomas Dakin 1761 sein Destillier-Business auf der Bridge Street in Warrington, Nordwestengland eröffnete. Sein Gin etablierte sich unter dem Namen «Warrington Gin» und wurde ab 1831 durch den Kauf eines «Caterhead»-Destillierapparats per Dampfinfusion hergestellt, was auf eine Verbesserung der Qualität abzielte. Ab 1860 leaste die Brauerei «Greenall's» die Destille und kaufte sie 1870 ganz auf, wobei der Name des Gins beibehalten wurde.

Fast auf den Punkt genau 90 Jahre später ließ der US-amerikanische Importeur Allan Subin ab 1959 von der Greenall's Destille einen typisch englischen Gin für den US-Markt herstellen, der auf dem Rezept von Thomas Dakin basierte. Er wurde Bombay Dry Gin – The Original getauft und enthält bis heute bei einer Trinkstärke von 43% Vol die schon damals ausgewählten acht Botanicals Wacholder, Veilchenwurz, Süßholz, Zitronenschalen, Koriandersamen, Zimtkassie, Bittermandeln und Angelikawurzel. Sein einfaches Design – eine klare, kantige Flasche mit weißem Etikett und einem Abbild der Queen Victoria darauf – enthält einen geschmacklich ebenso unkomplizierten Gin: gehaltvoll und mit angenehmen Wacholderaromen, die harmonisch von Zitrusnoten begleitet werden. Seit 2015 gibt es diesen Gin auch mit leichteren 37,5% Vol, wobei Flaschenform und Labeldesign dieselben sind, das Etikett zur Unterscheidung jedoch schwarzweiß statt rot geziert ist.

Ab 1986 arbeitete die Bombay Spirits Company zusammen mit Michel Roux an der Kreation eines Gins, der in Geschmack und Design neue Maßstäbe setzen sollte. Das Ergebnis war der Bombay Sapphire London Dry Gin, der dieselben Botanicals wie sein «älterer Bruder» enthält, jedoch um zwei erweitert wurde: Paradieskörner und Kubebenpfeffer.

Die Aromatisierung des dreifach destillierten Alkohols erfolgt auch hier mittels Dampfinfusion im «Carterhead». Der aufsteigende Alkoholdampf durchdringt die Botanicals, die separat in einem perforierten Kupferkorb aufbewahrt werden. Bombay Sapphire wurde 1987 eingeführt und ist eine der weltweit bekanntesten Gin-Marken überhaupt.

Land:
Großbritannien / England
Hersteller:
Bombay Spirits Company Ltd.
Markeneigner:
Bacardi & Company Ltd.

Traditionell enthält Bombay Sapphire 47% Vol, wurde zwischenzeitlich auf dem deutschen Markt mit nur 40% Vol angeboten, seit 2007 gibt es parallel beide Trinkstärken. Bombay Sapphire hat ein Aroma von Zitrusfrüchten, abgerundet mit Gewürzen und einem Hauch von Wacholder. Ein milder Gin, der im ersten Moment leicht und frisch schmeckt und dennoch seine Komplexität offenbart.

Der «Stern von Bombay», ein 182 Karat schwerer Sternsaphir, der im National Museum of Natural History in Washington, D.C. ausgestellt wird, gibt dem Gin seinen Namen und der Flasche ihre Farbe.

Bombay wartet aktuell mit zwei Neukreationen auf, die absolute Beachtung verdienen: Bombay Sapphire East mit 42% Vol (seit 2011 in den USA beginnend nach und nach in den einzelnen Kontinenten eingeführt) und Star of Bombay mit 47,5% Vol (seit Mai 2015).

Beide basieren auf dem klassischen Bombay Sapphire, enthalten jedoch zwei Botanicals mehr: Bei Ersterem sind es thailändisches Zitronengras sowie vietnamesischer Schwarzer Pfeffer, was ihm eine fernöstliche Note verleiht; bei Letzterem kamen Bergamottenzeste und Abelmoschuskörner hinzu, die dem Gin einen exotischen Touch mitgeben.

Alle Bombays werden nach Abschluss der Destillation mit Wasser aus dem Lake Vyrnwy in Wales auf Trinkstärke gebracht. Seit 1998 ist Bacardi Markeneigner der Bombay Gins. Besondere Beachtung verdient der neue, im Oktober 2014 eingeweihte Produktionsstandort: die Laverstoke Mill. Es ist eine von Grund auf restaurierte Papiermühle aus dem frühen 18. Jahrhundert, die mit architektonisch leicht futuristisch anmutenden Elementen versehen wurde und mit hochmoderner Technologie ausgestattet ist.

Der Vollständigkeit halber sei noch erwähnt, dass Barcardi noch zwei weitere Gin-Marken besitzt: den hierzulande völlig unbekannten Bosford Gin (seit 2006) sowie den Oxley Gin (seit 2009), der durch seine Kaltmazeration einen gewissen Bekanntheitsgrad erfuhr.

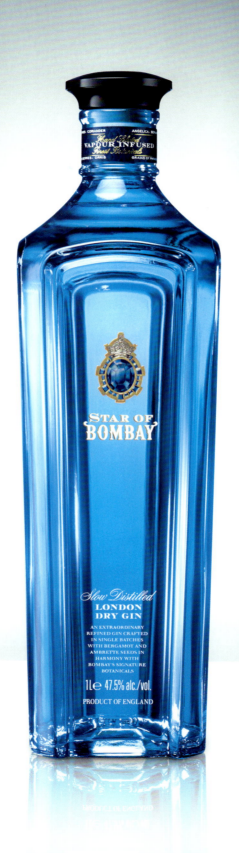

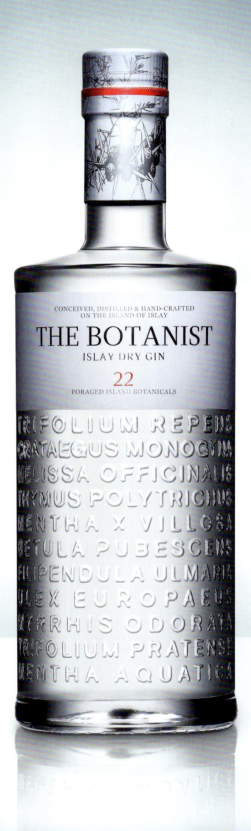

Botanist

Die Insel Islay, südlichste der Inneren Hebriden mit fruchtbaren Böden und etwa auf Höhe von Glasgow gelegen, ist Heimstatt der Bruichladdich-Destille, die 2001 von Einheimischen errichtet wurde. Die Insulaner teilen nach Aussage des Meisterdestillateurs Jim McEwan immer noch viele Charaktereigenschaften ihrer Vorväter und seien unter anderem stur, resolut, hartgesotten, doch auch philosophisch und leidenschaftlich.

Es werden 22 recht illustre, auf der Insel zusammengesuchte Botanicals verwendet, deren lateinische Namen in den Flaschenbauch eingestanzt sind: Apfelminze, Ackerkratzdistel, Beifuß, Erika, Gagelstrauch, Grüne Minze, Hagedorn, Kamille, Liebfrauenbettstroh, Mädesüß, Moorbirke, Rainfarn, Salbei-Gamander, Schwarzer Holunder, Stechginster, Süßdolde, Thymian, Wacholder, Wasserminze, Weißklee, Wiesenklee und Zitronenmelisse. Diese werden alle von Hand gepflückt und anschließend getrocknet.

Der Neutralalkohol wird erwärmt, bis er «handheiß» ist. Mit anderen Worten: Es wird kein Thermometer verwendet, sondern der Branntmeister schätzt die richtige Temperatur durch das Eintauchen der Hand ab. Darf das als 23. Zutat gelten?

Zur Anwendung kommt die sehr außergewöhnliche «Simmer-Destillation» (also superlangsames Vor-sich-hin-Köcheln) mit geringem Druck im letzten Lomond-Brennkessel, den es noch gibt. Die Botanicals werden dann in einer bestimmten Reihenfolge auf Rechen so in den Kessel gelegt, dass sie praktisch auf der Oberfläche des Basisalkohols sitzen. Dann werden sie zwölf Stunden lang eingeweicht, bevor der Dampfdruck erhöht wird und die Aromadämpfe aufsteigen.

Abgefüllt wird er mit 46% Vol in 0,2- und 0,7-Liter-Flaschen aus weißem Flintglas.

The Botanist wird als samtweich mit explodierenden Floraaromen beschrieben. Ein Gin für Denker, der die melancholische Versunkenheit in Gedanken widerspiegelt, die einen in solch abgelegenen Orten unweigerlich ergreift.

Land:
Großbritannien / Schottland
Hersteller:
Bruichladdich Distillery Co. Ltd

Brandstifter Berlin Dry Gin

Land:
Deutschland
Hersteller:
Berliner Brandstifter UG

Berlin brennt! Nein, Honrodt brennt etwas für Berlin!

Beim Berliner Brandstifter handelt es sich aber definitiv nicht um eine versteckte Sympathiebekundung zu den berüchtigten Kreuzberger Krawallnächten zum 1. Mai, sondern vielmehr um ein kulturbewusstes Spirituosenunternehmen, das 2009 vom gebürtigen Berliner Vincent Honrodt gegründet wurde. Seine Vorstellung von lokaler Orientierung unter Verwendung regionaler Produkte ist essenziell die Fortführung dessen, was sein Urgroßvater einst betrieb. Ernst Honrodt, damals Direktor einer Zuckerfabrik in Letschin, östlich von Berlin nahe der Oder gelegen, reiste in seiner Studienzeit nach Südamerika, um Flora und Fauna zu erforschen. Was er hierbei lernte, verschaffte ihm — gepaart mit seiner späteren Tätigkeit in der Zuckerfabrik — die Möglichkeit, seiner privaten Leidenschaft nachgehen zu können, indem er eigene Rezepte für feine Spirituosen aus regionalen Produkten wie Zuckerrüben, Getreide und Pflanzenessenzen ersann und sein näheres Umfeld mit diesen Bränden versorgte.

Vom neuen Berliner Zeitgeist inspiriert und von der stetig steigenden Popularität des Gins motiviert, griff Vincent diese alte Familientradition wieder auf und so wurde 2012 daraus der Berliner Brandstifter Dry Gin. Getreu der Regionalbindung werden die Botanicals vom Berliner Bauern SpeiseGut in Berlin-Gatow angebaut und geerntet. Die Destillation findet bei Schilkin in Berlin-Kaulsdorf statt, die einst Hoflieferanten der Zarenfamilie waren, bis sie zur Zeit der Oktoberrevolution nach Berlin flüchteten.

Für den Berliner Brandstifter Dry Gin wird ein siebenfach gefiltertes Weizendestillat, das aus Brandenburg und Mecklenburg-Vorpommern kommt, als Grundlage verwendet. In einem aufwendigen Verfahren werden zunächst alle Botanicals schonend und einzeln destilliert. Dadurch können

7FACH GEFILTERTER
BERLIN DRY GIN

BERLINER
BRANDSTIFTER

EDITION 2013
FLASCHE ~~6948~~ VON 9999
HANDABGEFÜLLT

eine volle Geschmacksentfaltung sowie eine auf den Punkt genaue Abstimmung bei der anschließenden Zusammenführung der Destillate erreicht werden.

Die charaktergebenden Zutaten sind Wacholder, Holunderblüten, Waldmeister, Gurke und Malvenblüten. Die restlichen Kräuter und Gewürze, die hinzukommen, sind Teil des Rezeptgeheimnisses. Durch die Zugabe von Berliner Trinkwasser wird der Gin auf eine Trinkstärke von 43% Vol eingestellt und abschließend in 0,7- bzw. 0,35-Liter-Flaschen abgefüllt.

Der Berliner Brandstifter Gin verspricht eine Balance zwischen feinen, blumig-frischen Geschmacksnuancen und den Ansprüchen an einen klassischen Dry Gin.

Broker's

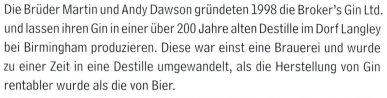

Die Brüder Martin und Andy Dawson gründeten 1998 die Broker's Gin Ltd. und lassen ihren Gin in einer über 200 Jahre alten Destille im Dorf Langley bei Birmingham produzieren. Diese war einst eine Brauerei und wurde zu einer Zeit in eine Destille umgewandelt, als die Herstellung von Gin rentabler wurde als die von Bier.

Broker's London Dry Gin wird seit 2000 im traditionellen «Pot Still»-Verfahren nach einem 200-jährigen Rezept hergestellt. Die Basisspirituose bildet hierbei ein dreifach destillierter Getreidebrand, in dem die zehn ausgesuchten Botanicals – Wacholderbeeren, Koriandersamen, Veilchenwurz, Muskat, Angelikawurz, Zimtkassie, Zimt, Süßholz, Zitronen- und Orangenschalen – über einen Zeitraum von 24 Stunden mazeriert und anschließend destilliert werden.

Eine Quelle, die sich direkt unter der Destille befindet, bringt das reine und weiche Wasser, um den fertig destillierten Gin auf seine Trinkstärke zu reduzieren.

Broker's Gin wird sowohl mit 40% Vol als auch mit 47% Vol angeboten und jede Flasche wird mit einer «Bowler Hat»-Miniatur über dem Verschluss versehen. Zusammen mit seinem Labeldesign, das einen Gentleman mit eben jenem «Bowler» zeigt, der seinerzeit typisch für London Citys Börsenmakler war, erkennt jeder unmissverständlich seine englische Herkunft.

Land:
Großbritannien / England
Hersteller:
Broker's Gin Ltd.

Brecon

Land:
Großbritannien / Wales
Hersteller:
Penderyn Distillery

Die Penderyn Destille befindet sich am Fuße der Hügel zum Brecon Beacons National Park, einem Gebiet, das die UNESCO zum internationalen Geopark erhoben hat.

Diese kleine Privatdestille hat die Kunst des Destillierens nach 100 Jahren wieder eingeführt (die letzte Destille befand sich in Nordwales und schloss Ende der 1890er).

Die Basisspirituose liefert die Brain Brauerei in Cardiff, die ein 8%iges, ungehopftes Bier produziert, das bei Brecon in einen speziellen Destillierapparat gefüllt wird. Diese besondere Brennanlage wurde von Dr. David Faraday, einem direkten Nachkommen des berühmten Sir Michael Faraday, konstruiert und ermöglicht es, in nur einem einzigen Destillationsdurchgang ca. 92% Vol zu erreichen.

Aus einer eigenen Brunnenbohrung direkt an der Penderyn Destille wird das Wasser gewonnen, welches durch eine 340 Millionen Jahre alte Gesteinsformation gefiltert ist. Dieses natürlich reine Wasser wird dem 92%igen Destillat beigemengt und somit auf einen gezielten Alkoholgehalt eingestellt. Der Großteil dieses heruntergesetzten Destillats wird zur Whisky-Herstellung verwendet; nur kleinere Mengen davon werden zur Herstellung von Gin, Wodka und Cremelikör benutzt.

Brecon Gin wird nach einer 100 Jahre alten Rezeptur hergestellt und enthält zehn verschiedene Botanicals: Wacholderbeeren aus Mazedonien, Orangenschalen aus Spanien, Zimtrinde aus Madagaskar, Zimtkassie aus China, Süßholz aus Sri Lanka, Angelikawurzel aus Frankreich, Muskat aus Indien, Koriandersamen aus Russland, Limettenschalen aus Spanien und Veilchenwurz aus Italien.

Ein aromatischer und traditioneller Gin mit 40% Vol, der durch eine dezente Süße auffällt, dennoch nicht gesüßt wird. Volles Wacholderaroma und ein harmonisches Zusammenspiel der Gewürze, besonders von Koriander und Zimt, sowie die Frische der Orangen- und Limettenschalen zeichnen diesen Gin aus.

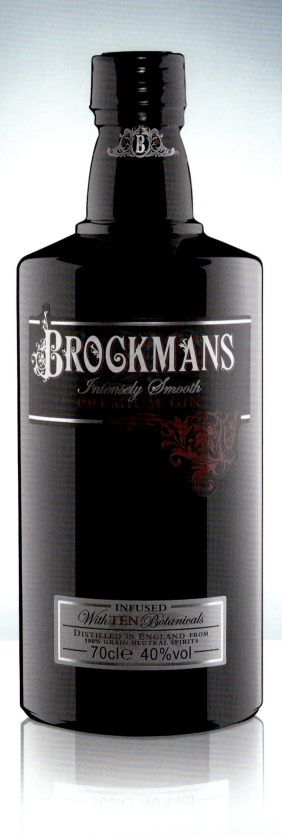

Brockmans

Die Urheber des Brockmans Gin, Kevan, David, Bob und Neil, hatten eines gemeinsam, und das war eine anhaltende Faszination für Gin. Somit hatten sie ein Ziel im Sinn: einen frischen Geschmack zu kreieren, der wahrhaft die Auffassung über zeitgenössischen Gin ändert. Seit September 2008 ziert «Brockmans» die Galerie außergewöhnlicher Gins.

Der Name wird aus drei alten Bezeichnungen für Händler abgeleitet: Brock, Brookman und Brooker. Eine weitere Bedeutung wird aus dem Namensteil «Brock» bzw. «Brook» hergeleitet, was «Bach» heißt und die Verbindung zu klarem Quellwasser darstellen soll.

Dieser Gin mit 40% Vol – anfangs in der Greenall's Destille, mittlerweile jedoch in der Langley Destille nahe Birmingham hergestellt – kann ohne Weiteres der «New Western Dry Gin»-Kategorie zugeordnet werden. Die Botanicals werden für ca. 24 Stunden mazeriert und anschließend destilliert. Die Geschmacksnoten, die Brockmans Gin auszeichnen, rühren von einer ausbalancierten Verbindung von zehn Aromen her. Hierfür werden toskanische Wacholderbeeren, Veilchenwurz, Süßholz, Angelika, Zimtkassie, bulgarischer Koriander und Schalen von Bitter- und Valencia-Orangen verwendet. Als Besonderheit kommen noch Blaubeeren und Brombeeren hinzu, die den Gin nicht nur abrunden, sondern ihm seinen markanten Charakter verleihen.

Die schwarze Flasche vermittelt den Eindruck von Glätte und Gewandtheit, stellt gleichzeitig die Nachtstunden in klassischer Weise dar, inspiriert zur Neugier und hat eine mystische Aura inne.

Land:
Großbritannien / England
Hersteller:
Ginuine Ltd.

Bulldog

Land:
Großbritannien / England
(Herstellung)
USA (Firmensitz)
Hersteller:
Bulldog

Anshuman Vohra, einst Investmentbanker in New York, ist der Gründer der seit 2006 bestehenden Gin-Marke Bulldog und erfüllte sich damit einen Traum. Obwohl der Firmensitz in den USA ist, wird dieser Dry Gin in London hergestellt und im «Pot Still»-Verfahren vierfach destilliert.

Für die Aromatisierung werden zwölf Botanicals verwendet, darunter sind Wacholderbeeren, Lavendel, Koriander, Süßholz, Mohn, Lotusblätter und die chinesische Dragon-Eye-Frucht (artverwandt mit der Litschi). Ein Gin mit 40% Vol von dezenter Subtilität und Eleganz.

Die Wahl der Litschifrucht fiel nicht allein aufgrund ihrer typischen Geschmacksnote, sondern auch deshalb, weil laut altchinesischer Kräuterkunst die Litschifrucht der Haut zusätzliche Vitalität verleiht und «die sexuelle Ausdauer fördert».

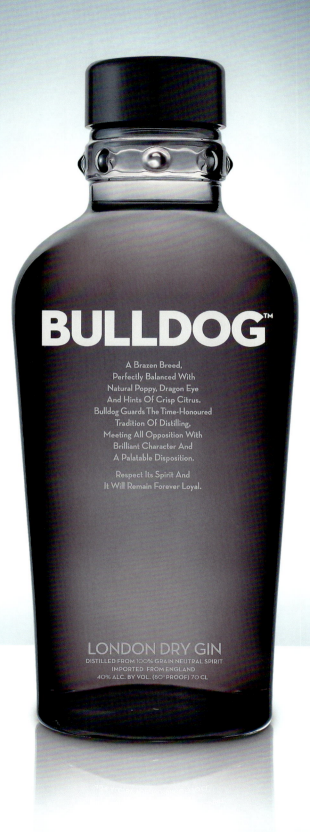

BULLDOG™

A Brazen Breed,
Perfectly Balanced With
Natural Poppy, Dragon Eye
And Hints Of Crisp Citrus.
Bulldog Guards The Time-Honoured
Tradition Of Distilling,
Meeting All Opposition With
Brilliant Character And
A Palatable Disposition.

Respect Its Spirit And
It Will Remain Forever Loyal.

LONDON DRY GIN
DISTILLED FROM 100% GRAIN NEUTRAL SPIRIT
IMPORTED FROM ENGLAND
40% ALC. BY VOL. (80° PROOF) 70 CL

Caorunn

Land:
Großbritannien / Schottland
Hersteller:
Balmenach Distillery
Markeneigner:
International Beverage
Holdings Ltd.

Die schottische Balmenach Destille ist als Whisky-Destille bekannt. Caorunn Gin wird nicht als London Dry Gin deklariert, sondern als Scottish Gin, und wurde Mitte 2009 auf dem Markt eingeführt. Dennoch handelt es sich technisch um einen London Dry Style, dessen Hauptmerkmal fünf keltische Botanicals sind: Rowan Berry (Vogelbeere), Coul Blush Apple (schottische, süße Apfelsorte von 1827), Heather (Besenheide, auch Heidekraut genannt und zu den Erikagewächsen gehörend), Bog Myrtle (Gagelstrauch, wurde im Mittelalter verwendet, um Bier geschmacklich anzureichern) und Dandelion (Löwenzahn). Hinzu kommen sechs weitere traditionelle Gin-Botanicals.

Die Destillation erfolgt in einem Kupferbrenner («Copper Berry Chamber») aus dem Jahre 1920. Dieser Apparat hat nicht die Form einer herkömmlichen Brennanlage; vielmehr handelt es sich um eine waagerecht liegende, röhrenförmige Kammer, deren Innenraum aus Kupfer besteht. In diese werden dann vier Tabletts übereinander eingeschoben, auf denen die Botanicals ausgebreitet sind. In eine separate Kesselanlage wird dann ein reines Getreidedestillat eingeleitet und langsam erhitzt, sodass die Alkoholdämpfe durch ein Verbindungsrohr in die Kammer mit den Botanicals kommen, aufsteigen und dadurch die Aromen extrahieren.

Das gewonnene Destillat wird anschließend mit schottischem Quellwasser auf eine Trinkstärke von 41,8% Vol herunterreduziert. Caorunn Gin wird in kleinen Chargen in Handarbeit hergestellt. Dieser außergewöhnliche Gin wird durch eine besondere Flaschenform unterstrichen, deren fünfeckiger Boden die fünf keltischen Botanicals symbolisiert.

CapRock

Land:
USA / Colorado
Hersteller:
Peak Spirits LLC

2004 gründeten die Weinbauern Anna und Lance Hanson die Peak Spirits LLC, um Spirituosen aus Bioanbau zu produzieren. CapRock Organic Gin wird von ihnen als New Western Style Gin deklariert.

Die Basisspirituose wird im «Copper Pot Still»-Verfahren aus biologisch zertifizierten Jonathan- und Braeburn-Äpfeln aus lokalem Anbau destilliert. Der Apfelalkohol wird in einem einzigen Durchgang zusammen mit den Botanicals, die zuvor darin mazeriert wurden, erneut destilliert. Das Gin-Destillat wird mit Wasser aus der Schneeschmelze eines nahe gelegenen Caprock-Massivs auf 41% Vol verschnitten.

Auch die zwölf Botanicals sind aus dem Bioanbau, die sich aus Wacholderbeeren, Rosen- und Lavendelknospen, Orangen- und Zitronenschalen, verschiedenen Samen, Gewürzen und zwei frischen Säften zusammensetzen.

Cascade Mountain

Land:
USA / Oregon
Hersteller:
Bendistillery Inc.

Die 1996 von Jim Bendis gegründete Bendistillery ist im regenreichen Osten Oregons gelegen. Es werden natürliche Ingredienzien und pures «Cascade Mountain»-Wasser zur Herstellung verwendet. Die handverlesenen Wacholderbeeren stammen aus dem Zentrum des größten Wacholderwaldes im Westen der USA. Diese Sorte heißt Juniperus occidentalis und wächst in den Bergen in Höhenlagen von 800 – 3.000 Metern. Die Gins sind nicht wie üblich transparent, sondern leicht strohfarben.

Castle Gin

Land:
Schweiz
Hersteller:
Käsers Schloss Swiss Spirits

Franziska und Ruedi Käser übernahmen 1992 ein im Aargauer Fricktal gelegenes Bauerngut, das ursprünglich ein Pfarrhaus war und in dem Ruedi Käser seine Destille einrichtete.

Auslöser zum Brennen in Eigenregie war das Urteil «nicht trinkbar» einer Jury für einen Apfelschnaps, den er 1994 als Auftragsarbeit hatte brennen lassen. Als 1999 in der Schweiz das Destillieren von Getreideschnäpsen per Gesetz erlaubt wurde, erweiterte der Familienbetrieb seine Produktpalette, widmete sich unter anderem auch dem «Thema Gin» und hat sich seither als exklusive Brennerei etabliert.

Von den ursprünglich drei Gin-Sorten wurden zwei mittlerweile wieder eingestellt, lediglich der erste Gin dieser Destille, The First, wurde beibehalten und trägt nach wie vor sein vordergründiges Wacholderaroma zur Schau.

Neu hinzugekommen ist kürzlich der Tschin, der nicht nur durch sein beinahe unschuldig-simples Labeldesign auffällt, sondern auch dadurch, dass er nur wenige Botanicals enthält. Als sich die Familie Käser auf die Suche nach den geeigneten Zutaten machte, ging sie nicht auf Weltreise, sondern tat es wie einstmals: Man nahm, was die Umgebung, also die umliegenden Wälder, hergab. So fanden laut Mirjam Käser vornehmlich Wacholder sowie Kirschblüten, Walderdbeeren und weitere Geheimzutaten Eingang in die Rezeptur. Der dominierende Wacholdergeschmack wird leicht von waldfruchtigen Aromen umrahmt und zeigt einmal mehr, dass es nicht unbedingt einer großen Anzahl an Zutaten bedarf, um einen hervorragenden Gin zu kreieren.

Pröschtli!

Citadelle

Land:
Frankreich
Hersteller:
Cognac Ferrand

Das Rezept des Citadelle Gin ist 1771 in Frankreichs ältester eingetragener Destille namens «Citadelle» in Dünkirchen entwickelt worden. Dieser Ort war damals einer der Häfen, in dem die aus dem Orient heimkehrenden, mit Gewürzen beladenen Schiffe der Handelsgesellschaften anlegten. Er liegt an der südlichen Nordseeküste, 10 Kilometer von der Grenze zu Belgien entfernt.

Citadelle Gin wird nach den Vorgaben des Originalrezepts hergestellt. Sind die Herstellungsmethoden auch im Wandel der Zeit verbessert worden, so werden zu seiner Produktion doch immer noch die ursprünglichen Gewürze aus den verschiedensten Winkeln der Welt verwendet. Die Gewürzmischung besteht aus 19 Botanicals: Wacholderbeeren, Koriander, Kardamom, Orangenschalen, Süßholz, Kubebenpfeffer, Bohnenkraut, Fenchel, Veilchenwurz, Zimt, Veilchen, Mandeln, Zimtkassie, Angelikawurzel, Paradieskörner, Kümmel, Muskatnuss, Zitronenschalen und Sternanis.

Ein dreifach destillierter Alkohol dient als Basis für die Weiterverarbeitung. Die ausgewählten Botanicals werden in einem Gewürznetz hinzugegeben und ein weiteres Mal destilliert. Abgefüllt wird er mit einem Alkoholgehalt von 44% Vol. Er hat einen nachhaltigen Geschmack und seine weiche, komplexe Aromenvielfalt kommt vollends zum Ausdruck.

Citadelle Réserve Gin mit ebenfalls 44% Vol kam erstmals Oktober 2008 auf den Markt. Die Idee dazu entstand durch ein altes Rezept aus einer Zeit, als man Eau-de-vie de Genever und Gin oftmals noch für mehrere Monate in Holzfässern reifen ließ. So entschied man sich, einen fassgereiften Gin herzustellen, der für fünf bis sechs Monate in alten Eichenholzfässern lagert. Dadurch kann man einen Eindruck von dem bekommen, wie Gin zur damaligen Zeit geschmeckt haben könnte. Dazu ließ man 21 kleine Barrique-Fässer anfertigen, füllte sie mit Citadelle Gin und diesen nach der Reifephase in 5.600 Flaschen ab. Jede Flasche ist nummeriert und mit dem Jahrgang versehen.

In blassgoldener Farbe kommt er mit einer Komplexität von Frische und Anklängen an alte, im Barrique-Fass gereifte Brände daher. In der Nase bleiben frische und würzige Aromen, wobei sich im Mund nach und nach der subtile, feine Geschmack von Vanille, Blumen, Zimt und Holz entwickelt. Zudem hat Citadelle noch den Magellan Gin in der Produktpalette, der zwei Botanicals weniger, 44% Vol und eine türkisblaue Farbe hat. Er war eigentlich nur für den US-Markt vorgesehen, ist mittlerweile aber auch in Europa erhältlich.

Clearheart

Land:
USA / Iowa
Hersteller:
Cedar Ridge Distillery

Die Cedar Ridge Distillery wurde 2005 gegründet und ist die erste lizenzierte Destille im Staate Iowa seit der Prohibition.

Clearheart Premium Dry Gin wurde 2005 auf dem Markt eingeführt und wird in Einzelchargen von zehn Gallonen hergestellt. Es werden nur fünf Botanicals verwendet: Wacholderbeeren, Koriander, Veilchenwurz, frische Orangenzesten und frisch geschälte Gurken.

Die Aromatisierung erfolgt in zwei Stufen. Zuerst werden Wacholderbeeren in Getreidealkohol mazeriert. Danach werden die weiteren Botanicals, unter denen sich nochmals Wacholderbeeren befinden, ins Steigrohr einer «Pot Still»-Anlage platziert. Die Aromen werden durch die aufsteigenden Alkoholdämpfe aufgenommen.

Clearheart Gin wird besonders durch seine Gurken- und Orangennase charakterisiert und weist einen Alkoholgehalt von 45% Vol auf.

DH. Krahn

Der Name dieses Gins setzt sich aus den Namen der beiden Inhaber zusammen: Dave Hughes (DH) und Scott Krahn.

Sie verwenden einen Stupfler-Destillierapparat aus Kupfer, der original aus Frankreich kommt. Eigenen Aussagen zufolge versetzt sie dieser Apparat in die Lage, mit nur einer einzigen Destillation Spirituosen zu produzieren, die schmecken, als hätte man sie drei bis fünf Jahre gelagert.

Bei der Auswahl der Botanicals gehen sie absichtlich sehr minimalistisch vor, um eine gute Balance zu schaffen. Beim Mazerationsvorgang werden zuerst italienische Wacholderbeeren in die Basisspirituose eingelegt und zu einem späteren Zeitpunkt kalifornische Zitrusschalen und zerkleinerte Thai-Ingwer hinzugefügt.

Das fertige Destillat wird für drei Monate zur Egalisierung in Stahlfässer eingelagert, bevor der DH Krahn in Flaschen abgefüllt wird, wodurch die Tiefe des Charakters entwickelt werden soll.

Land:
USA / Kalifornien
Hersteller:
DH Krahn Spirits

Damrak Gin

Land:
Niederlande
Hersteller:
Lucas Bols Distillers BV

Damrak war einstmals Amsterdams innerer Hafen und Anlegestelle für Handelsschiffe, die Kräuter und Gewürze aus aller Herren Länder herbeibrachten.

Damrak Gin wird nach einer Rezeptur hergestellt, die gut und gerne eines der ältesten Gin-Rezepte der Welt sein dürfte. Dazu werden 17 teils exotische Früchte, Beeren und Gewürze verwendet: Wacholderbeeren, Koriander, Anissamen, Zitronenschalen, Orangenschalen, Zimt, Malz und Heckenkirsche – die übrigen sind Teil des Betriebsgeheimnisses.

Die Basisspirituose wird fünfmal in fünf verschiedenen «Pot Stills» destilliert, um einen sehr hohen Reinheitsgrad zu erhalten. Dabei werden die Botanicals jedoch nicht mitdestilliert, sondern erst nach dem Herunterwässern auf 41,8 % Vol hinzugegeben. Dieses Gemisch wird dann zu einer zweiwöchigen «Vermählung» der Spirituose mit den Botanicals stehen gelassen. Der aufmerksame Leser wird vielleicht bereits erkannt haben, dass der Damrak aufgrund dieser Methode nicht als London Dry Gin tituliert werden darf und somit von Bols einfach «Original Gin» genannt wird.

Flasche und Label wurden kürzlich etwas im Design geändert: Die Form der Genever-typischen Steingutflasche wurde zwar beibehalten, jedoch mussten sowohl der für Gin äußerst ungewöhnliche «Ploppverschluss» als auch das eingelassene Firmenlogo weichen. Grund dafür könnte eine Kostensenkung sein, denn der Gin wird vornehmlich in die USA exportiert, daher auch der Hinweis «Imported» auf dem Label.

Duke

Hinter dem The Duke Munich Dry Gin stehen die zwei jungen Männer Maximilian Schauerte und Daniel Schönecker aus München. Mitten in der Stadt haben sie eine Destille für die Herstellung ihres Gins eingerichtet, in der die komplette Produktion bis hin zur Abfüllung und Etikettierung in Handarbeit stattfindet.

Ihn «Munich Dry Gin» zu nennen, ist eine Eigenkreation der beiden, erfüllt jedoch technisch die Anforderungen eines London Dry Styles.

Der Name «The Duke» («Der Herzog») bezieht sich auf Heinrich den Löwen, eine schillernde Figur des Mittelalters, zu dessen Ehren dieser Gin seinen Titel trägt. Der Herzog hatte vor über 850 Jahren die Stadtgründung Münchens mit dem Bau einer Brücke veranlasst, um die Zolleinnahmen aus dem Salzhandel zu kontrollieren. Wenig zimperlich ließ er gleichzeitig weiter flussabwärts bei Freising eine andere Brücke niederreißen.

Auf seinen ersten Gin musste München jedoch bis Dezember 2008 warten. Hergestellt wird dieser Gin nach dem klassischen Roh- und Feinbrandprinzip. Dafür werden 13 Botanicals, zu denen typisch bayerisch Hopfenblüten und Malz gehören, in hochprozentigem Alkohol mazeriert und anschließend zweifach destilliert.

Vor der Abfüllung erfolgt eine sorgfältige Filtration, die Reinheit und Klarheit garantiert. Nach einer kurzen Lagerzeit wird der Gin abgefüllt, etikettiert und verpackt, bevor er die Reise zum Gaumen des Genießers antreten kann. Zum Wohlsein!

Land:
Deutschland
Hersteller:
Persephone Destillerie

Elephant Gin

Land:
Deutschland
Hersteller:
Elephant Gin Ltd

Tessa Wienker und Robin Gerlach ließen die Eindrücke, die Sie unabhängig voneinander bei Besuchen verschiedener afrikanischer Parks und monatelanger Volontärarbeit mit Hilfsorganisationen zum Schutz des vom Aussterben bedrohten Elefanten in Kenia, Tansania und Südafrika gesammelt hatten, auch nach ihrer Rückkehr nach Europa nicht mehr los. Sie wollten die Beziehung zu den Menschen, die sie dort getroffen hatten, um jeden Preis aufrechterhalten und vor allem deren großartige Arbeit unterstützen. Daraus entstand – gekoppelt mit einer Leidenschaft für Gin – eine Idee, die 2013 in Angriff genommen wurde. Mithilfe ihres Freundes Henry Palmer entwickelten sie einen Gin und wie konnte er auch anders heißen als Elephant Gin.

Für den Elephant Gin werden 14 sorgfältig ausgewählte Botanicals verwendet, darunter auch seltene afrikanische Zutaten. Wacholder wird hauptsächlich aus Makedonien, Ungarn und der Toskana bezogen, um konsistente Qualität zu gewährleisten, die abhängig von Jahreszeit und Ernte variiert. Hinzu kommen Latschenkiefernadeln aus den Salzburger Bergen, Lavendel für florale Noten, Süßorangenschalen aus Spanien, frische Äpfel von den Obstplantagen aus der Nähe der Destille in Mecklenburg-Vorpommern, indonesische Kassiarinde, Ingwer aus China, Pimentbeeren aus Mexiko und Holunderblüten aus Polen und der Ukraine. Zu den afrikanischen Botanicals zählen die Teufelskralle, die schon europäische Kolonisten und Forschungsreisende des 18. Jahrhunderts wegen ihrer Heilkräfte aus den Savannen der Kalahari nach Hause schickten und die einen ausgeprägten bittersüßen Geschmack hat, die traditionelle Heilpflanze Buchu, deren Geschmack an Schwarze Johannisbeere erinnert und die in den Bergregionen des West- und Südkaps wild wächst, der als magisches Kraut verehrte Löwenschwanz, das afrikanische Wermutkraut sowie die Früchte des Affenbrotbaums aus Malawi, die sehr reich an Vitamin C und für Elefanten ein beliebter Schmaus sind.

Die Destillation erfolgt in einer Arnold-Holstein-Kupferbrennblase. Viele kontrollierte Einzelschritte und ein langsamer, schonender Destilliervorgang tragen maßgeblich zum Erhalt der teils fragilen Aromen bei.

Das Ergebnis ist ein London Dry Gin mit 45% Vol, der ein vielschichtiges, seidiges Geschmacksprofil aufweist. Er wird ausschließlich in kleinen Chargen von nur ein paar Hundert Flaschen produziert.

Das Labeldesign ist ideenreich gestaltet: Vorn ist eine dreieckige Briefmarke darauf und von hinten scheint durch die Flasche eine antiquierte Karte der südafrikanischen Küste hindurch. Unter dem Namensschild stehen handschriftlich die Flaschennummer und der Name eines besonderen Elefanten. Die Kordel mit dem Bleisiegel sowie der echt Korken aus Portugal runden das handwerkliche Design ab.

Von jeder verkauften Flasche Elephant Gin gehen 15 Prozent des Gewinns an zwei afrikanische Stiftungen: «Space for Elephants» und «Big Life Foundation».

Feel! Gin

Feel! Munich Dry Gin war eine «Schnapsidee» im wahrste Sinne des Wortes. Korbinian Achternbusch, Gründer und Kopf von Feel! Gin, kam nach einem feuchtfröhlichen Oktoberfestbesuch der Einfall, seinen eigenen Wacholderbrand zu produzieren. Mit der Vision, den Spirituosenmarkt um einen außergewöhnlichen Gin bester Bioqualität zu bereichern, verkaufte der selbst ernannte Jungunternehmer noch im gleichen Monat sein Auto, um sich vom Erlös eine Destillationsanlage anfertigen zu lassen. Nach etlichen Seminaren zum Thema Obstbrennerei, die der gelernte Textilreinigungsmeister während seiner knapp bemessenen Freizeit besuchte, sowie einer ausgeprägten einjährigen Rezepturfindungsphase brachte er seinen Gin im Januar 2013 heraus.

Die Basis des Feel! Gins ist ein hochwertiges Bioweizendestillat. Aus kontrolliert biologischem Anbau stammen auch die 17 ausgesuchten Botanicals, die erst nach sorgfältiger Prüfung durch Korbinian persönlich in den Kupferkessel zum Mazerieren gelangen. Um welche Botanicals es sich dabei exakt handelt, bleibt teilweise unter dem Mantel der Verschwiegenheit.

Pflicht ist natürlich der Wacholder, der auch das Geschmacksbild anführt. Darüber hinaus kommen Blaubeeren und Aroniabeeren fürs Fruchtige, Koriander fürs Würzige, Lavendel fürs Florale und Zitronenmelisse für eine lang anhaltende Frische zur Anwendung.

Durch mehrfache langsame und dadurch besonders aromaschonende Destillationen wird eine besondere Weichheit erzielt. Anschließend wird des Destillat gefiltert und dabei bewusst eine Kältebehandlung umgangen. Zum Abschluss wird es mit reinem Münchner Trinkwasser auf eine Trinkstärke von 47% Vol eingestellt und für drei Monate zum Ruhen gelagert.

Feel! Gin ist auch in anderer Hinsicht ein besonderer Gin, denn er ist nicht nur mit einem Bio-Gütesiegel, sondern auch mit einem Vegan-Gütesiegel versehen. Er wird von Hand versiegelt und aufgrund seiner aufwendigen Herstellungsweise nur in kleinen Chargen produziert.

Land:
Deutschland
Hersteller:
Feel! Destillerie München

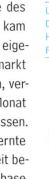

Ferdinand's Saar

Land:
Deutschland
Hersteller:
Joint Venture

Drei Flüsse, Dreiländereck und ein Dreigestirn aus Kreativität, regionalen Qualitätszutaten und hoher Destillierkunst – Ferdinand's Saar Dry Gin ist durchweg dreidimensional.

Denis Reinhard, Geschäftsführer des Wein- und Spirituosenvertriebs Capulet & Montague in Saarbrücken, wollte einen Gin mit starker regionaler Bindung kreieren. Dazu holte er sich Dorothee Zilliken ins Boot, die mit ihren Eltern das traditionsreiche Weingut Forstmeister Geltz-Zilliken nahe Saarburg leitet, das schon seit 1742 besteht und Rieslingweine höchster Qualität hervorbringt. Ihr Vorfahr, der königlich-preußische Forstmeister Ferdinand Geltz, war Gründungsmitglied des Verbands Deutscher Prädikatsweingüter Mosel – Saar – Ruwer und ist Namensgeber dieses Gins. Und so kommt es nicht von ungefähr, dass Rieslingtrauben den außergewöhnlichen Bestandteil dieser Neukreation bilden.

Als Dritter im Bunde wurde der Meisterdestillateur Andreas Vallendar gewonnen, dessen Destille mit Obstplantagen und Landwirtschaft im nahe gelegenen Wincheringen im Dreiländereck Deutschland – Frankreich – Luxemburg liegt. Der Name kommt Ihnen bekannt vor? Da liegen Sie ganz richtig, denn Hubertus Vallendar (siehe Artikel «Noordkorn») ist Andreas' Verwandter, sie scheinen das feine Destillieren also im Erbgut zu tragen.

Die Voraussetzungen konnten also nicht besser sein für einen Qualitäts-Gin mit ganz besonderer Charakteristik. So finden 31 Botanicals, die teils aus eigenem Anbau stammen, ihren Weg in den Gin und selbst das Getreide für den Basisalkohol kommt von den Vallendar'schen Feldern. Wacholder, Schlehen, Hundsrose, Weinrose, Hopfenblüten, Quitte, Zitronenthymian, Schwarzer Holunder, Weinbergpfirsich, Rubinette, Kamille, Fenchel, Apfelminze, Zitronenmelisse, Mandelschale, Angelika, Lavendel, Süßholz, Sandelholz, Passionsblumen, Koriander, Bitterorangen, Zitronen, Limetten, Bergamotte, Kardamom, Pfeffer, Jasmin, Muskatnuss, Zimt und Ingwer werden sorgfältig mazeriert und durch eine zusätzliche

Dampfinfusion wird dem Gin eine frische florale Note verliehen. Nach der Destillation wird zur Abrundung wohl dosiert Schiefer-Riesling hinzugegeben. Anschließend lässt man das Destillat vier Wochen ruhen und stellt es hinterher mit entmineralisiertem Wasser auf 44% Vol ein. Der fertige Gin wird in hübsche, handliche 0,5-Liter-Weinflaschen abgefüllt und mit einem bienenwachsversiegelten Naturkorken verschlossen.

Die Kreativität fand im Ferdinand's Saar Dry Gin ihren bisherigen Höhepunkt, aber nicht ihren Abschluss. So warten die drei Protagonisten zusätzlich mit einem Quitten-Gin (siehe Kapitel «Gin-Sonderformen») sowie eigenen Cocktail-Bitters und einem trockenen Riesling Vermouth auf.

Filliers

Land:
Belgien
Hersteller:
Filliers Graanstokerij NV

Dieser belgische Genever-Hersteller, dessen bis ins frühe 19. Jahrhundert zurückreichende Firmengeschichte im Kapitel «Genever-Marken» ausführlich beschrieben wird, hat sich auch aufs Gin-Parkett gewagt und dieses Abenteuer mit Bravour bestanden.

Schon das «Gesellenstück» geriet zum Schlager: der Filliers Dry Gin 28. In den Archiven fand man eine Gin-Rezeptur von Firmin Filliers, die dieser kurz nach Ende des Ersten Weltkriegs ersann. Basierend auf dem Original wurde dieser Gin im Juli 2012 neu aufgelegt. 28 Botanicals, deren Identität komplett geheim gehalten wird, werden eingelegt und im Kupferkessel destilliert. Das Ergebnis ist ein überraschend ausgewogener Gin mit frischem, krautigem Geschmacksbild, das nicht von den 46% Vol getrübt wird.

Darüber hinaus kamen zwei Abwandlungen des «28er» auf den Markt. Das ist zum einen die Filliers Tangerine Seasonal Edition (März 2013), also auf gut Deutsch eine saisonale Version, bei der der Dry Gin 28 mit Mandarinen zusätzlich aromatisiert wird und mit 43,7% Vol etwas leichter ist. Zum anderen ist es der Filliers Pine Blossom (April 2014) mit 42,6% Vol, der mit Waldkiefernblüten angereichert ist.

Im September 2013 wurde dem Sortiment ferner der Filliers Barrel Aged Gin hinzugefügt. Auch hier dient der klassische 28er als Grundstock, der diesmal für mehrere Monate in französischen Cognac-Fässern aus Limousin-Eichenholz, die zuvor über vier Monate hinweg leicht angekohlt werden, ruhen gelassen wird. Dadurch sollen die floralen und die Zitrusnoten gebändigt und gleichzeitig die runden, weichen Noten von Vanille und Süßholz gefördert werden. Die Trinkstärke beträgt 43,7% Vol.

Alle Gins kommen in der gleichen Apotheker-Flaschenform mit 0,5 Litern und konsistentem Labeldesign mit dem unverwechselbaren Schriftzug darauf.

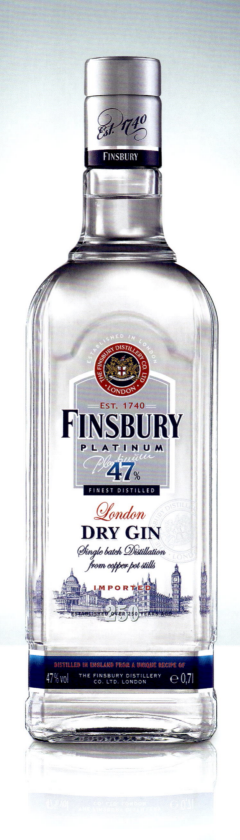

Finsbury

Finsbury London Dry Gin ist im Besitz eines der größten europäischen Produzenten und Markenvertriebe internationaler Spirituosen mit Sitz in Deutschland.

Die Finsbury Destillerie wurde 1740 von Joseph Bishop in London gegründet. Sie ist über die Jahrhunderte im Besitz der Familie geblieben, sodass die Tradition und das Wissen über die Herstellung bewahrt und von Generation zu Generation weitergegeben wurde. Zwar hat 1993 Borco die Marke Finsbury übernommen, trotzdem wird dieser Gin aber weiterhin in der alten Destille produziert.

Finsbury Gin wird seit über 270 Jahren nach einer streng geheimen Rezeptur aus feinsten exotischen Früchten, Wacholderbeeren sowie Kräutern und Gewürzen aus der ganzen Welt hergestellt und ist in zwei Qualitäten erhältlich. Der klassische Finsbury Gin ist ein typischer London Dry Gin mit einem Alkoholgehalt von 37,5% Vol. Er wird im «Pot Still» -Verfahren destilliert und die gewonnen Destillate werden separat gelagert. Der Brennmeister stellt nach eingehender Prüfung der einzelnen Destillate das Endprodukt entsprechend zusammen. Diese Vorgehensweise wird auch «Single-Batch-Destillation» genannt.

Finsbury Platinum London Dry Gin ist ein sechsfach destillierter London Dry Premium Gin, für dessen Basisspirituose nur speziell ausgewähltes Getreide verwendet wird. Die Geschmacksstoffe der handgeernteten exotischen Früchte, feinen Gewürze und Kräuter wirken bei höherem Alkoholgehalt von 47% Vol gegenüber 37,5% Vol wesentlich intensiver und ausgewogener.

Er ist ein reiner und klarer Gin mit reichem Aroma, elegantem Bouquet, leichten Zitrustönen und einem würzig-fruchtigen Körper.

Land:
Großbritannien / England
Hersteller:
Finsbury Distillery Company Ltd.
Markeneigner:
Borco Marken Import
Matthiesen GmbH & Co. KG,
Hamburg / Deutschland

Geranium

Land:
Dänemark
Hersteller:
Hammer & Son Ltd

In Kopenhagen sitzen Vater und Sohn zusammen, während sie davon schwelgen, wie der beste Gin der Welt schmecken sollte. Sie sind sich darin einig, dass sich eine bestimmte Sorte Geranienblüten, die schon seit Jahrhunderten als Heilpflanze gegen Depression und Ermattung verwendet wird, perfekt mit Wacholder verbinden ließe und somit ein Gin entstünde, der sich geschmacklich praktisch mit allem mixen ließe. In den darauffolgenden Monaten des spaßorientierten Experimentierens kamen das Chemikerwissen des Vaters und die Erfahrung des Sohnes als Richter bei internationalen Gin-Wettbewerben zum Tragen, sodass schon bald die Rezeptur gefunden ward. Zur Herstellung wandte man sich gen Mutterland des Gins.

In der Langley-Destille nahe Birmingham werden die zehn ausgewählten, teils frischen, teils getrockneten Botanicals 48 Stunden lang mazeriert. Zu den beiden oben genannten Hauptingredienzen gesellen sich Koriander, Kassiarinde, Veilchenwurz, Angelika, Süßholz, Orangen und Zitronen.

Leider erlebte Henrik Hammers Vater nicht mehr den Tag, als im September 2009 der Geranium Premium London Dry Gin offiziell auf den Markt gebracht wurde – ein Gin, der Vater Hammer alle Ehre macht: floral, weich, sehr ausgewogen und mit 44% Vol in der goldenen Mitte liegend.

Henrik führt seither die Firma allein, die ihren Sitz offiziell in England hat, wo die Abfüllung in Flaschen stattfindet und der Versand in 30 Länder organisiert wird. Er lebt allerdings weiterhin mit seiner Familie in Dänemark, wo er in Eigenregie den Kardamom destilliert, der seiner im März 2012 lancierten Kreation beigemischt wird: Old English Gin – basierend auf einem Rezept von 1783 und abgefüllt in Sektflaschen in Anlehnung an eben jene Zeit, als England reichlich französischen Champagner importierte und es nach Henriks These durchaus naheliegt, dass die leeren Flaschen anschließend vom gemeinen Volk zum Abzapfen von Gin aus Fässern in den Gin-Palästen genutzt worden sein könnten.

Die verwendeten Botanicals sind dieselben wie im Geranium, nur ohne die Geranienblüten, aber dafür kommen das erwähnte Kardamom-Destillat sowie Zimt und Muskat hinzu; die Trinkstärke ist ebenfalls bei 44% Vol geblieben.

Das Ziel war es, einen authentischen Gin zu kreieren, wie er nach der «Gin Craze» in der Periode des Erwachens von Qualitätsbewusstsein geschmeckt haben muss. Der Haken an der Sache ist, dass wenn dem so war, wie Henrik es sich vorstellt, diesem Gin in Sektflaschen die kurze Fassreife fehlen würde, die ihm damals unvermeidlich zukam. Dieses Detail tut dem Fazit jedoch keinen Abbruch, dass ihm hier tatsächlich ein kleines Kunstwerk gelungen ist.

Gin Mare

Land:
Spanien
Hersteller:
Destilerías MG
Markeneigner:
Vantguard Global Premium
Brands, S.A.

Basilikum aus Italien, Arbequina-Oliven aus Katalonien, Thymian aus der Türkei, griechischer Rosmarin, Zitrusfrüchte aus Spanien – so liest sich die Reihe der mediterranen Botanicals, die Eingang in diesen hochklassigen Gin finden, der praktisch eine neue Qualitätsliga schuf.

Die Destillerie ist ein seit 1835 bestehendes Familienunternehmen, das im kleinen Fischerdorf Vilanova i la Geltrú im Norden Spaniens angesiedelt ist und in jüngster Vergangenheit einen Generationswechsel durchlief, der – glücklicherweise! – die Herstellung von Gin zur Folge hatte. Die Hausmarken haben zwar eher nur lokale Bedeutung, dennoch fand Vantguard in dem Hersteller einen erfahrenen Partner, mit dem sich das Projekt, einen ganz besonderen Gin zu kreieren, verwirklichen ließ.

Wacholder aus eigenem Anbau, Koriander und Grüner Kardamom komplettieren die acht verwendeten Botanicals, die in Gerstenalkohol einer Einzelmazeration von 24 bis 36 Stunden unterzogen werden. Man staunt nicht schlecht darüber, dass die Mazeration der Zitrusfrüchte bis zu einem Jahr (!) dauert und in Steingutbehältern vonstatten geht. Die einzelnen Mazerate werden im Florentiner Destillierapparat mit 250 Litern Fassungsvermögen destilliert und anschließend entsprechend der Rezeptur miteinander vermengt.

Der gewählte Name Gin Mare ist einerseits der lateinischen Bezeichnung des Mittelmeers entlehnt, «Mare Nostrum», andererseits interpretiert der Hersteller auch gern eine Assoziation zur Heimat, zur Muttererde hinein, da «madre» (span.: Mutter) umgangssprachlich in einigen Regionen auf «mare» abgekürzt wird.

Die tragende Rolle spielen bei diesem Gin die Oliven, die ihn lang anhaltend im Mund rollen lassen, die anderen Geschmacksträger harmonisch vereinen und ihnen volle Entfaltung gewähren. Ein absoluter Genuss, egal, ob pur oder im Gin Tonic.

Als wir diesen Gin erstmals in einer Bar am Meer der südspanischen Küste bei mediterranen Temperaturen kosteten, wurden wir sogleich zu einem Cocktail inspiriert, dessen Rezeptur nach ein paar Feinabstimmungen unter eifriger Zuarbeit des Barkeepers feststand und der den Namen «MartiMar» verliehen bekam (siehe Kapitel «Mixologie»).

Gordon's

Der Schotte Alexander Gordon kreierte im Jahre 1769 seinen London Dry Gin in seiner ersten Destille in Southwark, London. 1786 wurde ein neuer Standort ausgewählt: Clerkenwell, ein Stadtviertel mit sauberen und reichhaltigen Wasserreserven. Über ein Jahrhundert später (1898) fusionierte Gordon's mit Charles Tanqueray & Co., sodass Tanqueray Gordon & Co. entstand und die gesamte Produktion in die Goswell Road verlegt wurde. Der Wildschweinkopf ziert seit jeher das Etikett der Flasche und auch sein Inhalt wird noch immer nach dem Originalrezept und den Präzisionsstandards von damals hergestellt.

In diesem dreifach destillierten Gin werden besonders viele Wacholderbeeren verarbeitet. Die weitere Auswahl an Botanicals schließt Koriandersamen, Angelikawurzel, Süßholz, Veilchenwurz, Orangen- und Zitronenschalen ein, doch die genaue Zusammensetzung der Botanicals ist auch hier ein wohlgehütetes Geheimnis.

Gordon's London Dry Gin wird in über 140 Länder exportiert und ist laut Firmenstatement global der meistverkaufte Gin. Er ist auf 37,5% Vol eingestellt, es gibt ihn aber auch mit 47,3% Vol. Die 1904 eingeführte grüne Flasche – zu jener Zeit konnte nur grünes Glas in so großen Mengen produziert werden – wurde auf dem internationalen Markt durch transparentes Glas ersetzt. Seit 2012 besinnt man sich jedoch wieder der grünen Flaschen und bringt sie seither beinahe regelmäßig als «Special Editions» heraus.

Des Weiteren gab es zwischen 2004 und 2009 noch einen Distiller's Cut, der als «Aromatic Dry Gin» deklariert wurde und ausgeprägte Noten von Lemongras und Ingwer hatte. Auffällig ist hier, dass das «London» im Namen weggelassen wurde, was sicher auf die gewählte Rezeptur zurückzuführen ist.

2013 wurde Gordon's Crisp Cucumber auf den Markt gebracht, der mit starken Gurkenaromen und 37,5% Vol ausgestattet ist.

Die letzte Neuheit in der Produktpalette ist der 2014 eingeführte Gordon's Elderflower – Holunderblüte also – mit ebenfalls 37,5% Vol, der als «zustimmendes Nicken zu Gordon's Vergangenheit und Gegenwart als großartiger Gin-Innovator» verstanden werden will.

Land:
Großbritannien / Schottland
Hersteller:
Tanqueray Gordon &
Co. Distillery
Markeneigner:
Diageo Plc

Granit Bavarian Gin

Land:
Deutschland
Hersteller:
Alte Hausbrennerei
Penninger GmbH

In Bayern, unweit von Passau, liegt Hauzenberg – Heimatstadt der seit 1905 in Familienbesitz befindlichen Brennerei. Der Ort selbst ist regional als Bergbauzentrum bekannt, in dem seit dem 17. Jahrhundert Granit gebrochen wird.

Primär hat man sich in der Penninger Hausbrennerei den traditionell bayerischen Schnapsspezialitäten verschrieben. Das über einhundertjährige Wissen über die typischen Wurzeln und Kräuter des Bayerischen Waldes sowie der Umstand, dass sie schon vor über 50 Jahren einen Doppelwacholder brannten, gebar die Idee zu einer Neukreation, mit der sie Tradition und Moderne vereinen wollten. Das Ergebnis ist der Granit Bavarian Gin.

Das Grundprinzip ist die Kombination aus herkömmlichen Gin-Botanicals und bayerischen Kräutern, die einen Gin mit deutlicher Wacholdernote ergibt, der sich weich, würzig und leicht herb gibt, mit einer dezenten Unterstreichung durch Zitrustöne.

Als Basis für die Herstellung dient ein biozertifizierter Neutralalkohol aus Weizen, in dem die 28 ebenfalls biozertifizierten Botanicals in drei Gruppen separat mazeriert werden. Hinsichtlich des Rezepts lässt man sich «handelsüblich» nur bedingt in die Karten schauen und gibt nur wenige Details preis. Insgesamt werden 13 zum Teil klassische Botanicals wie zum Beispiel Wacholder, Koriander, Kardamom, Zitronenschalen, Angelikawurzel, Ingwer und Lavendel mit 15 ausgewählten bayerischen Botanicals wie Bärwurz, Enzian, Melisse, Kamille und Arnika miteinander kombiniert.

Die drei Destillate werden nach der Mazeration und Destillation entsprechend der Rezeptur miteinander vermengt. Danach wird das nun vereinte Destillat mit einem extrem selten anzutreffenden Verfahren über Granitsteine unterschiedlicher Körnung gefiltert. Dazu verwenden sie einen sogenannten «Oxy-Esterator» aus den 60er-Jahren, der zuvor 20 Jahre lang im Penninger Schnaps-Museum stand und extra restauriert werden musste. Wie funktioniert dieses Gerät? Ein Oxy-Esterator

ist eine Filteranlage, die mit unterschiedlich großen Granit- und Kiesel-
steinen gefüllt wird. An der Oberseite wird das Destillat eingefüllt und
durchfließt die Steinschichten, sodass unerwünschte Fuselöle und
langkettige Alkohole daran haften bleiben. Am unteren Ende des Appa-
rats wird das gefilterte Endprodukt aufgefangen.

Nach dieser besonderen Filtration wird der Gin für drei Monate zum Ruhen
in Steingutfässer umgefüllt, anschließend durch die Zugabe von Wasser
auf eine Trinkstärke von 42% Vol eingestellt und in eine maskulin
anmutende Flasche mit 0,7 Litern Inhalt abgefüllt. Das nostalgische Etikett
zeigt einen Steinbrecher und am Flaschenhals ist ein kleiner Granitwürfel
befestigt. Letzterer soll nicht einzig die Herkunft des Gins unterstreichen,
vielmehr kann er – ähnlich wie «Whisky Stones» – tiefgefroren und als
«wiederverwendbarer Eiswürfel» verwendet werden.

Greylock

Chris Weld war in verschiedenen Krankenhäusern in Kalifornien und an der Ostküste der USA tätig, bevor er zusammen mit seiner Frau eine vernachlässigte Apfelfarm im Westen von Massachusetts kaufte. Auf der Suche nach beruflicher Veränderung entschied er sich, eine Destille zu gründen.

Berkshire Mountain Distillers wurde die erste legale Destille im Berkshire County seit der Zeit der Prohibition. Sie ist direkt auf der Farm in einer alten Scheune untergebracht. Die Farm hat mehrere Brunnen bzw. Quellen, deren Wasser schon 1901 für seine heilende Wirkung ausgezeichnet wurde. Damals wurden wöchentlich 3.000 Gallonen von diesem Wasser an die New York City mit der Behauptung verkauft, es heile alles von Ekzemen bis Diabetes. Und genau dieses Wasser fließt in seine Produkte mit ein.

Wie geplant wurden anfangs Brandy und Eau-de-vie aus den Äpfeln hergestellt. Im Laufe der Zeit erwies sich diese Idee als nicht lukrativ genug, um davon leben zu können, sodass diese heute nur noch als Beiprodukte in kleinen Mengen produziert werden. Weld setzte daraufhin mit der Herstellung von Rum ein weiteres Vorhaben um, in dessen Reifezeit er sich der Gin-Herstellung widmete.

Sein Greylock Gin ist auf einen Alkoholgehalt von 40 % Vol eingestellt und enthält sieben Botanicals für ein komplexes, subtiles Aroma.

2009 wurde erstmals eine limitierte Auflage unter dem Namen Ethereal Gin mit 43 % Vol hergestellt. Er unterscheidet sich vom Greylock Gin darin, dass er noch aromareicher ist. Seit der Erstauflage sind wir im Laufe der Zeit bei N° 12 der Ethereals angekommen, mit jeweils wechselnden Botanicals und farblich variierenden Etiketts, was jedem von ihnen einen individuellen Charakter verleiht.

Chris Weld: «Es ist himmlisch, an einem schönen Sommertag auf der Farm zu sein, während wir den Gin machen. Wir lassen die Scheunentür offen, sodass man die berauschenden Aromen riechen kann, die aus der Scheune strömen, lange bevor man sie erreicht.»

Land:
USA / Massachusetts
Hersteller:
Berkshire Mountain Distillers, Inc.

# G'Vine

Land:
Frankreich
Hersteller:
EuroWineGate

EuroWineGate wurde im Jahr 2001 von den Önologen Jean-Sébastien Robicquet und Bruno Roux De Reilhac in der französischen Region Cognac gegründet. Robicquet ist gleichzeitig der Masterdestillateur der Firma.

G'Vine trennt sich vom traditionellen, auf Wacholder betonten London Dry Gin und initiiert eine neue Gin-Generation. Seine Besonderheit liegt darin, dass er aus Trauben hergestellt wird, und zwar der Ugni-Blanc-Traube, die seit jeher in der Cognac-Region zu Hause ist. Die Herstellung des G'Vine Floraison erfolgt in drei voneinander getrennten Arbeitsabläufen.

Ablauf Nr. 1: Im September beginnt die Traubenernte. Der durch die Traubenpressung gewonnene Wein wird viermal destilliert, um somit die Basisspirituose, ein neutrales Weindestillat, zu erhalten. Dieses Weindestillat ist die Ausgangsbasis für alle weiteren Abläufe. Im Gegensatz zum traditionellen Gin, der auf Getreide basiert, ist dieses Destillat viel runder und behält einen glatten und seidigen Körper auf Traubenbasis bei.

Ablauf Nr. 2: Einmal im Jahr kommt Mitte Juni die seltene grüne Traubenblume zur Blüte («Floraison»), formt eine Beere («Nouaison»), die dann zur vollen Traubenbeere reift. In der kurzen Phase zwischen Blüte und Traubenbildung wird die Traubenblüte schnell geerntet und umgehend in der Weinspirituose (aus der Ernte des Vorjahres) für einige Tage mazeriert und anschließend destilliert, um daraus eine Essenz zu gewinnen.

Ablauf Nr. 3: In einem zwei bis fünf Tage andauernden Prozess werden neun verschiedene frische Botanicals ins Weindestillat zum Mazerieren gegeben. Jedoch nicht alle zusammen, sondern die Botanicals (Wacholderbeeren, Ingwerwurzeln, Süßholz, grüner Kardamom, Zimtkassie, Koriander, Limetten, Muskat und Kubebenpfeffer) werden abhängig von ihren Eigenschaften nach Familien geordnet (Wacholderbeeren, Gewürze und Aromastoffe) und in drei voneinander getrennten Behältern über die Tage im Weindestillat mazeriert. Dieser Vorgang bringt drei Mazerate hervor, die anschließend separat in kleinen Destillationsapparaten destilliert werden.

Die finale Destillation: Die Essenz der Traubenblüte, die drei Destillate der Botanicals und das neutrale Weindestillat werden in einem bestimmten

Verhältnis miteinander vermengt und dann gemeinsam in einem kupfernen «Pot Still»-Brennapparat ein letztes Mal destilliert.

Der G'Vine Floraison wird auf eine Trinkstärke von 40% Vol eingestellt und zeigt sich in der Nase und im Geschmack als sehr floral mit dezenten, würzigen Noten.

Eine weitere Edition ist der G'Vine Nouaison. Obwohl dieselben neun Botanicals und das gleiche Weindestillat verwendet werden, zeigt diese Variation eindeutig ein intensiveres und würzigeres Geschmacksbild als der Floraison.

Dieser Effekt wird durch eine erhöhte Konzentration der Botanicals und geringere Dosierung der Essenz der Traubenblüte hervorgerufen. Zudem wurde sein Alkoholgehalt auf 43,9% Vol erhöht, was ihm zusätzlich mehr Körper verleiht. Dem Tenor von Verbraucher-Feedbacks nach zu urteilen, ist der G'Vine Nouaison das Resultat einer langen Suche nach einem neuen Meilenstein.

Hayman's

Alles begann, als John Taylor & Sons 1820 eine Getränkefirma in Chelsea, London, eröffneten. 1863 kaufte James Burrough, der Urgroßvater des heutigen Präsidenten der Firma, Christopher Hayman, den Getränkehandel von John Taylor. James Burrough war es auch, der den Beefeater Gin kreierte. 1987 wurde die James Burrough Ltd. an Whitbread Plc verkauft. Christopher Hayman kaufte 1988 einen Teil der Firma zurück und rief Hayman Distillers ins Leben.

Hayman's London Dry Gin wird seit Ende 2008 produziert, hat einen Alkoholgehalt von 40% Vol und enthält zehn Botanicals, darunter Wacholderbeeren, Angelikawurzel und Koriandersamen aus Frankreich, Süßholz, Veilchenwurz aus Italien sowie spanische Orangen- und Zitronenschalen.

Der zwischenzeitlich auf den Markt gebrachte Hayman's 1850 Reserve hat 2015 einen neuen Namen bekommen: Hayman's Family Reserve. Seine dunkle Farbe kommt von einer dreiwöchigen Lagerung in Scotch-Whisky-Fässern, was den Sinn verfolgt, den Gin des 18. Jahrhunderts zu simulieren, als er aus großen Fässern ausgeschenkt wurde und somit eine gewisse, eher zufällige Fassreife erhielt. Er wird als Limited Edition in kleinen Chargen von jeweils nur 5.000 Flaschen hergestellt. Im Gegensatz zu seinen «Geschwistern» dominieren hier Wacholder und Koriander bei einer Trinkstärke von 41,3% Vol.

Hayman's Royal Dock of Deptford ist ein sogenannter «Navy Strength Gin», da er 57% Vol aufweist. Dieser Gin wurde schon 1863 an die Royal Navy geliefert, womit er allerdings nicht der erste war. (Was es damit genau auf sich hat, kann man im Artikel «Plymouth» nachlesen.) Der Name bezieht sich auf einen königlichen Anlegehafen in Südlondon.

Das Produktportfolio umfasst weiterhin den Hayman's Old Tom Gin, den Hayman's 1820 Gin Liqueur und den Hayman's Sloe Gin (siehe Kapitel «Old Tom Gin» und «Gin-Sonderformen»).

Die früheren Nebenmarken South Bank Gin, Judges Gin, City of London Gin und Trafalgar Gin gehören heute nicht mehr zu Hayman's.

Land:
Großbritannien / England
Hersteller:
Hayman Distillers

Hendrick's

Land:
Großbritannien / Schottland
Hersteller:
William Grant & Sons Ltd.

«Ungewöhnlich und nicht für jedermann bestimmt» – so klar definiert es Hendrick's selbst. Dieser in Schottland gefertigte Gin, der in eine viktorianische Apothekerflasche abgefüllt ist, erlangte in rasantem Tempo große Aufmerksamkeit und ist aus kaum einer Bar mehr wegzudenken. Hendrick's Gin wird in einer aus dem 19. Jahrhundert stammenden «Carterhead»-Brennanlage destilliert.

Die klassischen Botanicals werden über Nacht in Getreidealkohol mazeriert und tags darauf destilliert. Das Besondere ist die Hinzugabe einer Essenz aus bulgarischer Rose und einer Gurkenessenz. Nach dem Einstellen der Trinkstärke auf 41,4% Vol für Großbritannien und 44% Vol für den Export wird der Gin für kurze Zeit in kleinen Holzfässern zum Ruhen zwischengelagert, bevor er in Flaschen abgefüllt wird.

Ein sehr subtiler und frischer Gin, der mit klaren Wacholder- und Zitrusnoten auftritt, umrahmt von einem blumigen Charakter. Im Abgang folgen dezent die Rosennuancen.

Hernö

In einem Dorf namens Dala am Stadtrand von Härnösand in Mittelschweden am Bottnischen Meerbusen steht die von Jon Hillgren gegründete Hernö-Destille. Während seiner Zeit als Bartender in London wurde er vom Gin-Fieber gepackt und nach der Verkostung duzender Gin-Sorten, Besuchen in Destillen und akademischen Studien fühlte er sich 2011 bereit, Schwedens erste reine Gin-Destillerie auf einem Landgut mit für jene Breitengrade typischen Holzhütten zu errichten. Er proklamiert zudem, die «nördlichste Destille der Welt» zu sein. Lassen wir ihm die Freude.
Destilliert wird in einem Kupferkesselapparat deutschen Fabrikats, mit dem sich Jon hochzufrieden zeigt.
Hernö Gin – die Basis bildet ein hausgemachtes Weizendestillat, in das nach der ersten Destillation die acht biozertifizierten Botanicals hinzugegeben werden. Zuerst werden Wacholderbeeren aus Ungarn und Koriandersamen aus Bulgarien für 18 Stunden mazeriert. Danach werden die restlichen Botanicals, bestehend aus schwedischen Preiselbeeren, von eigener Hand geschälten Zitronen, Mädesüß aus Großbritannien, Schwarzem Pfeffer aus Indien, Zimtkassie aus Indonesien und Vanille aus Madagaskar, hinzugegeben und alles ein zweites Mal destilliert. Anschließend wird das Destillat mit eigenem Quellwasser auf eine Trinkstärke von 40,5% Vol eingestellt.

Land:
Schweden
Hersteller:
Hernö Gin Distillery AB

Hernö Navy Strength – ist identisch mit dem Hernö Gin, nur dass er auf 57% Vol eingestellt wird.

Hernö Juniper Cask Gin – auch hier liegt der oben erwähnte Gin zugrunde, jedoch mit der Besonderheit, dass er für 30 Tage in Fässern aus Wacholderholz (!) gelagert wird. Das ist bis dato einmalig auf der Welt und verleiht dem Gin ein Geschmacksbild, das an tiefe Wälder erinnert und vornehmlich Wacholdernoten mit einem Zitrus-Finish aufweist. Die Trinkstärke beträgt 47% Vol.

Alle Hernö Gins werden auf 0,5-Liter-Flaschen von gleicher Form abgefüllt.

Juniper Green

Als der Juniper Green Organic London Dry Gin im Jahr 2000 aus der Taufe gehoben wurde, war er der erste Bio-Gin überhaupt. Hergestellt wird er in der Thames Distillery, deren Masterdestillateur Charles Maxwell auf eine Familiengeschichte in dieser Zunft zurückblickt, die bis ins Jahr 1700 reicht und von der «The Soil Association» dazu zertifiziert ist, Bioprodukte herzustellen.

Es werden demgemäß bei der Auswahl der Botanicals und der Herstellung des Neutralalkohols ausschließlich Produkte aus dem Bioanbau verwendet. Für die Aromatisierung des Gins kommen lediglich vier Botanicals zum Einsatz: Wacholderbeeren, Koriander, Angelikawurzel und Bohnenkraut. Erst kürzlich wurde der Organic Spirits Company von Prinz Charles der Titel His Royal Highness the Prince of Wales Royal Warrant verliehen, was bedeutet, dass sie zum königlichen Hoflieferanten erkoren wurde. Dieser Gin ist 100% glutenfrei und weist eine Trinkstärke von 37,5% Vol auf.

Land:
Großbritannien / England
Hersteller:
Thames Distillers Ltd.
Markeneigner:
Organic Spirits Company Ltd.
Dachfirma:
London & Scottish
International Ltd.

 # Leopold's

Land:
USA / Colorado
Hersteller:
Leopold Bros.

Leopold Brothers ist ein kleiner Familienbetrieb in Denver, der in Kleinchargen produziert und die Herstellung, Abfüllung, Etikettierung und Nummerierung per Hand erledigt.

Leopold's Gin ist ein American Gin und seine Herstellungsart unterscheidet sich gewollt von seinem britischen Pendant. Jede Charge wird in einem 40-Gallonen-Kupfer-Destillierapparat hergestellt. Die Besonderheit ist, dass jede einzelne Zutat des Gins separat destilliert wird. Anschließend werden die einzelnen Destillate miteinander vermischt, wodurch jede individuelle Geschmacksnote durch entsprechende Dosierung besonders hervorgehoben werden kann.

Unter den verwendeten und einzeln destillierten Botanicals befinden sich Wacholderbeeren, Koriander, Veilchenwurz, Bergamotte, Schalen von Valencia-Orangen und kalifornische Pampelmusen. Das Ergebnis sind der Leopold's American Small Batch Gin mit 40% Vol sowie der 2012 auf dem Markt eingeführte Leopold's Navy Strength American Gin mit satten 57% Vol, «damit er in einem Gin Tonic nicht untergeht» (O-Ton der Gebrüder).

Liebl Bavarian Dry Gin

Land:
Deutschland
Hersteller:
Spezialitäten-Brennerei Liebl
GmbH

Die in dritter Generation geführte bayerische Spezialitäten-Brennerei Liebl ist ein Familienbetrieb in Bad Kötzting im Bayerischen Wald. Angefangen hat alles mit einem kleinen Lebensmittelgeschäft, das Maria Liebl 1935 eingerichtet hatte. Nach der Heimkehr ihres Mannes Ferdinand Liebl aus dem Zweiten Weltkrieg wurde das Geschäft um eine kleine Weinkellerei und einen Spirituosenhandel erweitert. Ende der 60er-Jahre wurde die örtliche Konkurrenz größer und so entschloss man sich 1970, eigene Kräuter- und Fruchtsaftliköre sowie diverse klare Spirituosen herzustellen, darunter einen bayerischen Bärwurz und einen Blutwurz. Ab 1991 kam die Destillation der ersten Edelobstbrände hinzu. In den Folgejahren wurde der Betrieb stetig erweitert, was vorerst 2006 im Einbau einer Verschlussbrennerei aus der Markdorfer Kupferschmiede Arnold Holstein gipfelte. Im März 2013 wurden die ersten Gin-Destillationsversuche gestartet und nur sechs Monate später wurde das Ergebnis auf der Fachhandelsmesse Cardeaux in Leipzig der Fachwelt präsentiert.

Liebl Bavarian Dry Gin entsteht in sechs verschiedenen Destillationsprozessen. Besondere Beachtung verdient hierbei, dass für die Mazeration ein extrafeiner Neutralalkohol verwendet wird, der mit dem Gerstenmalzdestillat des Coillmór Single Malt Whiskys aus eigenem Hause vermengt wurde. Bedingt durch die Sensibilität der individuellen Botanicals, werden diese in Gruppen bzw. einzeln mazeriert. Die in den Hochlagen des Bayerischen Waldes gesammelten, besonders aromatischen Wacholderbeeren werden zusammen mit Angelikawurzel, Ceylon-Zimt, Hopfenblüten aus der Hallertau in Zentralbayern, Ingwer, Koriander, Piment und Lavendel aus der Provence mazeriert und destilliert. Die fruchtigen Botanicals aus Bioanbau wie Zitronen und Moro-Blutorangen vom Fuße des Ätna auf Sizilien sowie Preiselbeeren und Schlehen aus heimischen Wäldern werden separat mazeriert und destilliert.

Die Destillationen finden in kleinen 150-Liter-Kupferbrennkesseln statt und werden besonders langsam und überaus schonend ausgeführt. Die Destillate werden anschließend ebenfalls separat in alten Tonbehältern von 100 Litern Fassungsvermögen für einen bestimmten Zeitraum einge-lagert. Hintergrund ist, dass die Tonbehälter atmungsaktiv sind und es somit durch den Sauerstoffaustausch zu einem oxidativen Reifeprozess kommt, bei dem die Destillate ihren scharf-alkoholischen Geschmack verlieren, den sie naturgemäß kurz nach der Destillation innehaben. Nach der unterschiedlichen Reifezeit werden die Destillate zusammengefügt und unter Zugabe von weichem Felsquellwasser aus dem Kaitersberg auf eine Trinkstärke von 46% Vol eingestellt. Abgefüllt wird der fertige Gin in lichtgeschützte, dunkle 0,7-Liter-Flaschen.

Liebl Bavarian Dry Gin zeichnet sich durch ausgewogene Wacholder- und Zitrusnoten mit leicht würzigen, erfrischend floralen Nuancen aus.

London Hill

Land:
Großbritannien / Schottland
Hersteller:
Ian Macleod Distillers Ltd.

Ian Macleod Distillers wurde im Jahre 1936 von Leonard J. Russell gegründet und hat sich seither als Markeneigentümer einer Vielzahl verschiedener Spirituosen etabliert. Auf zwei Dinge ist man dort besonders stolz: Die Firma ist immer noch schottisch und in Familienhand.

Auch London Hill Dry Gin, dessen Ursprung ins Jahr 1785 zurückreicht, wurde ins Sortiment aufgenommen und mit einem neuen Flaschen- und Labeldesign versehen. Mittlerweile wurde von der bläulich schimmernden Flaschenfarbe zu einer transparenten Flasche gewechselt.

London Hill wird im klassischen «Pot Still»-Verfahren zweifach destilliert. Die umfangreiche Auswahl an Botanicals beinhaltet Wacholder, Süßholz-

wurzel, Angelikawurzel, Orangenschalen, Zitronenschalen, Zimtkassie, Ingwer, Muskat, Koriander und Veilchenwurz. Gut ausbalanciert und mit einen angenehmen Wacholderaroma wird London Hill Gin mit 40% Vol abgefüllt.

Dem Portfolio wurden darüber hinaus die folgenden Gins hinzugefügt: King Robert II London Dry Gin mit 37,5% Vol und Marlborough London Dry Gin mit 43% Vol. Doppelt destilliert, enthalten sie Kardamomsamen, Paradieskörner sowie weitere Botanicals, die zum Betriebsgeheimnis gehören.

London №1

Land:
Großbritannien / England
Hersteller:
The London Gin Company

Dieser Gin wird in einer der heutzutage im Raum London wieder häufiger anzutreffenden Destillen im «Pot Still»-Verfahren hergestellt. Getreide aus dem Nordosten Englands ist die Basis des verwendeten Neutralalkohols.

Unter den zwölf Botanicals befinden sich neun klassische, namentlich Wacholder, Koriander, Angelika, Veilchenwurz, Süßholzwurzel, Zimt, Zimtkassie, Orangen- und Zitronenschalen. Die letzten drei Botanicals sind eher ausgefallen: die thymianartigen Aromen von Bohnenkräutern, das Öl der Bergamotte – erinnert einen gleich an den Earl Grey Tee – und zuletzt Gardenienblüten.

Nach vollendeter Destillation erhält der noch transparente London N°1 Gin seine türkisblaue Farbe nämlich durch eine weitere Mazeration mit Gardenienblüten. Auch er darf sich jetzt nicht mehr «London Dry Gin» nennen, denn durch die nachträgliche Mazeration entspricht dieses Herstellungsverfahren nicht mehr den Vorgaben, weshalb er nur noch als «Dry Gin» oder «Gin» ausgewiesen werden kann.

Zusammen mit seiner großzügigen Trinkstärke von 47% Vol hat er ein komplexes, würziges und balsamisches Geschmacksbild. Wer diesen Gin schon länger kennt, wird vielleicht entdeckt haben, dass es irgendwann eine «heimliche» Umbenennung von «The London Gin» auf «The London N°1» gab.

Lubuski

Der seit 1987 produzierte Lubuski Gin ist Marktführer in Polen. Der polnische Wein- und Spirituosenhersteller Vinpol Sp. z o.o. ist seit September 1997 ein Tochterunternehmen der Henkell & Co. Gruppe und erwarb 2009 Lubuski Gin von der Pernod Ricard Gruppe.

Lubuski Gin wird in bester Qualität auf Basis von natürlichen Zutaten, die zum Teil aus dem Lebuser Land (Ziemia Lubuska) stammen, hergestellt. Neben Wacholderbeeren werden Bittermandeln, Anis, Schalen von Zitrusfrüchten, Süßholz, Kalmus, Koriander, Kreuzkümmel, Kardamom, Zimt, Lorbeer und Muskat mazeriert und anschließend destilliert.

Ein Gin mit einer intensiven Wacholdernote, die im Abgang lange erhalten bleibt. Weniger zitruslastig, dafür mit mehr warmen Tönen, die durch die verwendeten Botanicals hervortreten. Abgefüllt wird der Gin mit 40 % Vol in einer Flasche mit auffälligem Wacholderzweigdekor.

Eine weitere Lubuski Gin-Version ist der Lubuski Gin Lime, der genauso wie der Lubuski Gin hergestellt, jedoch zusätzlich mit natürlichen Aromen der Limette angereichert wird.

Land:
Polen
Markeneigner:
Vinpol Sp. z o.o.

Martin Miller's

Land:
Großbritannien / England
Hersteller:
The Reformed Spirits Co. Ltd.

Drei Herren setzten sich in Notting Hill, London, zusammen und sprachen darüber, was für ein Gin möglich wäre, wenn man Zutaten ohne jegliche Limits wählen könnte. Ziel war es nicht, einen exzentrischen Gin herzustellen, sondern einen modernen Klassiker für jeden, der einen guten Gin zu schätzen weiß.

Martin Miller's Gin ist ein klassischer London Dry Gin und wird seit 1998 in der Langley Destille bei Birmingham hergestellt, die mit einem alten «Pot Still»-Brennapparat arbeitet, der vor über 100 Jahren von John Dore & Co. hergestellt wurde und als Rolls-Royce der Destillierapparate proklamiert wird.

Als Botanicals werden Wacholderbeeren, Zimtkassie, Süßholz, Veilchenwurz, Koriandersamen, Angelika, Zimt, Muskat, Orangen- und Zitronenschalen verwendet, die behutsam über Nacht in Alkohol warm mazeriert werden. Im Destillationsprozess werden die getrockneten Zitrusfrüchte separat von den anderen Botanicals destilliert und anschließend miteinander vermischt.

Das Einstellen auf Trinkstärke durch Wasser ist bei diesem Gin ein unvergleichlich aufwendiger und bemerkenswerter Teil der Herstellung. Das fertige Destillat wird nämlich 1.500 Meilen nordwärts nach Island verschifft, um es mit dem dortigen Gletscherwasser, welches als das reinste und weichste Wasser der Welt gilt, auf die entsprechende Trinkstärke herunterzusetzen.

Martin Miller's Gin ist in zwei Versionen erhältlich: Dry Gin mit 40 % Vol und blauem Label und Westbourne Strength mit 45,2 % Vol in einer bauchigen Flasche. Beide Flaschen ziert eine Zeichnung der Schiffsroute nach Island.

«Gin.
Die Holländer erfanden ihn.
Die Engländer verfeinerten ihn.
Die Yankees glorifizierten ihn.
Und Martin Miller's perfektionierte ihn.»

Ein interessantes und selbstbewusstes Statement von Martin Miller.

Madame Geneva

Land:
Deutschland
Hersteller:
Kreuzritter GmbH & Co. KG

Der kleine Ort Mühlen liegt malerisch im Oldenburger Münsterland und beherbergt die Destille dieses Gemeinschaftsprojekts, das sich aus einem Spirituosenexperten, einem Mediziner und einem Ernährungswissenschaftler zusammensetzt. Gemeinsam haben sie sich der Aufgabe verschrieben, hochwertige Spirituosen für anspruchsvolle Konsumenten zu kreieren. Die Firmenphilosophie besteht also darin, dass nur erstklassige Zutaten zum Einsatz kommen und auf eine Hinzugabe von künstlichen Aromen, Farb- oder Konservierungsstoffen ausnahmslos verzichtet wird. 2014 hat die Firma zwei Gins mit sehr aufwendigen Rezepturen herausgebracht.

Beim Madame Geneva Gin Blanc stellte man sich die folgenden grundlegenden Fragen: Was macht einen Gin aus? Was sind die Wurzeln des Gins? Und wie hat er früher einmal geschmeckt? Fragen, die die Idee entstehen ließen, eine Art ganz simplen Retro-Gin zu schaffen. Und so kam es, dass ganz wie dereinst minimalistisch vorgegangen wurde und nur drei Botanicals verwendet werden: Wacholder, der von jeher der Kern eines Gins ist, hier jedoch nicht aufdringlich wirkt und durch die kräutrigen, würzig-fruchtigen Aromen von Koriander und Ingwer begleitet wird. Jede einzelne Komponente lässt sich bei dem auf einen Alkoholgehalt von 44,4% Vol eingestellten Gin gut herausschmecken. Abgefüllt wird auf eine schwere, dunkle 0,7-Liter-Weinflasche.

Gewählt wurde diese Weinflasche aufgrund der zweiten Gin-Variation: Madame Geneva Gin Rouge – der erste Gin von roter Farbe, die durch eine Liaison aus 92 Prozent Gin und 8 Prozent Rotwein bewirkt wird. Im krassen Gegensatz zum Blanc werden für den Rouge ganze 46 Botanicals verwendet. Die Liste ist lang, aber sehr interessant: Aloe Vera, Angelikasamen, Angelikawurzel , Angosturarinde, Anis, Arnika, Baldrian, Bertramwurzel, Chinarinde, Ehrenpreis, Enzian, Fenchel, Galgant, Hopfen, Ingwer, Johannisbrot, Kalmus, Kamille, Kardamom, Koriander, Kümmel, Kurkuma, Lärchenschwamm, Liebstöckel, Melisse, Myrrhe, Nelken, Oregano, Pfefferminze , Piment, Pomeranzen, Rhabarber, Römische Kamille, Salbei,

Schachtelhalm, Schafgarbe, Spitzwegerich, Sternanis, Süßholz, Taub-
nessel, Tausendgüldenkraut, Thymian, Wacholder, Wermut, Zimt und
Zitwer.

Nach behutsamer Destillation und dem Einstellen auf die gewünschte
Trinkstärke von 41,9% Vol, wird der Gin anschließend mit Rotwein vermählt.
Die für den Wein verwendete Rebsorte stammt aus dem im «Stiefelabsatz
Italiens» gelegenen Apulien und heißt «Primitivo» – ein Name, der nicht
zwangsläufig die Vorstellung von Exklusivität beflügelt, aber ganz ohne
Zweifel besondere Qualitätsmerkmale hat, die die Wahl auf ihn fallen ließ.
Der Madame Geneva Rouge ist ein milder Gin, dessen Wacholderaromen
klar erkennbar sind, gepaart mit komplexer Aromagewaltigkeit. Herbe,
bittere und frische Noten des Gins infundiert mit der Fruchtfülle eines
kräftigen Rotweins.

Eine Flasche wiegt gefüllt satte 1,86 Kilogramm und trägt auf dem Label
ein eher schlichtes, in schwarz gehaltenes Profil einer Dame. Etwa das
der Madame Geneva?

Mombasa Club

Land:
Spanien
Hersteller:
Thames Distillers Ltd (London)
Markeneigner:
Unesdi Distribuciones S.A.

Die Küstenstadt Mombasa wurde zu einer Zeit von englischen Forschungs-reisenden entdeckt, als sich das British Empire inmitten der viktoriani-schen Periode in seinen Hochzeiten befand. Ihre strategisch günstige Lage gegenüber der Insel Sansibar ließ Mombasa alsbald zum Handels-hafen Nr. 1 Ostafrikas und einer typischen Kolonialstadt werden. Und was gehörte seinerzeit natürlich zum englischen Ton? Richtig – ein Herrenklub. Also gründeten britische Offizielle des Ostafrikanischen Protektorats 1885 den Mombasa Club, der zum Treffpunkt wurde, um lebhafte Debat-ten zu führen, etwas Billard zu spielen und sich Gin Tonics zu genehmigen, die einen exklusiv für diesen Club im heimatlichen England hergestellten und importierten Gin enthielten.

Mombasa Club Gin wurde wiederbelebt, um an die glorreichen Zeiten der Pionierabenteurer im kolonialen Imperium zu erinnern, was sehr prägnant durch das eindrucksvolle Etikett porträtiert wird. Der Inhalt der edlen Henkelflasche steht dem in keiner Weise nach. Die Rezeptur hält sich an das, was man durch Recherchen herauszufinden vermochte, und verzichtet absichtlich auf florale oder würzige Zutaten. Es ist erstaunlich, dass es diesen Gin schon seit 1999 gibt, er jedoch erst mit dem Gin-Boom interna-tionale Aufmerksamkeit erlangte.

Mombasa Club London Dry Gin wird vierfach destilliert, wobei nach der dritten Destillation die Botanicals zur zwölfstündigen Mazeration hinzuge-geben werden. Dazu gehören natürlich Wacholderbeeren, Koriandersamen, Angelikawurzel, Kassiarinde, Kümmel und Gewürznelken. Anschließend wird er in einem 500-Liter-«Pot Still»-Apparat ein viertes Mal destilliert. Die Trinkstärke beträgt 41,5% Vol.

Mombasa Colonel's Reserve Gin (43,5% Vol) wurde jüngst dem Mombasa Club an die Seite gestellt und setzt sich größtenteils genauso zusammen wie dieser, allerdings werden die Botanicals für 48 Stunden mazeriert, also viermal so lange. Hintergrund ist der, dem Prozess mehr Zeit zu geben, die ätherischen Öle und Geschmacksstoffe zu extrahieren. Der Colonel's

Reserve enthält auch weitere Botanicals, die uns die Markeneigner zwar verrieten, jedoch darum baten, sie nicht preiszugeben, denn schließlich sei es Teil ihres Rezeptgeheimnisses. Diesem Wunsch nachzukommen, ist für die Autoren natürlich Ehrensache. Es sei aber so viel verraten, dass diese Botanicals sowie die längere Mazeration den Colonel's Reserve geschmacklich komplexer, vollmundiger machen, die zusätzlichen 2% Vol dabei unmerklich bleiben und für mehr Reichhaltigkeit sorgen.

Dieser Gin ist eine Hommage an jene Offiziere und Botschafter, die diesen Teil Ostafrikas durch den Dialog mit den verschiedenen Stämmen befriedeten, den Sklavenmarkt abschafften und somit Mombasa zu einem Ort machten, an dem die westliche Welt mit dem exotischen Afrika verschmolz.

Monkey 47

Land:
Deutschland
Hersteller:
Black Forest Distillers GmbH

Die Geschichte, wie diese neue Marke entstand, hat geradezu Schatzfindercharme. Um das Jahr 2000 herum wurde bei Aufräumarbeiten in einem alten Landgasthof im Schwarzwald eine alte Kiste gefunden, die einem gewissen Montgomery Collins gehörte, der Fliegeroffizier der Royal Air Force war und sich nach seinem Ausscheiden 1951 im Schwarzwald niederließ. Offensichtlich befasste er sich mit der Zubereitung von Gin, denn in dieser Kiste fand man unter anderem eine Flasche mit der von Hand geschriebenen Aufschrift «Max the Monkey – Schwarzwald Dry Gin» und die dazugehörige Rezeptur.

Seit 2008 arbeiten mit Alexander Stein und Christoph Keller zwei Fachleute der Destillierzunft an der Umsetzung dieser Rezeptur, die sage und schreibe 47 (!) Botanicals enthält, was sich im Namen Monkey 47 niederschlägt. Darunter sind sowohl asiatische als auch europäische, zum Teil auch direkt im Schwarzwald beheimatete Botanicals. Dazu gehören: Wacholderbeeren der Toskana (die des Schwarzwalds sind dem Vernehmen nach nicht aromatisch genug), Kardamom, Gewürznelken, Muskat, Mandeln, Ingwer, Piment, Süßholz, Ceylon-Zimt, Kalmuswurzel, Kubebenpfeffer, Zimtkassie, Koriander, Bisamkörner, Paradiessamen, Lavendel, Goldmelisse, Jasmin, Geißblatt, Veilchenwurz, heimische Angelikasamen, Lemongras, Pomelo, Bitterorangen, Zitrone, Schwarzwälder Akazien, Kaffir-Limette, Zitronenverbene, Fichtensprossen, Hundsrose, Kamille, Hagebuttenschalen, Salbei, Weißdornbeeren, wilder Eibisch, Holunderblüten, Schlehen, Brombeerblätter und Wildpreiselbeere.

Ja, die Aufzählung enthält nur 39, denn Betriebsgeheimnisse sind nun mal dazu da, nicht alles preiszugeben. Eines verdient dieser Gin mit 47% Vol allemal: die Betitelung «Schwarzwald Dry Gin».

RESPECT ORIGINAL

№ Ø

London Dry Gin

with
QUININE
infusion

AUTHOR'S TRIDISTILLED

PREMIUM FACTORY

QUININE INFUSION
INCA RESERVE
1500mts alt

An der Westküste im nordspanischen Galizien ist dieser Wein- und Spirituosenhändler angesiedelt, der seine Produkte exklusiv auf Weingütern anbauen bzw. von ausgewählten Destillen herstellen lässt.

Number Zero Respect Original ist ein Markenzeichen, mit dem sich HGA Bodegas zum Ziel gesetzt hat, eine Sammlung von ungewöhnlichen, jahrhundertealten, fast vergessenen Rezepturen anzulegen und mithilfe dieser Premiumspirituosen für die Allgemeinheit zu erschwinglichen Preisen herstellen zu lassen.

Der Number Zero London Dry Gin wird in einer französischen Destille hergestellt, die seit 1705 existiert, deren Identität vom Markeneigner jedoch geheim gehalten wird. Die genaue Zusammensetzung der verwendeten Botanicals sowie nähere Details des Herstellungsprozesses unterliegen ebenfalls strenger Geheimhaltung. Es wird zumindest so viel verraten, dass neben dem Wacholder auch Angelika, Iris, Zimt, Lavendel, Veilchenwurz und Koriander Eingang in den Gin finden. Die Botanicals werden zusammen – und das ist die Besonderheit – mit einer Chinin-Infusion in einem zweifach destillierten Neutralalkohol mazeriert. Das Chinin wird aus Peru eingeführt, wo es auf 1.500 Höhenmetern auf alten Inkapfaden gesammelt wird. Das Mazerat wird anschließend ein drittes Mal destilliert und dann in die Bardinet-Destille nahe Barcelona verschickt. Dort wird es mit Wasser, das durch umgekehrte Osmose entmineralisiert wurde, auf seine Trinkstärke eingestellt, filtriert und auf 0,7-Liter-Flaschen abgefüllt.

Die Rezeptur soll aus dem 18. Jahrhundert stammen, was insbesondere in Hinblick auf die Chinin-Infusion doch eher fragwürdig erscheint. Diese Zeitangabe sowie der Grad, zu dem man sich über Standardangaben bedeckt hält, erwecken irgendwie den Eindruck einer bewussten Mystifizierung zu Marketingzwecken.

Geschmacklich mischen sich florale und kräutrige Nuancen, wobei der Wacholder eine Nebenrolle im Gesamtbild spielt, was dennoch zusammen mit dem Zimt für eine Vollmundigkeit sorgt. Im Nachgeschmack bleiben deutliche herb-bittere Noten, die von der Chinin-Infusion her stammen dürften.

Land:
Spanien
Hersteller:
Geheim
Markeneigner:
HGA Bodegas S.L.

Land:
Großbritannien / England
Hersteller:
De Kuyper Royal Distillers
Markeneigener:
Berry Bros. & Rudd

Seit 1698 hat dieser Spirituosen- und Weinhändler seinen Standort in der St. James Street Nr. 3 in London, auch wenn er nicht seit Jahr und Tag so hieß wie jetzt. Trotzdem blickt man auf acht Generationen Firmenführung durch einen «Berry» zurück. Im späten 18. Jahrhundert belieferte man während der Regentschaft von George III. erstmals den königlichen Hof und ist heute stolzer Besitzer des Zertifikats als ernannter Lieferant für Queen Elizabeth und Prince Charles.

Mit De Kuyper wurde ein Schiedamer Urgestein der Genever-Destillation als Produktionspartner gewonnen. Die Kreation der Rezeptur für den No.3 London Dry Gin wurde hingegen bei Dr. David Clutton in Auftrag gegeben, einem Chemiker, der sich in der Spirituosenindustrie einen Namen gemacht hat. Er war der Ansicht, dass heutzutage viel zu komplexe Gins auf dem Markt sind, und verfolgte die Idee, einen Gin zu entwerfen, der sich simpel an die grundlegendsten Zutaten hält und geschmacklich daran erinnert, wie ein London Dry Gin Ende des 19. Jahrhunderts geschmeckt haben müsste. Mithilfe von weiteren Experten und Barkeepern wurde das Rezept entworfen und musste zwölf Mal justiert werden, bevor es feststand. Letztere waren es auch, die für die Trinkstärke verantwortlich zeichnen, denn ihrer Meinung nach kann sich nur ein Gin von 45% Vol oder mehr voll in einem Cocktail oder Longdrink entfalten.

Wacholderbeeren aus Italien, Schalen von spanischen Süßorangen, Angelikawurzel, Koriandersamen aus Marokko, Grapefruitschalen und Kardamom werden über Nacht zum Mazerieren in einen auf 55% Vol heruntergewässerten Neutralalkohol eingelegt. Nach der anschließenden Destillation beträgt der Alkoholgehalt 76,5% Vol und wird daher mit entkalktem Wasser auf 46% Vol eingestellt.

Die rauchig-grüne Flasche mit Genever-Touch und dem eingelassenen Schlüssel ist ein echter Blickfang im Regal und der wacholderlastige, runde, ausgewogene, klassisch orientierte Inhalt jede Sünde wert.

Im «Pot Still»-Verfahren hergestellt, brauchte man ganze 87 Probe-destillationen, bis das Rezept des N° 209 feststand.

Die über Wasser gebaute Destille beherbergt den ca. acht Meter hohen handgefertigten Destillierapparat mit seinen 1.000 Gallonen (ca. 3.785 Litern) Inhalt und einem auffällig langen Schwanenhals. Jeder Destilliervorgang ist eine Einzeldestillation, die ca. elf Stunden dauert und im Anschluss sofort auf Flaschen gezogen wird.

Als Ausgangsbasis für die Herstellung dient Neutralalkohol aus Mais, der vierfach destilliert wurde. Damit bringt der Rohbrand einen seidigen, fast süßen Beigeschmack mit sich. Nach der Zugabe der ausgesuchten Botani-cals, die über Nacht mazeriert werden, wird er ein weiteres Mal destilliert und der fertige Gin auf eine Trinkstärke von 46% Vol herunterreduziert.

Eine Besonderheit bei den Botanicals ist hier die Bergamotte aus Kalabrien (Süditalien). Der Destillationsprozess ist insbesondere darauf ausgelegt, den anfälligen Parfümcharakter der Bergamotte freizusetzen.

Das Verschnittwasser entstammt der Schneeschmelze aus den Bergen der Sierra Nevada bei San Francisco.

Land:
USA / Kalifornien
Hersteller:
Distillery N° 209

 # nginious!

Land:
Schweiz
Hersteller:
Brennerei Hans Erismann
Markeninhaber:
Ullrich Consulting nginious!
Production

Hinter nginious! stehen mit Oliver Ullrich und Ralph Villiger die Betreiber der Wein- und Gin-Bar «4 Tiere» in Zürich. Der Wunsch nach einem eigenen Gin kommt also nicht von ungefähr. Die Produktion der nginious! Gins erfolgt in Zusammenarbeit mit der Lohnbrennerei Hans Erismann in Eschenmosen unweit von Zürich.

Denkt man an die Schweiz, hat man als erstes die herrlichen Anblicke der Alpen vor Augen, die Sommer wie Winter eine Augenweide sind. Die vier verschiedenen Gins sind also vornehmlich von typischen Schweizer Kräutern geprägt. Es werden beim Swiss Blended Gin, beim Summer Gin, beim Cocchi Vermouth Cask Finish Gin und beim Smoked & Salted Gin zum Teil ganz neue Wege in der Welt des Gins gegangen. Abgefüllt in Flachmann-ähnlichen 0,5-Liter-Flaschen, ließ man viel Kreativität bei der Labelgestaltung walten.

Der Swiss Blended Gin hat eine frisch-herbe Kräuternote, die an Schweizer Höhenluft erinnert. Die 18 verwendeten Botanicals erzeugen eine geschmacklich hohe Komplexität, die insbesondere durch das «Blending-Verfahren» erreicht wird. Dabei werden die Botanicals in vier Gruppen eingeteilt, mazeriert, destilliert und dann miteinander vermischt. Die erste Gruppe bilden Wacholder, Berberitzen und Lorbeerfrüchte. Die zweite ist die Zitrus-Gruppe, zu der sich Kardamom gesellt. Die Schweizer Kräuter-Gruppe setzt sich aus Heublumen, Rotkleeblüten, Goldmelisse, Verveine (Zitronenstrauch), Ysop, Kamille und Schwarze-Johannisbeer-Blättern zusammen, der zusätzlich Iriswurzel, Silberdistelwurzel und Galgant beigegeben werden. Das vierte Einzeldestillat besteht ausschließlich aus Süßholz, das die Balance beim Vermischen der Gruppen bringt.

Der fertige Blended Gin wird für weitere sechs bis acht Wochen zum Ruhen gelagert, bevor er mit seinen 45% Vol abgefüllt wird.

Dieser Gin ist zugleich die Basis für den fassgereiften Cocchi Vermouth Cask Finish Gin mit 43% Vol. Wie der Name schon verrät, wird der Gin für circa zwei Monate in ein Barolo-Fass gefüllt, in dem zuvor Cocchi Vermouth di Torino reifte. Diese Zeit der Lagerung bringt zusätzliche Noten von Bitterorangen und orientalischen Gewürzen sowie eine leichte Färbung mit sich. Die Flasche dieser limitierten Edition ist mit

echtem Leder verhüllt. Bei jeder neuen Edition wird ein anderes Leder verwendet werden.

Mit dem Summer Gin wurde das Gegenstück zum kräutrigherben Stil des Blended Gin kreiert. Hierfür wurde ein komplett neues Rezept zusammengestellt, das neben Wacholder aus Heidelbeeren, Pfirsichen, Jasminblüten, frischen Limetten, weißem Pfeffer sowie Rhabarber und dessen Wurzeln besteht. Auch hier werden die Zutaten nach Gruppen geordnet und erst am Schluss miteinander vermengt. Die fruchtigflorale und frische Variante ist mit 42% Vol etwas leichter als seine Geschwister. Der Summer Gin wird nur einmal im Jahr aufgelegt und die Flasche mit einem hellblauen Kunststoff ummantelt.

Beim Smoked & Salted Gin werden gleichfalls separate Destillate aus Wacholder, Bitterorangen, Quitten, Koriander und Ingwer gebrannt. Die außergewöhnliche Besonderheit ist die Verwendung von Kastanien, die vor der Mazeration 40 Stunden lang intensiv kaltgeräuchert wurden. Dieses Destillat verleiht dem Gin seine feine «Smoked»-Note, die nicht dominiert, sondern sich harmonisch ins Geschmacksbild einordnet.

Das «Salted» (gesalzen) im Namen kommt von einem Steinsalz aus den Schweizer Alpen, dessen Kristalle auf Lärchenholzplatten getrocknet und anschließend ebenfalls geräuchert werden. Der fertige Gin wird mit diesem Salz versetzt, was den Effekt hat, dass die einzelnen Aromen im Gin zusätzlich hervorgehoben werden, während es geschmacklich nur hintergründig auftritt. Der Smoked & Salted Gin mit 42% Vol wird auch nur einmal im Jahr als Winter-Edition produziert und ist durch seine Holzverkleidung erkennbar. Diese ausgeklügelten Methoden bei der Herstellung der nginious! Gins wecken Assoziationen mit etwas, das ebenfalls typisch für die Schweiz ist: Uhrwerken.

Olifant

Die Geschichte der Marke Olifant begann 1841, als die J. J. Melchers Wz. Destille in Schiedam damit anfing, Gin zu produzieren und in die holländischen Kolonien in Süd- und Westafrika zu exportieren. Da die Kommunikation mit den Einheimischen aufgrund der Sprachbarriere schwer war, wurden die Gin-Fässer mit dem Bild eines Elefanten ausgestattet. Die Hafenarbeiter wussten somit, dass jene Fässer Gin enthielten. Wie man auf die Idee kam, ein Elefant könne mit Gin assoziiert werden, ist nicht überliefert.

Der Olifant Dry Gin ging erst kürzlich von Wenneker Distilleries an den Hersteller Pieter Bruggeman über. Er ist eine Kombination aus drei Destillaten, von denen das dominierende ein Gin-Destillat ist, das die verschiedensten Botanicals wie Wacholderbeeren, Angelika, Veilchenwurz, Chinarinde und viele andere enthält. Der Olifant weist eine Trinkstärke von 40 % Vol auf.

Vor Jahren gab es auf Wunsch eines US-Importeurs eine Special Edition mit einer etwas modifizierten Rezeptur und 45 % Vol.

Land:
Niederlande
Hersteller:
Pieter Bruggeman NV / SA
Markeneigner:
La Martiniquaise

OMG

Land:
Tschechische Republik
Hersteller:
ŽUSY s.r.o. Distillery Žufánek

Im kleinen Dorf Boršice u Blatnice an der Grenze zur Slowakei und Österreich gründeten Marcela und Josef Žufánek zusammen mit ihren drei Söhnen Martin, Josef und Jan im September 2000 eine 15 Hektar große Obstplantage mit Brennerei – die Distillery Žufánek.

2013 wurde erstmals Gin destilliert und sogleich ein voller Erfolg. Es war Martin Žufáneks Idee und er gibt sich betont offen, wenn er erklärt, sie machten keinen Hokuspokus um die Rezeptur, dass seine Familie keine Urvorväter hat, auf deren Wissen sie seit Generationen aufbauen, dass sie keine extravaganten Botanicals verwenden und keine Dutzende Testläufe brauchten, um ihren Gin zu kreieren; einzig der Anteil an Melisse musste justiert werden.

Der OMG Classic enthält 16 Botanicals, die teilweise aus der Heimat der Familie stammen. Darunter befinden sich: Wacholderbeeren, Angelika, Bittermandeln, Grüner Kardamom, Kalmus, Koriander, Kubebenpfeffer, Lavendel, Orangenschalen, Paradieskörner, Preiselbeeren und Blätter der Winterlinden. Ein Teil davon wird 36 Stunden lang mazeriert, nach 24 Stunden kommt der zweite Teil der Botanicals hinzu und kurz vor der Destillation die Orangenschalen. Destilliert wird in einem Kolonnen-Apparat mit 300 Litern Fassungsvermögen. Jede der einzelnen Brennblasen hat drei Platten, die in einer Weise funktionieren, dass sie theoretisch je eine eigenständige Destillation produzieren. Das Destillat hat am Ende 82% Vol und wird mit Wasser aus den lokalen Ressourcen auf seine letztlich 45% Vol heruntergewässert, gefiltert und für sechs Monate ruhen gelassen, bevor er auf Flaschen abgefüllt wird.

Ein kräftiges Wacholderaroma gibt ganz klar die Richtung an und wird durch eine vollmundige, angenehme Würze und dezente Zitrustöne abgerundet. Das Gesamtspiel der Aromen erinnert ein wenig an Waldboden. Dieser sehr ausgewogene Gin mit lang anhaltendem Geschmacksbild hat nicht umsonst die Herzen der Tschechen erobert.

Die Familie lässt es sich nicht nehmen, einmal im Jahr eine limitierte Auflage von nur 500 Flaschen unter dem Namen OMFG herauszubringen, um sich auf diese besondere Weise bei Kunden und Fans zu bedanken – was natürlich nicht heißt, dass sie gratis verteilt werden.

Der OMFG basiert auf dem klassischen OMG, jedoch wird jeder Edition ein weiteres Botanical hinzugefügt. In der 2014er-Version, die dem Vernehmen nach innerhalb von 24 Stunden ausverkauft war, wurde mexikanische Damiana beigegeben. Ihr wird zugeschrieben, ein natürliches Aphrodisiakum zu sein. In der im Mai 2015 erschienenen Edition war es Arabischer Weihrauch aus Oman.

Ach ja, OMG steht übrigens für «Oh My Gin». Wofür das «F» in OMFG steht, darf sich der Leser selbst zusammenreimen.

OriGINal

Land:
Deutschland
Hersteller:
Emil Scheibel Schwarzwald-
Brennerei GmbH

Seit 1921 widmet sich die Familie Scheibel der Kreation edler Obstbrände. Die Genussmanufaktur, wie sich die Brennerei selbst bezeichnet, liegt in der badischen Gemeinde Kappelrodeck im Schwarzwald und lebt ihren Sinn für Pioniergeist durch handwerkliches Können und visionäre Verfahren. Michael Scheibel, Inhaber der Brennerei in dritter Generation, beschreibt das mit folgendem Satz: «Ich gebe die Frucht veredelt zurück.»

Die Idee zu einem Gin ist durch einen Zufall entstanden. Michael Scheibel hatte auf einer Reise nach England einen kleinen Flachmann bei sich, der mit hauseigenem Cherry-Brandy gefüllt war. Als der Inhalt des Flachmanns verzehrt war, wurde er mit englischem Gin nachgefüllt. Auf diese Weise vermischten sich die Reste des Cherry-Brandys mit dem Gin, was geschmacklich derart interessant war, dass es den Grundstein für eine neue Idee legte. Wieder zu Hause angekommen, machte man sich sogleich ans Werk.

The OriGINal – pure pleasure enthält neben Wacholder Botanicals wie Koriander, Orangenblüten, Tausendgüldenkraut und Muskatblüte; die restlichen Zutaten bleiben geheim. Nach der fertigen Destillation steht der Gin für die nächste Phase in den Startlöchern.

Es werden Eichenfässer mit Cherry-Brandy gefüllt. Nach dessen Entnahme dient das leere, jetzt aromatisierte Fass als neue Lagerstätte für den frisch destillierten Gin. Das Ergebnis ist ein ausgewogener Gin mit sanften Wacholdernoten über dezenten Cherry-Brandy-Akzenten und holziger Fassreife, der mit 43% Vol in eine sehr dekorative Flakon-förmige 0,7-Liter-Flasche abgefüllt wird, die eher typisch für Brandy ist.

Der Beiname ist durchaus treffend gewählt: «pure pleasure» – wahre (Gaumen-)Freude halt.

Scheibel hat auch einen Gin Liqueur herausgebracht, mehr über diesen im Kapitel «Gin-Sonderformen».

Plymouth

Land:
Großbritannien / England
Hersteller:
Black Friars Distillery
Markeneigner:
Pernod Ricard Group

Plymouth Gin ist eine geschützte Herkunftsbezeichnung und stellt eine eigene Gin-Gattung dar. Um diese Bezeichnung tragen zu dürfen, muss dieser Gin in Plymouth, Grafschaft Devon in Südwestengland, hergestellt werden. 1793 schloss sich ein Mr. Thomas Coates dem etablierten Destillierunternehmen «Fox & Williamson» an und noch im selben Jahr wurde mit der Produktion eines ungewöhnlichen Gins begonnen – dem Plymouth Gin. Dazu diente die Black Friars Destille, die heute als die älteste noch in Betrieb befindliche Gin-Destille Englands gilt.

Kurz nach Produktionsbeginn nannte man den Betrieb in «Coates & Co.» um und unter diesem Namen firmierte er bis März 2004. Heutzutage gehört der Plymouth Gin zur Pernod Ricard Gruppe.

Das Gebäude der Destille datiert aus dem 14. Jahrhundert und war formell ein Kloster römisch-katholischer Dominikanermönche in schwarzer Kutte («Black Friars»), deren Orden ca. 1536 aufgelöst wurde.

Als die britische Admiralität veranlasste, die im Hafen von Plymouth dauerhaft stationierte Royal Navy mit Gin auszustatten, wählte man den ortsansässigen Plymouth Gin von Coates & Co.

Aufgrund der Erfahrungen, die man schon mit Spirituosen in der Schifffahrt gemacht hatte, wurde eine erhöhte Trinkstärke in Auftrag gegeben, woraus der Plymouth Navy Strength Gin mit 57% Vol entstand. Neben sicherlich logistischen Gründen (57%iger Gin lässt sich gegebenenfalls noch herunterwässern) und medizinischen Erwägungen gab es auch einen militärisch bedingten Hintergrund: Eine Spirituose mit 57% Vol konnte über Schießpulver geschüttet werden, ohne es dadurch untauglich zu machen. Fast zwei Jahrhunderte lang wurde die Kriegsflotte Ihrer Majestät mit Plymouth Gin ausgestattet. Kein Schiff verließ den Hafen, ohne nicht wenigstens eine Flasche Navy Strength an Bord mitzuführen.

In einem von Plymouth Gin zusammengestellten Geschichtsabriss heißt es ferner, dass dem Flottendoktor und Konteradmiral Sir Thomas Desmond Gimlette (1857 – 1943) zugeschrieben wird, den Cocktail Gimlet erfunden zu haben. Einerseits wollte er die tägliche Ration der «Marinemedizin» schmackhafter gestalten, andererseits wollte er wohl der immer stärker in Erscheinung tretenden Cocktailkultur huldigen. Plymouth Gin ist daher

der einzige aus jener Zeit noch existierende Gin, der in alten Barbüchern namentlich in so einigen Rezepturen aufgeführt wird.

Plymouth Gin wird aus reinem Getreidealkohol und den sieben Botanicals Wacholderbeeren aus Italien und dem ehemaligen Jugoslawien, Zitronenschalen, Orangenschalen aus Spanien, Veilchenwurz aus Italien, Angelikawurzel aus Europa, Kardamom aus dem Fernen Osten, Koriandersamen aus Osteuropa und Marokko sowie mit dem weichen Wasser aus Dartmoor, einem natürlichen Wasserreservoir, auf seine Trinkstärke von 41,2% Vol eingestellt. Der Plymouth Navy Strength hat seine althergebrachten 57% Vol behalten.

Mitte 2006 wurde das Flaschendesign auf Art déco umgestellt, doch 2012 ging man zu einer modernisierten Flaschenform über, die einen Hauch Piratencharakter verströmt und ein dazu passendes Label hat.

Radermacher

Die Geschichte dieser seit 1836 bestehenden Destille in Raeren, Belgien wird ausführlich im Kapitel «Genever-Marken» beschrieben.

Bisher umfasste die Produktpalette von Radermacher hauptsächlich Genever und Liköre. Seit 2013 verschreibt man sich auch dem Destillieren von Gin und brachte Anfang 2014 den ersten belgischen Gin heraus, der mit einem Biozertifikat versehen ist.

Die folgenden elf Früchte, Gewürze und Kräuter werden in einem Neutral-alkohol aus Biogetreide mazeriert: Wacholder, Bergamotte, Holunder, Kardamom, Kiefer, Koriander, Lavendel, Veilchenwurz, Zimt sowie Orangen- und Zitronenschalen.

Nach abgeschlossenem Destillationsprozess wird der Gin mit eigenem Brunnenwasser auf seine Trinkstärke von 43% Vol eingestellt.

Abgefüllt wird der 1836 Gin mit seinem sehr eigenen und daher nicht so leicht definierbarem Bouquet in 0,7-Liter-Flaschen mit schlichtem Labeldesign.

Die Radermacher-Destillerie zeigt sich als ein sehr umweltbewusstes Unternehmen und verwendet daher Verfahren, die gezielt Böden, Luft und Seen schonen sowie allgemein die Natur schützen.

Land:
Belgien
Hersteller:
Distillerie Radermacher AG

Reval

Remedia Distillers ist deren Darstellung zufolge die erste in Privatbesitz befindliche Firma in Estland, die seit der Wiedererlangung der Unabhängigkeit 1991 die Lizenz erhielt, Getränke mit geringem Alkoholgehalt (Liköre etc.) herstellen zu dürfen. 1994 wurde diese Lizenz auf Spirituosen erweitert.

Der Saare Gin kam als erster auf den Markt und ist nach der Insel Saaremaa (deutsch: Ösel) vor der Küste Estlands benannt, die riesige Wacholderfelder hat. Diese einheimischen Wacholderbeeren, Koriandersamen und andere Botanicals werden im Neutralalkohol mazeriert und anschließend destilliert. Aus den Tiefen der Erde wird sehr reines Wasser hochgepumpt und damit die Trinkstärke von 40% Vol eingestellt.

Auch im Reval Dry Gin werden die Wacholderbeeren von Saaremaa verarbeitet und darüber hinaus getrocknete Botanicals hinzugegeben. Der Wacholdergeschmack dominiert bei diesem Gin, der ebenfalls eine Trinkstärke von 40% Vol aufweist.

Vom Erfolg des Reval Gins ermutigt, wurde Ende 2013 die Reval London Dry Gin Premium Edition mit 47% Vol eingeführt, um das Portfolio mit einem prestigeträchtigen Gin abzurunden. Es ist laut Aussage der Hersteller der erste und bisher einzige London Dry Gin, der in Estland produziert wird.

Land:
Estland
Hersteller:
Remedia Distillers

Right

Land:
Schweden (Herstellung)
USA (Firmensitz)
Markeneigner:
Altamar Brands LLC

Las Vegas im Sommer 2005. Nach Jahren der rituellen Wiederkehr an diesen Ort wird W. L. Lyons Brown III einmal mehr in einer Bar von schlechtem Gin enttäuscht. Kurz darauf kam er mit einem skandinavischen Sommelier zusammen, der die Fähigkeiten einbrachte, welche er und seine Kompagnons nicht besaßen, um einen «modernen Klassiker» bewerkstelligen zu können. Die Wahl des Standortes fiel auf eine schwedische Destille, die an einem See namens Bolmen im Süden des Landes nahe Malmö liegt. Im März 2007 ist es dann soweit – der Right Gin ist fertig, geht in Produktion und wird vorerst hauptsächlich auf dem US-amerikanischen Markt eingeführt.

In dem fünffach destillierten Getreidealkohol aus Mais kommt schon von Hause aus eine leichte Süße mit. Die Botanicals umfassen Wacholder aus Österreich, Korianderblätter aus Russland, Kardamom aus Indien, Zitronen und Bergamotte aus Sizilien, Limetten und Bitterorangen aus der Karibik und Schwarzen Pfeffer aus Sarawak auf Borneo. Alle Botanicals werden separat destilliert und anschließend entsprechend der Rezeptur zusammengefügt.

Das Label ist sehr interessant gestaltet und die Bedeutung des Wappens ist ausführlich auf deren Website erklärt, die nicht minder «stylish» ist. Der lateinische Schriftzug ist ebenso aussagekräftig: «EST UNUS MODUS VERUS» – «There is a Right way» – Es gibt (für alles) einen richtigen Weg.

Rehorst

Land:
USA / Wisconsin
Hersteller:
Great Lakes Distillery

Die 2006 von Guy Rehorst in Milwaukee gegründete Great Lakes Distillery ist ein kleiner Drei-Mann-Betrieb und die erste Destille in Wisconsin seit dem Ende der Prohibition.

Das Jahr 2007 war die Geburtsstunde des Rehorst Premium Milwaukee Gin, der im klassischen «Pot Still»-Verfahren unter Zugabe von neun Botanicals hergestellt wird. Neben den klassischen Botanicals wie Wacholderbeeren, Kardamom, Anis, Koriandersamen, Orangen- und Zitronenschalen kommen die eher ungewöhnliche Saigon-Kassie, eine südostasiatische Unterart der Zimtkassie, sowie zwei weitere Botanicals zum Einsatz: süßes Basilikum, welches einen floralen Charakter bewirkt, und Wisconsin-Ginseng, der dem Gin eine gewisse Erdigkeit verleiht. Die Trinkstärke ist auf 44% Vol eingestellt.

Neu im Portfolio ist der Rehorst Barrel Reserve Gin, der zurzeit jedoch einzig in Winconsin verfügbar ist.

Das Schlusswort haben die Hersteller: «Nicht ganz Ihr traditioneller London Dry Gin, nicht ganz ein holländischer Genever. Wir denken, es ist eine ganz neue Kategorie – Milwaukee Gin!» – Na dann cheers!

Siegfried Rheinland Dry Gin

Land:
Deutschland
Hersteller:
Eifel-Destillerie P.J. Schütz
Markeneigner:
Rheinland Distillers UG

Die Bonner Raphael Vollmar, Geschäftsführer in vierter Generation des vor 150 Jahren gegründeten Luxuswarengeschäfts Vollmar & Söhne, und Gerald Koenen, Berater für Internet-Startups, sind die Gründer des Siegfried Gins. Der Anstoß zu ihrer Idee kam auf einem Junggesellenabschied in Las Vegas, begleitet von einer Flasche Gin. Einige Wochen nach diesem Ausflug probierten, verglichen und diskutierten die beiden verschiedene Gins und ließen sich währenddessen unmerklich vom Gin-Hype anstecken. So kam es, wie es kommen musste: Der Wunsch nach einem eigenen Gin brannte unter den Fingernägeln. Ein Gin mit regionaler Herkunft und Geschichte sollte es sein. Da traf es sich gut, dass die wohl bekannteste Szene aus der Nibelungensage ganz in der Nähe stattgefunden haben soll: Am Drachenfelsen tötete Siegfried im Kampf den Drachen, nahm ein Bad im Blute des Drachens und wurde unverwundbar – bis auf eine kleine Stelle am Körper, die durch ein Lindenblatt bedeckt war, den verwundbaren Punkt.

Nachdem nun eine passende Geschichte, ein Produktname und bald auch das Design gefunden war, ging es um das Eigentliche – den Inhalt. Durch einen Hinweis kamen sie auf die seit 1925 familiengeführte Eifel-Destillerie, die von Peter-Josef Schütz betrieben wird. Sie zeichnet sich durch erstklassige Spirituosen aus und kommt zudem aus der Region, südwestlich von Bonn. Ein wichtiger Partner ward gefunden. Diese Dreierkonstellation erarbeitete monatelang die Gin-Rezeptur, bis man auf einen Nenner kam.

Beim Siegfried Rheinland Dry Gin – kurz auch «Siggi» genannt – sind neben dem Wacholder die Lindenblüten das Leit-Botanical, das für einen milden und abgerundeten Geschmack sorgt. Die genaue Zusammenstellung der

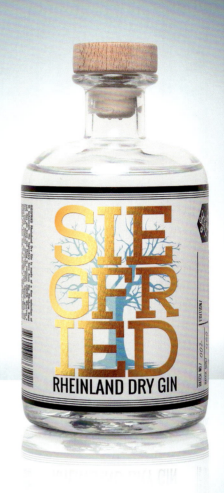

insgesamt 18 Botanicals bleibt geheim, es wird zumindest so viel verraten, dass neben den klassischen Botanicals wie Koriander und Angelikawurzel auch Ingwer, Lavendel, Faulbaumrinde, Schalen der Pommeranze und Kubebenpfeffer mit von der Partie sind.

Die Botanicals werden einzeln mazeriert, anschließend gemeinsam destilliert und einige Wochen ruhen gelassen, um das volle Geschmacksprofil zu entfalten. Abgefüllt wird der Siegfried Rheinland Dry Gin mit 41% Vol in eine 0,5-Liter-«Apothekerflasche», deren Etikett ein Lindenbaum ziert.

Siegfried Gin ist gemäß den angewendeten Verfahren der Kategorie London Dry Gin zuzuordnen. Er hat ein komplexes Aroma von deutlichem Wacholder und sanften Zitrusnoten, die von Thymian und Kardamom begleitet und dem dezenten Charakter der Lindenblüte abgerundet werden.

Es gab schon ein paar zweckorientierte Sondereditionen in extrem geringer Auflage, die sich lediglich in der Gestaltung des Etiketts unterschieden; der Inhalt war stets der gleiche. Von diesen verdient der «Starlight» besondere Erwähnung, da er mit einem speziell angefertigten Sterlingsilber-Korken versehen ist, was sich dann natürlich preislich widerspiegelt.

Saffron Gin

Land:
Frankreich
Hersteller:
Gabriel Boudier

Obwohl diese Destille bereits 1874 entstand, wurde sie erst gegen Ende des Zweiten Weltkriegs überregional bekannt. Gabriel Boudier gewann nämlich einen Wettbewerb mit seinem Boudier Dry Gin und wurde dadurch zum Gin-Lieferanten der amerikanischen Soldaten in Europa.

Auf der Suche nach einer neuen Rezeptur fügte er der bestehenden damals Safran hinzu. Ob diese neue Rezeptur zu jener Zeit tatsächlich umgesetzt wurde, ist nicht bekannt. Fakt ist jedoch, dass sie vor ein paar Jahren in den Boudier-Archiven wiederentdeckt wurde. Die aufgearbeitete Version dieser alten Rezeptur, auf der der Saffron Gin fußt, beinhaltet heute Wacholderbeeren, Zitronen- und Orangeschalen, Koriander, Angelika, Veilchenwurz, Fenchel und natürlich Safran.

Saffron Gin und Boudier Dry Gin haben eine Trinkstärke von je 40% Vol. Der neu zum Portfolio von Boudier hinzugekommene Rare London Dry Gin basiert auf einer historischen Rezeptur, weshalb das Labeldesign in viktorianischem Stil gehalten wird. Die Trinkstärke ist etwas geringer als bei den anderen beiden, nämlich 37,5% Vol.

Auch der Saffron Gin kann durchaus dem eingangs erwähnten «New Western Dry Gin» Style zugeordnet werden und darf wegen der Nachbehandlung des fertigen Destillats mit Safran nicht als London Dry Gin ausgewiesen werden.

Boudier hat zudem auch zwei Sloe Gins mit verschiedenen Trinkstärken (siehe Artikel «Sloe Gin» im Kapitel «Gin-Sonderformen»).

South

Die Firma 42Below hieß früher Pacific Dawn Distillers und hat ihren Sitz in Auckland. Der Firmenname bezieht sich auf den 42. Breitengrad, auf dem Neuseeland liegt.

Die Basisspirituose für South Gin wird aus Weizen gewonnen und mit Wasser, das aus 300 Metern Tiefe unter einem erloschenen Vulkan stammt, auf 40,2% Vol eingestellt.

Für die Aromatisierung werden neun Botanicals verwendet, davon sechs klassische wie Wacholderbeeren, Koriandersamen, Zitronen, Orangen, Angelikablätter und Veilchenwurz. Drei weitere Botanicals bilden die Besonderheit an diesem Gin: Enzian und zwei nur in Neuseeland beheimatete Pflanzen – Südseemyrte (auch Manuka genannt) und Kawa-Kawa-Blätter.

Neckisch, wie 42Below seinem South Gin eine personifizierende Beschreibung verleiht: «South ist feminin, groß und wunderschön. Auf den ersten Blick ist sie die perfekte Lady – schlank und selbstbewusst –, aber wenn Du sie näher kennenlernst, dann hat sie auch eine etwas freche, ungezogene Seite.»

Land:
Neuseeland
Hersteller:
42Below Ltd.
Markeneigner:
Barcardi Group

Spruce

Land:
USA / Oregon
Hersteller:
Rogue Spirits Distilleries

In Newport, Oregon wurde 2003 diese kleine Destille der schon seit Ende der 80er-Jahre bestehenden Brauerei hinzugefügt. Das Bier dieser Brauerei ist das Ausgangsprodukt zur Gewinnung der Basisspirituose für den Spruce Gin. Dazu wird dem Bier Champagnerhefe zugefügt, es wird erneut zur Gärung gebracht und hat nach der Gärzeit einen Alkoholgehalt von 17 – 20% Vol. Im weiteren Verlauf wird dieses Zwischenprodukt in einem mehrstufigen Brennapparat hoch ausrektifiziert und nimmt zugleich per Dampfinfusion die Aromen der Botanicals auf. Das daraus gewonnene aromatisierte Destillat hat 88% Vol und wird nun noch auf eine Trinkstärke von 45% Vol heruntergewässert.

Etwas eigen, aber dennoch interessant ist die Zusammensetzung der Botanicals. Hauptinhaltsstoff ist Fichtennadelöl; dazu gesellen sich Gurken, Angelikawurzel, Orangen- und Zitronenschalen, Koriander, Ingwer, Veilchenwurz, Paradieskörner, Mandarinenöl und natürlich Wacholderbeeren.

Der Pink Spruce Gin ist im weitesten Sinne die fassgereifte Version des Spruce Gins. Er wird zusätzlich für bestimmte Zeit in gebrauchten Rotweinfässern gelagert, die zuvor mit Pinot Noir gefüllt waren, was ihm Farbe und zusätzliches Aroma verleiht.

Das Labeldesign soll an die Fichtenholzfäller aus dem Oregon des späten 19. Jahrhunderts erinnern. Im Spruce Gin explodiert förmlich das Fichtennadelaroma in der Nase; im Mund spielt sich jedoch eine ganz andere Szene ab, in der auch weitere Geschmacksträger zur Geltung kommen. Tja, wie gesagt – eigen, aber interessant.

Stretton's

Stretton's London Dry Gin wird in der Stretton Familiendestille hergestellt und von Edward Snell & Co. vermarktet, einem 1848 in Durban gegründeten Markenvertriebsunternehmen.

Derrick Stretton lernte sein Handwerk von seinem Vater. Dieser war in einer bekannten Londoner Destille Chefdestillateur, bevor er nach Südafrika emigrierte. Derrick übernahm auch die feste Überzeugung des Vaters, dass sich eine Rezeptur durch Simplizität auszeichnen soll, anstatt eine Vielzahl an Botanicals zu verwenden.

Somit hat Stretton's Gin auch nur fünf Botanicals: bulgarische Wacholderbeeren, Koriandersamen aus Indien, Zimtkassie aus Sri Lanka, holländische Angelikawurzel und Orangenschalen aus lokalem Anbau in Kirkwood, das sich in der Nähe vom Addo-Elefanten-Park befindet.

Stretton's Gin wartet mit einem modernen, frischen Flaschendesign und einer Trinkstärke von 43% Vol auf.

Land:
Südafrika
Hersteller:
Stretton Distillery
Markeneigner:
Edward Snell & Co. Ltd.

Sünner Dry Gin № 260

Land:
Deutschland
Hersteller:
Gebr. Sünner GmbH & Co. KG

Die 1830 gegründete Brauerei & Brennerei befindet sich auch heute noch – über 185 Jahre später – in Familienbesitz. Handwerkliche Arbeit steht bei Sünner traditionell im Vordergrund und so werden auch die Gins mit viel Sorgfalt in kleinen Chargen von jeweils 500 Litern hergestellt. Alle Arbeitsschritte werden in der eigenen Brennerei durchgeführt und sogar der benötigte Neutralalkohol an Ort und Stelle der Hausnummer 260 selbst hergestellt.

Sünner Dry Gin № 260 ist ein insgesamt dreifach destillierter Gin. Nach dem zweiten Destilliervorgang werden dem Feinbrand frische Wacholderbeeren aus der Toskana zur Mazeration zugegeben. Bevor der dritte Destillationsvorgang eingeleitet wird, kommen noch Lavendel, Zitronen- und Bitterorangenschalen hinzu.

Mit einer Trinkstärke von 43% Vol wird der Sünner Dry Gin auf eine eher puristische 0,7-Liter-Flasche abgefüllt. Der fertige Gin hat einen klaren Duft von Wacholder, weist leichte Zitrusnoten auf, ist weich und nachhaltig.

Neu im Sortiment ist der Sünner Dry Gin № 260 Sinner Strength – eine Special Edition mit 57,3% Vol, die nicht limitiert, sondern dauerhaft ins Programm aufgenommen worden ist.

Inspiriert von der historischen Rolle eines Navy Strength Gin, von der im Artikel «Plymouth Gin» ausführlich erzählt wird, wollte man einen eigenen Gin dieser Art kreieren. Doch nicht allein der höhere Alkoholgehalt war Triebfeder, auch das Geschmacksbild sollte ansprechend sein. Grundsätzlich basiert der Sinner Strength auf dem Sünner Dry Gin, jedoch mit dem Unterschied, dass einerseits die Mengen der Botanicals erhöht wurden und andererseits als weitere Zutat Paradieskörner hinzukamen, eine Pfefferart aus Westafrika, die auch Noten von Kardamom, Zimt und Ingwer enthält.

Bleibt die Frage: warum nun «Sinner Strength», also zu gut Deutsch «Sünder-Stärke», statt dem üblichen «Navy Strength»? Die hochprozentige Sünde in Verbindung mit den Paradieskörnern soll bedeuten, dass Eva Adam zur Gin-Herstellung verführt hat. Eine nicht sehr nahe liegende Interpretation, aber interessant allemal.

Tanqueray

Land:
Großbritannien / Schottland
Hersteller:
Tanqueray Gordon & Co.
Markeneigner:
Diageo Plc

Charles Tanqueray, der in seinen Studienjahren kein Interesse an dem Wissen zeigte, das an der Universität vermittelt wurde, gab sich stattdessen lieber dem Experimentieren in der Chemie des alltäglichen Gebrauchs hin und entschloss sich um 1830, die Bloomsbury Destille in Finsbury, London, zu gründen. Der damals 20-Jährige ließ sich hierbei von einem Trend leiten, der Personen wie Alexander Gordon und Felix Booth durch ihre Destillengründungen gesellschaftliche Anerkennung brachte. Ihrem pionierartigen Beispiel folgend, wollte Charles Tanqueray einen Qualitäts-Gin entwickeln, der seiner Ambitionen würdig war. Nach jahrelangen Experimenten mit allen möglichen Ingredienzien fand er schließlich seinen Schlüssel und Tanqueray Gin ward geboren.

Er erarbeitete sich fortan eine kleine, aber prestigeträchtige Klientel. Seinen anfänglich in Steinkrügen abgefüllten Gin sah man schon bald in anspruchsvollen Weinläden und angesehenen Haushalten stehen. Innerhalb weniger Jahre wurde Tanqueray Gin sogar in die britischen Kolonien exportiert. 1839 setzte er noch eins drauf und entwickelte einen «würzigen» Gin namens Malacca.

Nach seinem Tod 1868 übernahm sein 20-jähriger Sohn Charles Waugh Tanqueray das erfolgreiche Geschäft und führte Tanqueray Gin zu hohem Ansehen in der Topliga des Gin-Handels.

1898 fusioniert Charles Tanqueray & Co. mit Gordon's und führt seither den Namen «Tanqueray Gordon & Co.». Die Produktion wurde in die Gordon's Destille in Goswell Road verlegt.

1989 ging John Tanqueray, Exportmanager der Firma, in Pension und kappte somit den letzten Familienlink zur Destille. Heute werden die Tanqueray Gins in der Cameronbridge Destille in Schottland produziert.

Der klassische Tanqueray wird mit Wacholderbeeren, Angelika, Koriander und weiteren Botanicals, die vom Hersteller aus Geheimhaltungsgründen nicht genannt werden, aromatisiert und hat für den UK-Markt eine Trinkstärke von 43,1% Vol und für den Export 47,3% Vol bzw. 40% Vol. Das Flaschendesign ist der Form eines Cocktailshakers entlehnt.

Der Tanqueray N° Ten basiert auf frischen Zitrusfrüchten wie Grapefruit, Orangen und Limetten sowie Wacholderbeeren, Koriander und einer Spur

Kamille. Destilliert wird in einer kleinen Brennblase, genannt «Tiny Ten», welche aufwendig restauriert wurde. Der zuvor dreifach destillierte Getreidealkohol wird zusammen mit den Botanicals ein viertes Mal durchdestilliert und anschließend auf eine Trinkstärke von 47,3% Vol gebracht. Ihm wurde 2015 ein neues Flaschendesign gegeben, indem man von der sich nach unten verjüngenden, eckigen Flaschenform abrückte und das altbewährte Cocktailshaker-Design in hochmodernisierter Form anwandte.

Der ursprünglich einzig für den US-Markt produzierte Tanqueray Rangpur hat im Gegensatz dazu nur 41,3% Vol. Sein Aroma setzt sich aus der Rangpur-Limette, Wacholderbeeren, Lorbeer, Koriander und Ingwer zusammen. Seinen Namen verdankt er dem Rangpur-Baum, der in Indien beheimatet ist und Früchte trägt, die – vermutlich – eine Kreuzung zwischen Zitrone und Mandarine sind. Heute ist der Rangpur Gin auch überall in Europa erhältlich.

Der oben schon kurz erwähnte Tanqueray Malacca war lange Zeit vom Markt verschwunden, bis Diageo 1997 einen ersten «Wiederbelebungsversuch» startete, der allerdings nicht den Nerv der Zeit traf und somit erfolglos blieb. Ganz anders beim zweiten Anlauf 2013. Gin war jetzt äußerst populär und als verkündet wurde, dass der Malacca (40% Vol) in limitierter Zahl von 100.000 Flaschen neu aufgelegt werden würde, löste das einen starken Hype aus, der den Preis in exorbitante Höhen schnellen ließ. Dieser Hype legte sich aber genauso schnell, wie er gekommen war, und das Preisniveau pendelte sich auch auf ein vernünftiges Maß ein.

Seinen Namen hat er übrigens von der «Straße von Malakka», einer Meerenge zwischen Malaysia und Sumatra, die seinerzeit strategisch wichtig für die Seewege der Briten in Südostasien war.

Gleichfalls in limitierter Auflage wurde der Tanqueray Old Tom Gin auf den Markt gebracht (siehe Kapitel «Old Tom Gin»).

Neueste Kreation ist der im Juli 2015 herausgebrachte Tanqueray Bloomsbury – ebenfalls eine «Limited Edition» von 100.000 Stück. Laut Hersteller basiert er auf einer vom Sohn des Firmengründers kreierten Rezeptur aus den 1880ern, die einen höheren Anteil an Wacholder sowie Koriander, Angelika, Zimtkassie und das eher ungewöhnliche Winterbohnenkraut enthält.

Turicum Dry Gin

Land:
Schweiz
Hersteller:
Better Taste GmbH

Hinter dem 2015 in Zürich gegründeten Unternehmen stehen Merlin Kofler und Oliver Honegger. Inspiriert von einer gemeinsamen Reise nach London, während der man sich intensiv mit Gin beschäftigte, ist die Idee zum eigenen Gin, der mit lokalen Zutaten gepaart sein sollte, quasi im Rausch entstanden. Mit der Anschaffung einer 70-Liter-Destillieranlage begann die Arbeit. Sie brauchten knapp neun Monate, um die Rezeptur auf ihren persönlichen Nenner zu bringen.

Der Turicum Dry Gin wird im «Small Batch»-Verfahren mit zwölf Botanicals hergestellt: Wacholder, heimische Blüten der Sommerlinde, Koriandersamen, handgepflückte Tannenspitzen aus Zürich, Angelikawurzel, Voatsiperifery-Pfeffer (ein wilder, scharfer und sehr aromatischer Pfeffer aus Madgaskar), Orangenblüten, Süßholz, Hagebutten aus Oliver Honeggers Garten, frische Zitronen- und Orangenzesten sowie eine weitere, aber geheime Zutat.

Der Großteil der Botanicals wird für 48 Stunden vor dem Destillieren zum Mazerieren in Alkohol eingelegt. Am Tag der Destillation werden die restlichen drei Botanicals hinzugegeben und gemeinsam mit dem angesetzten Mazerat destilliert. Mit gefiltertem Wasser des Flusses Limmat, der Zürich durchquert, wird der fertige Gin auf eine Trinkstärke von 41,5% Vol eingestellt.

Das Aromaprofil weist würzig-exotische und intensive Wacholdernoten auf. Das Zusammenspiel von Zitrustönen und den süßlich-warmen Komponenten zeigt sich gut ausbalanciert, trocken und kräftig.

Der Turicum Dry Gin wird in eine 0,5-Liter-Steingutflasche abgefüllt, die sich bereits bei anderen Firmen großer Beliebtheit erfreut und dem Ganzen einen leicht nostalgischen Anblick verschafft.

Ungava

Land:
Kanada
Hersteller:
Domaine Pinnacle Inc.

Am Fuße eines Bergs östlich von Frelighsburg, Quebec und praktisch nur einen Steinwurf von der Grenze zur USA entfernt, liegt idyllisch diese 430 Hektar große Apfelplantage von Susan und Charles Crawford. Im dortigen Sprachgebrauch gelten sie als «Stadtflüchtlinge», was bedeutet, dass sie 2002 das Großstadtleben in Montreal gegen ein Landleben eingetauscht haben. Das 1859 erbaute Farmhaus war einst Anlaufpunkt für freiheitssuchende Sklaven aus den USA und diente während der Prohibitionszeit als gemütlicher Treffpunkt für Schmuggler.

Im kalten Norden Labradors befindet sich die Ungava-Halbinsel, Heimat der Iniut, einer den Eskimos verwandten Volksgruppe. Aufgrund der unwirtlichen Wetterverhältnisse ist dieser Landstrich nicht mit vielen Arten von Kräutern und Gewürzen gesegnet, doch gerade deshalb hat man sich für einheimische Botanicals für den Ungava Canadian Premium Gin entschieden, die von Einheimischen handgepflückt werden: nordischer Wacholder, wilde Hagebutte, Moltebeere, Sumpfporst, Grönländischer Porst (beides subarktische Rhododendron-Arten) und Schwarze Krähenbeere.

Diese Zutaten werden in der kurzen Sommersaison von Hand gepflückt, dann in dreifach destilliertem Getreidealkohol aus Gerste, Mais und Roggen mazeriert, bevor alles ein viertes Mal destilliert wird. Anschließend – und das ist die Besonderheit beim Ungava Gin – werden alle sechs Botanicals nochmals in das Destillat eingelegt. Dadurch erhält er seine spezifische Zitrusfarbe. Geschmacklich wird ein angenehmes Wacholderaroma von frischen, herben und würzigen Aromen begleitet.

Abgefüllt wird der Gin mit 43,5% Vol in eine transparente 0,75-Liter-Flasche, deren Label Inuit-Schriftzeichen trägt und von diesen auch umrahmt wird.

VL92

Land:
Niederlande
Markeneigner:
Joint Venture
Hersteller:
H. van Toor Jzn.
Distilleerderij B.V.

Der Rotterdamer Produktdesigner Sietze Kalkwijk wurde 2005 von Freunden nach Kirgisistan, den Staat im Hochgebirge Zentralasiens zwischen Kasachstan und China, eingeladen, wo er durch eine Verkettung von Zufällen unversehens von Regierungsbeamten zum offiziellen Berater für «Neue Technologien und Auslandsinvestoren» ernannt wurde. Während einer Diskussionsrunde mit dem Agrarminister Kirgisistans übertrug dieser ihm die Herstellung und Vermarktung eines heimischen Wodkas, den Sietze Kalkwijk in die Niederlande importierte und dort seit 2008 erfolgreich vertreibt.

Sein Warenlager befindet sich in der Destillerie van Toor in Vlaardingen (nahe Rotterdam) und dadurch ergab sich ein enger Kontakt zu deren Brennmeister Leo Fontijne. Nach Verkostung aller möglichen Gin-Sorten kamen beide überein, dass man einen eigenen Gin kreieren wolle, der das Beste aus traditionellem Gin und holländischem Genever in sich vereint. Somit wurde eine gemeinsame Unternehmung gegründet, die sich aus der seit 1883 bestehenden Destille sowie der kleinen Grafikdesignagentur «Rare Fruits Council» von Sietze Kalkwijk und Rick de Zwart zusammensetzt.

Im VL92 Gin wird somit ein Genever-typischer Malzbranntwein (siehe Kapitel «Genever») aus Gerste, Roggen und Mais als Basis genommen. Im letzten Destillationsvorgang werden unter anderem Wacholder, Angelika, Schalen der Bitterorange, Aprikosenkerne, Johanniskraut, Kümmel, Anis, Süßholzwurzel, Veilchenwurz und Koriander hinzugegeben. Auch wenn der gesamte Umfang an verwendeten Botanicals geheim bleibt, erfuhren wir ein interessantes Detail: Vom Koriander werden nicht wie üblich nur die Samen, sondern auch die Blätter in einer separaten Destillation verwendet. Dies ist ein sehr filigraner Vorgang, der großer Erfahrung bedarf, den Aufwand jedoch wert ist, weil er dem Gin einen wesentlich frischeren, offeneren Charakter mit deutlichen Zitrusnoten im Nachgeschmack verleiht. Wer ihn probiert, wird schnell feststellen, dass er ziemlich exakt die angestrebte Verschmelzung von Gin und Genever in einer geschmacklichen Sinfonie verkörpert. Daher erlauben wir uns, ihm einen neuen Titel zu geben: «Ginever».

Es gibt den VL92 in drei Variationen: XX, XY, YY.

Der oben beschriebene ist der VL92 XY, der die erste Kreation war und die favorisierte Rezeptur der Hersteller ist.

Der VL92 YY wurde im November 2013 entworfen. Er ist komplex, mit gereiftem Malzbranntwein zubereitet und enthält ungewöhnliche Botanicals, die geheim gehalten werden.

Der VL92 XX wird eine saisonale, leichtere Version des XY mit mehr Betonung auf frische Kräuter und Botanicals (im Gegensatz zu getrockneten) sowie kaum spürbarem Malzbranntweingeschmack. Man kann drauf gespannt sein.

Bleibt nur noch, das Rätsel um die Namensgebung aufzulösen. Es gab einst eine Vlaardinger Heringsfischereiflotte. Im Stadtarchiv fanden Leo und Sietze alte Aufzeichnungen von Ladungen anderer Schiffe, die Kräuter und Gewürze einfuhren und diese nicht selten gegen frischen Hering eintauschten. Von der Fischerbootflotte gibt es heute nur noch ein Boot: die Vlaardingen Nr. 92 = VL92.

Whitley Neill

Johnny Neill gründete 2005 sein Unternehmen und wartet mit einem besonderen Gin auf, der in England hergestellt wird. Obwohl diese Marke noch verhältnismäßig jung ist, so kann Johnny Neill doch auf eine traditionsreiche Familiengeschichte im Brauen und Destillieren zurückblicken, die bis in die zweite Hälfte des 18. Jahrhunderts zurückreicht. Er ist nämlich ein Nachkomme von keinem Geringeren als Thomas Greenall, der 1762 die G&J Greenall's Destille gegründet hatte, von der nur etwa eine halbe Meile entfernt Johnny geboren wurde.

Trotz der Verwandtschaft wird der Whitley Neill London Dry Gin nicht in der Greenall's Destille produziert, sondern in der Langley Distillery bei Birmingham. Den Grund dafür liefert Johnny Neill selbst: «Ich wollte die Methode des Mazerierens angewendet sehen, um dem Gin einen volleren Körper zu geben. Das konnte bei Greenall's leider nicht umgesetzt werden, da man dort den ‹Carterhead›-Destillationsapparat verwendet, in dem die Botanicals in Körben gehalten und durch den aufsteigenden Alkoholdampf die Geschmacksstoffe extrahiert werden.»

Die Inspiration für seinen Gin kam durch seine Frau, die aus Südafrika stammt. Er suchte nach einem bestimmten Botanical, das die Handschrift Afrikas am besten in sich trägt, und fand es auf einer seiner Reisen durch Afrika im symbolischen «Baobab»-Baum, auch «Lebensbaum» genannt.

Von der Baobab-Frucht werden sowohl das Fruchtfleisch als auch die Samenkörner verwendet. Das Fruchtfleisch ist extrem zitrushaltig und enthält fast sechsmal mehr Vitamin C als eine Orange. Die proteinreichen Samenkörner werden oft geröstet und als Kaffeeersatz verwendet.

Die Baobab-Wildfrucht bringt Energie in die Mischung und der bitter-süße Geschmack der Kapstachelbeere aus Südafrika vom «Kap der Guten Hoffnung» fördert das Zitruselement im Gin. Die Wacholderbeeren kommen aus der Toskana und Umbrien in Italien sowie aus Indien und werden nicht als dominierendes Botanical eingesetzt.

Spanische Zitronen und Orangen liefern die Schalen, die vor der Verwendung getrocknet werden. Angelika und Koriander werden aus Westeuropa bezogen und die Zimtkassie, die aus Südostasien eingeführt wird, bringt eine exotische Würze und wärmendes Aroma mit. Das Pulver vom Veilchenwurz

Land:
Großbritannien / England
Hersteller:
Whitley Neill Ltd.

gibt dem Gin etwas Süße, um die Schärfe der Zitrusfruchtsäuren auszugleichen. Die Botanicals werden in verschiedene Botanical-Gruppen unterteilt und jeweils einem Vorwärmungsprozess unterzogen, dem sich das Mazerieren über Nacht anschließt. Dann werden die einzelnen Gruppen separat destilliert und am Ende miteinander entsprechend vermischt, um das Endprodukt zu erhalten. Mit reinem Wasser wird der Gin nun auf eine Trinkstärke von 42% Vol eingestellt. Abschließend und ganz besonders sei hervorgehoben, dass Whitley Neill für jede verkaufte Flasche einen Anteil der «Tree Aid»-Organisation spendet (www.treeaid.org), die ländlich angesiedelte Afrikaner dabei unterstützt, die Grundbedürfnisse zu decken und das Einkommen aus Bäumen zu sichern.

Wenneker

Land:
Niederlande
Hersteller:
Wenneker Distilleries

Ein Gin aus dem Hause Wenneker, das vornehmlich für seine Genever und Liköre bekannt ist. (Eine ausführliche Firmenvorstellung und das Genever-Portfolio, das sich stark verändert hat, finden sich im Kapitel «Genever».) Der frühere Wenneker Dry Gin, der nach einer originalen Familienrezeptur hergestellt wurde, ist im Wandel der Produktpalette einer Neukreation gewichen, die Anfang 2014 auf den Markt gebracht wurde: Wenneker Elderflower Dry Gin.

Dieser Gin setzt sich aus sechs Botanicals zusammen: Wacholderbeeren, Lindenblüten, Zitronen, Orangen, Koriander und eben Holunder. Jede Zutat wird separat destilliert und die entstandenen Destillate anschließend entsprechend der Rezeptur miteinander vermengt.

Mit reinem Quellwasser wird er auf seine Trinkstärke von 40 % Vol eingestellt. Das Etikett ziert sowohl ein Wacholderzweig als auch eine Holunderblüte. Geschmacklich sind Wacholder und – man ahnt es – der Holunder dominierend.

Kistenverladung Wenneker
Schiedam, 1950er-Jahre

Windspiel Premium Dry Gin

Land:
Deutschland
Hersteller:
Eifelion GmbH

Im Jahr 2008 wurde in Daun, dem südlich der Hohen Eifel am Lieser gelegenen heilklimatischen Kurort, die Firma Eifelacker & Wald GmbH gegründet, die sich auf den Anbau sowie die Herstellung von Naturprodukten konzentrierte. Im Frühjahr 2010 wurde der Weilerhof bei Gerolstein mit 300 Hektar Forst- und Landwirtschaftsflächen hinzugekauft und im Mai 2014 die Firma in Eifelion GmbH umbenannt. Ziel und Inhalt dieser neuen Namensgebung war die Etablierung einer klangvolleren, regionalen Lifestyle-Marke.

Rebecca Mertes, Sandra Wimmeler, Denis Lönnendonker und Tobias Schwoll teilten die Vision vom naturnahen Leben und setzten diese mit ihrem Unternehmen auch in die Tat um. Ganz in diesem Sinne steht daher der Anbau der Energiepflanze Miscanthus, mit der der eigene Hof beheizt wird, wodurch man energieautark wirtschaftet. Ihr erstes Highlight kam im August 2014 in Form des Windspiel Premium Dry Gin auf den Markt.

Mit Holger Borchers, Destilliermeister aus Rockstedt in Niedersachsen, hatte man einen Partner gefunden, der die Expertise besitzt, die Kartoffeln aus eigenem Anbau zu einem hochwertigen Kartoffelbrand zu verarbeiten, ohne dabei industrielle Maschinen zu verwenden. Die Botanicals wie Wacholderbeeren, Zitronenschalen, Koriander, Lavendelblüten, Ingwer, Zimt und einige weitere handverlesene Zutaten werden jeweils einzeln mehrere Tage bzw. Wochen lang in Alkohol zum Mazerieren eingelegt, damit sich die Aromen nachhaltig voll entfalten können, bevor sie nach und nach einzeln destilliert und nochmals mehrere Wochen gelagert werden. Anschließend kommt der eben erwähnte dreifach destillierte Kartoffelbrand zum Einsatz, der den Gin besonders mild und weich macht. Jetzt werden die einzelnen Botanical-Destillate nämlich mit dem Kartoffelbrand zusammengefügt und ein viertes Mal alles gemeinsam destilliert.

Nach einer kurzen Lagerung wird der Gin auf seine Trinkstärke von 47% Vol herabgesetzt.

Abgefüllt wird der Gin in eine 0,5-Liter-Flasche mit edlem Design, das an eine alte Weinflaschenform erinnert; der Korken stammt aus den Wäldern Portugals und ist mit einem goldenen Ring sowie einer Kordel verziert.

Windspiel Premium Dry Gin ist ein klassischer, wacholderbetonter Gin mit ausgeprägten Noten von Zitrus und Koriander, wobei Pfeffer im Zusammenspiel mit Ingwer für eine gewisse «Schärfe» sorgt.

Der Name Windspiel ist auf indirekte Weise dem Preußenkönig Friedrich der Große gewidmet. Er befahl einst den großflächigen Anbau von Kartoffeln, um Hungersnöten zu begegnen. Es ist aber nicht sein «Kartoffelbefehl», der Namensvater des Gins ist, sondern seine Leidenschaft für Windhunde der Rasse Windspiel. Somit ist der Alte Fritz über einen kreativen Umweg mitverantwortlich für einen Gin aus der Eifel.

Passend zum eigenen Gin entwickelte Windspiel auch direkt ein Tonic Water mit. Mehr dazu im Artikel «Gin & Tonic».

Xoriguer

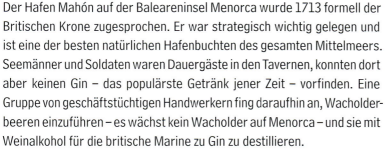

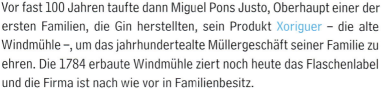

Der Hafen Mahón auf der Baleareninsel Menorca wurde 1713 formell der Britischen Krone zugesprochen. Er war strategisch wichtig gelegen und ist eine der besten natürlichen Hafenbuchten des gesamten Mittelmeers. Seemänner und Soldaten waren Dauergäste in den Tavernen, konnten dort aber keinen Gin – das populärste Getränk jener Zeit – vorfinden. Eine Gruppe von geschäftstüchtigen Handwerkern fing daraufhin an, Wacholderbeeren einzuführen – es wächst kein Wacholder auf Menorca – und sie mit Weinalkohol für die britische Marine zu Gin zu destillieren.

Vor fast 100 Jahren taufte dann Miguel Pons Justo, Oberhaupt einer der ersten Familien, die Gin herstellten, sein Produkt Xoriguer – die alte Windmühle –, um das jahrhundertealte Müllergeschäft seiner Familie zu ehren. Die 1784 erbaute Windmühle ziert noch heute das Flaschenlabel und die Firma ist nach wie vor in Familienbesitz.

Der Gin wird wie damals schon in einem holzgefeuerten Kupferdestillierapparat hergestellt. Dazu werden die Botanicals in kupfernen Körben in das Steigrohr des Brennapparates platziert. Der verwendete Weinalkohol, der weder nach Trauben noch nach Wein schmeckt, wird zuvor mit Wasser auf eine bestimmte Alkoholstärke heruntergesetzt. Infolge der Erhitzung steigen die Alkoholdämpfe auf und durchdringen die Botanicals. Dabei wird der Dampf innerhalb dieses geschlossenen Systems vorsichtig mehrfach erhitzt und abgekühlt. Erst wenn die Dämpfe mit den Aromen gesättigt sind, erfolgt die Kondensierung. Das Destillat tropft mit der erwünschten Stärke von 38% Vol und einem kräftigen Wacholderaroma direkt aus dem Apparat. Es wird abschließend für kurze Zeit in großen Eichenfässern gelagert, in denen Farbe, Geschmack und Aroma unverändert bleiben, bevor der fertige Gin in Flaschen abgefüllt wird. Die Identität und das exakte Mischungsverhältnis der Botanicals kennen nur die Erben von Miguel Pons Justo.

Xoriguer Gin ist einer der wenigen von der EU anerkannten Gins mit einer geografischen Herkunftsbezeichnung. Die Einheimischen trinken Xoriguer mit frischem Zitronensaft oder Limonade in einer Mixtur, die dort «Pomada» heißt.

Land:
Spanien / Menorca
Hersteller:
Destilerias Xoriguer

Xellent

Land:
Schweiz
Hersteller:
DIWISA Distillerie Willisau SA

1918 gründete der damals 20-jährige Hans Affentranger in Willisau, etwa 30 Kilometer westlich von Luzern im Herzen der Schweiz gelegen, eine Destille für Spirituosen, Liköre und Sirup. Zehn Jahre später wurde der Betrieb erweitert und ein Wohnhaus, ein Keller und eine Brennerei neu gebaut. 1947 übernahm sein Sohn Hans Affentranger jun. die Leitung des Familienunternehmens. Die Firma vergrößerte sich langsam, aber stetig, sodass sie schließlich 1964 in eine Aktiengesellschaft umgewandelt wurde: DIWISA. Ein Jahr darauf verunglückte Hans jun. bei einem Auslandsaufenthalt und hinterließ seine Frau mit drei Kindern, sodass vorerst andere Familienmitglieder die Firma leiten mussten. 1995 übernahm der herangewachsene Sohn Andreas Affentranger die Geschäftsleitung und 2012 wurde erstmals eigener Gin hergestellt.

Xellent Swiss Edelweiss Gin – der Basisalkohol wird aus Schweizer Roggen aus dem Napfbergland gewonnen. Die vergorene Roggenmaische wird in einem Kupferkessel mit 500 Litern Fassungsvermögen ein erstes Mal destilliert. In einer in der Schweiz einmaligen Kupferkolonne mit 45 Glockenböden wird der Rohbrand in einer zweiten Destillation gereinigt und schonend kondensiert. Nach der dritten Destillation erhält das Destillat eine Ruhephase von mehreren Monaten und wird anschließend schrittweise mit reinem Gletscherwasser vom nahe gelegenen Titlis auf eine Trinkstärke von 40% Vol gebracht.

Jetzt kommen die Botanicals hinzu. Neben den Wacholderbeeren sind dies Edelweißblüten aus Bioanbau, Zitronenmelisse und Lavendel vom firmeneigenen Gartenanbau, Holunderblüten und im Wald gesammelter Waldmeister sowie 18 weitere regionale Kräuter, die Betriebsgeheimnis bleiben. Sie werden mazeriert, anschließend ein viertes Mal destilliert und wieder mit Gletscherwasser auf 40% Vol zurückgeschraubt.

Ein ländlich-kräutriger Gin, in dem das Edelweiß die herbe Höhenluft der Schweizer Alpen geschmacklich überbringt.

XELLENT®

swiss made

swiss
Edelweiss
gin

distilled and bottled
in Switzerland
with Edelweiss and pure glacier water

40% vol 70 cl

Zuidam

Land:
Niederlande
Hersteller:
Zuidam Distillers BV

Diese Familiendestille wurde 1975 von Fred van Zuidam (sprich: Zaudam), einstmals Masterdestillateur bei einem namhaften Genever-Hersteller, gegründet, um ausschließlich exklusive Produkte herzustellen. Das etablierte Unternehmen wird heute von den beiden Söhnen Patrick und Gilbert geleitet.

Aus dem früheren Namen Zuidam Dry Gin wurde 2012 Zuidam Dutch Courage Dry Gin. Aber nicht nur der Name, sondern auch die Flaschenform, das Labeldesign und der Inhalt selbst haben sich geändert. So werden alle Botanicals separat in kleinen «Pot Still»-Brennapparaten destilliert und anschließend gemäß der geheimen Rezeptur in einem bestimmten Mischungsverhältnis mit dreifach destilliertem Getreidealkohol zusammengeführt.

Die neun Botanicals sind Wacholderbeeren, Veilchenwurz aus Italien, Koriander aus Marokko, Angelikawurzel, ganze Süßorangen und ganze Zitronen (also nicht nur deren getrocknete Schale) aus Spanien, Kardamom und ganze Vanilleschoten aus Madagaskar (mit Abstand die teuerste Zutat dieser Mischung) sowie Süßholzwurzeln aus Indien. Der Alkoholgehalt von 44,5% Vol ist hingegen gleich geblieben.

2014 ist ein weiterer Gin hinzugekommen: Dutch Courage Aged Gin 88. Er wird nach exakt derselben Rezeptur wie der oben beschriebene Gin destilliert, jedoch anschließend – wie der Name schon verrät – noch in neuen amerikanischen Eichenfässern mit 200 Litern Fassungsvermögen gelagert, was dem Gin zusätzlich einen Hauch von Würze und Vanillenoten gibt.

Des Weiteren hat Familie Zuidam einen Old Tom Gin kreiert. Mehr über diesen gibt es im Kapitel «Aktuelle Old Tom Gins».

Kapitel 3

Old Tom Gin

Anders als beim London Dry Gin gibt es für Old Tom Gin keine gesetzlich festgelegte Definition. Seit dem Beginn des Industriezeitalters stand er für einen Gin, der gesüßt wurde. In der Fachwelt wird Old Tom Gin als Bindeglied zwischen dem malzigen Genever und dem frischen London Dry Gin angesehen. Rein aus dem Blickwinkel einer Zeitleiste betrachtet, ist diese Ansicht durchaus richtig, lässt aber die völlig eigenständige Entwicklung des Old Tom Gins außer Acht, um die sich die verschiedensten Legenden ranken. Um die Hintergründe näher zu erklären und mehr Licht ins Dunkel zu bringen, bedarf es eines historischen Ausflugs.

Mysterium Old Tom

Ab wann genau Gin als «Old Tom» bezeichnet wurde, lässt sich nicht genau belegen. Versucht man die Spur dieser Namensgebung zurückzuverfolgen, so begegnen einem unterschiedliche Geschichten. Mit Gewissheit lässt sich jedoch keine davon vertreten. Die wohl wahrscheinlichste Story gibt der Eintrag im Buch «Dictionary of Phrase and Fable» von E. Cobham Brewer von 1894 wieder: «Old Tom: ein besonders starker Gin. Die Geschichte geht so, dass ein Thomas Norris, angestellt in der Hodge's Destille, im späten 18. Jahrhundert einen Gin Palace in der Great Russell Street, Covent Garden (London), eröffnet hat und den Gin, der von Thomas Chamberlain, einem der Leute bei Hodge's, zusammengestellt wurde, ‹Old Tom› nannte, um dadurch seinen alten Meister zu ehren.»

Ein Gerichtsprozess von 1903 scheint diese Version in gewissem Maße indirekt zu stützen. Der Gin-Hersteller Boord's & Sons klagte auf die Urheberrechte der Verwendung der «Katze auf dem Fass»-Darstellung auf Flaschenlabels. Ein dem Gericht vorgelegtes Labelbuch der Boord's Gins von 1849 zeigte unter anderem zwei Labels: «Old Tom» mit dem Konterfei eines alten Mannes und «Young Tom», das einen jungen Seemann zeigte.

Wie kam aber nun eine Katze auf die Old Tom Gin Labels? Der Erste, der ein Katzenbild im Zusammenhang mit Gin verwendete, war ein gewisser Captain Dudley Bradstreet (1711−1763), ein Abenteurer, der einst als politischer Spion seinen Lebensunterhalt bestritt, doch später zum illegalen Gin-Verkäufer wurde. In seiner Autobiografie «The Life and

Uncommon Adventures of Captain Dudley Bradstreet» («Das Leben und die ungewöhnlichen Abenteuer des Captain Dudley Bradstreet», 1755) beschreibt er eine von ihm erdachte Verkaufsstrategie für Gin, mit der er eine Gesetzeslücke ausnutzte. Bradstreet mietete um 1736 über einen Strohmann ein Haus in London an und montierte an einem der Außenfenster ein Schild mit dem Abbild einer Katze. Er arbeitete in das Bild ein Rohr ein, dessen schmales Ende außen in einer Tülle endete, direkt unter den Pfoten der Katze. Das nach innen ragende Ende des Rohrs war mit einem Trichter versehen. Er ließ die Kunde verbreiten, dass man bei ihm Gin über eine Katze kaufen könne. Dazu musste man sich von außen bemerkbar machen, indem man das Lösungswort «puss» («Kätzchen») sagte. Kam als Antwort «miau», wusste man, dass es schwarz verkauften Gin gab. Nun wurde ein Penny in einen Schlitz im Schild eingeworfen und mit ge- öffnetem Mund am Ausschankstutzen der Gin in Empfang genommen. Eine Idee, die sich rasch in ganz London verbreitete. An vielen Außenwänden von Tavernen signalisierten Katzenschilder, dass hier für ein paar Penny schnell ein Schluck Gin zu bekommen war. Dieser Methode des illegalen Gin-Verkaufs konnte erst per Sondererlass im Jahr 1738 ein Riegel vorgeschoben werden.

Eine amüsante Story, die die erste Form eines «Getränkeautomaten» beschreibt, jedoch als Ursprung für die Namensgebung «Old Tom» für Gin eher unwahrscheinlich ist, obwohl mancherorts behauptet wird, dies sei so gewesen, weil es sich bei der Katze um einen schwarzen Kater (englisch: «tomcat») gehandelt haben soll. Weder Captain Bradstreet selbst nannte den Gin «Old Tom», noch verwendete Ambrose Cooper diese Bezeichnung in seinem Werk «The Complete Distiller» von 1757. Das belegt sehr eindeutig, dass «Old Tom» zu dieser Zeit noch keine im Umlauf befindliche Bezeichnung für Gin war.

Machen wir an dieser Stelle einen kleinen Zeitsprung von etwa 70 Jahren und sehen uns die Zeichnung «The Gin Shop» von George Cruikshank aus dem Jahre 1829 (siehe Abb. vorige Seite) an. Cruikshank, als konvertierter Abstinenzler auf seinem persönlichen Kreuzzug gegen Alkoholkonsum unterwegs, zeigt in seinem Bild eine Familie beim Gin-Trinken. Sie steht dabei in einer überdimensionalen Bärenfalle, die Gin-Fässer sind als Särge dargestellt und der Tod kommt unbeachtet herein. Aus rein historischer Sicht ist die Beschriftung «Old Tom» auf dem großen Fass in Sargform ein Beleg dafür, dass der Name «Old Tom» im ersten Viertel des 19. Jahrhunderts als feststehender Begriff etabliert war. Was dieses Bild darüber hinaus ganz beiläufig vermittelt, ist, dass der Old Tom durch seine Abfüllung in Fässer eine eher zufällige leichte Fassreife erhielt, die unter anderem auch davon abhing, wie schnell der Ausschank vonstatten ging.

Der Gin wird gesüßt

Das Süßen des Gins wurde bisher darauf zurückgeführt, dass man die schlechte Qualität der Spirituose zu übertünchen suchte. Im ersten Moment erscheint das eine einleuchtende Aussage zu sein, besonders unter dem Gesichtspunkt, dass zu jener Zeit eine Vielzahl von Panschern am Werke war (siehe Kapitel «Historie»). Dringt man aber etwas tiefer in diese Thematik ein, drängt sich einem ein ganz anderer Grund für das Süßen auf.

Dass Gin ganz sicher nicht von Anfang an gesüßt wurde, wurde schon im

Kapitel «Historie» kurz dargelegt. Ob nun Old Tom von Anbeginn gesüßt wurde, kann nach dem aktuellen Stand der Forschung nicht klar bejaht oder verneint werden. Um der Wahrheit aber einen Schritt näher zu kommen, wollen wir uns kurz der Entwicklungsgeschichte des Zuckers in England zuwenden.

Zucker war zur damaligen Zeit ein Luxusgut, eine Kolonialware wie Kaffee, Tee und Schokolade, die dem gemeinen Volke erst im Verlaufe des 18. Jahrhunderts nach und nach zugänglicher wurde.

Allen voran war es der Tee, der sich zum Volksgetränk entwickelte. Mit dem steigenden Teekonsum wuchs gleichzeitig der Bedarf an Zucker, der ausreichend durch Importe aus den karibischen Kolonien gedeckt wurde. So kam es, dass einstige Luxusgüter zwar immer noch teuer waren, aber allmählich die gesellschaftlichen Schichten wechselten und dadurch von einem breiteren Publikum konsumiert werden konnten. An dieser Stelle ist es allerdings sinnvoll zu erwähnen, dass nur weißer, raffinierter Zucker nach wie vor ein Luxus war. Was dagegen für alle erschwinglich wurde, waren Melasse und unbehandelter Rohrzucker.

Mit der zunehmenden Verfügbarkeit des Zuckers veränderte sich auch das Ernährungsverhalten in England. Viele Speisen und Getränke wurden zunehemend gesüßt und der Zucker war aus diesen kaum mehr wegzudenken. Diese Hingabe zu allem, was süß ist, entwickelte sich zu einem neuen Merkmal des Sinnbilds dessen, was man als «typisch englisch» bezeichnete. Dieser Trend zum Süßen von allem möglichen scheint ein weitaus plausibleres Motiv für das letztendliche Süßen des Old Tom Gins zu sein als jenes, um damit einen schlechten Geschmack kaschieren zu wollen.

Old Tom in der zweiten Generation

Mit der Einführung des kontinuierlichen Brennverfahrens ab dem zweiten Quartal des 19. Jahrhunderts begannen viele Firmen in den folgenden Dekaden, parallel Old Toms und den neuen ungesüßten Stil «Dry Gin» nach der gleichen Grundrezeptur herzustellen. Der oft einzige Unterschied bestand darin, dass man dem fertigen Gin Zucker hinzufügte, um den Old Tom Gin zu erhalten.

Anfangs dominierte der Old Tom Gin deutlich und der ungesüßte Dry Gin ging hinterdrein. Als der Konsum des Dry Gins kräftig zunahm, ging er eine Zeit lang im Gleichschritt mit Old Tom. Die zunehmende Popularität des Dry Gins brachte ihm bald den Namen «London Dry Gin» ein, er überholte schließlich den Old Tom Gin und hatte ihn in der ersten Hälfte des 20. Jahrhunderts fast völlig vom Markt verdrängt. Die Produktion von Old Tom Gin hielt sich noch in vereinzelten Firmen bis in die 1960er und wurde letztlich aufgrund mangelnder Nachfrage ganz eingestellt. Das britische Unternehmen «United Distillers» hielt als einziger Hersteller in Großbritannien die Produktion von Old Tom Gin bis 1987 aufrecht.

Quintessenz: Obwohl es keine genauen Daten oder unwiderlegbare Beweise gibt, so kann man mit einem gesunden Maß an Sicherheit sagen, dass «Old Tom» in den späten 1700ern begann, sich als allgemeine Bezeichnung für Gin im täglichen Sprachgebrauch einzubürgern, unabhängig davon, ob dieser nun gesüßt oder ungesüßt war. Ab den frühen 1800ern wurde Old Tom aber überwiegend – und mit der Zeit ausschliesslich – gesüßt. Zeuge dafür ist die explizite Abgrenzung des aufkommenden Dry Gins durch den Zusatz «ungesüßt» auf den Labels, die sonst nicht nötig gewesen wäre.

Abschließend können wir konstatieren, das sich zwar ein interessanter Einblick in die Historie des Old Toms vermitteln lässt, seine genaue Geschichte jedoch auch weiterhin größtenteils ein Mysterium bleiben wird. Das heißt jedoch nicht, dass Old Tom Gins seither völlig von der Bildfläche verschwunden sind. Ganz im Gegenteil, es gibt heutzutage Firmen, die in ihren Archiven gegraben haben und alte Old-Tom-Rezepte neu aufgelegt haben; einige haben sogar gänzliche neue Old Toms kreiert. Auf den folgenden Seiten ist eine Auswahl von Old Toms präsentiert.

Weitere Marken finden Sie auf unserer Website unter www.gin-buch.de/juniperus-spirits/gin/old-tom/

Aktuelle Old-Tom-Marken

Both's Old Tom Gin ist ein vom Hause Haromex, Deutschland in Auftrag gegebener Old Tom Gin aus reinem Getreide und mit 47% Vol. Trotz des verhältnismäßig hohen Alkoholgehalts erweist sich dieser Gin als angenehm mild und präsentiert sich mit einer kräftigen und fruchtigen Süße. Seine floralen Noten dominieren, gepaart mit einem leichten Wacholdergeschmack, diesen Gin.

Um eine historische Anlehnung an Old Tom Gins zu erreichen, entschied man sich für eine besondere Paarung beim Produktnamen und dem Labeldesign. Die Namensgebung «Both's» orientiert sich stark am verschollenen Booth's Gin und das Etikett erinnert sehr an das vom Boord's Old Tom Gin aus alten Zeiten mit der Katze auf dem Fass.

Hernö Old Tom Gin aus Schweden mit 43% Vol soll mit einem Katzengesicht auf dem Etikett, das sich das Maul leckt, ganz offensichtlich zeigen, wie lecker er ist. Die acht biozertifizierten Botanicals haben daran ganz sicher ihren Anteil: Wacholderbeeren aus Ungarn, bulgarische Koriandersamen, schwedische Preiselbeeren, von Hand geschälte Zitronen, Schwarzer Pfeffer aus Indien, Zimtkassie aus Indonesien, Vanille aus Madagaskar und eine gehörige Portion Mädesüß aus Großbritannien. Nach der Destillation und Einstellung auf seine Trinkstärke werden ein Schuss Honig und etwas Zucker hinzugefügt.

Ransom Spirits ist ein in Oregon, USA ansässiges Unternehmen, dessen Portfolio sowohl die Herstellung verschiedener Spirituosen als auch die Weinherstellung umfasst.

Das Rezept für den Ransom Old Tom Gin wurde in Zusammenarbeit mit dem erfolgreichen Buchautor und Cocktailhistoriker David Wondrich entwickelt. Ransom Old Tom Gin unterscheidet sich von allen anderen Old Toms, die es derzeit auf dem Markt gibt, insofern, als dass für seine erste Destillation eine Maische aus gemälztem Korn verwendet wird, ganz wie bei der Whiskey-Herstellung. Dieses Destillat wird dann mit einem Neutralalkohol aus Getreide gemischt, in dem zuvor Wacholder, Orangen- und Zitronenschalen, Koriandersamen, Angelikawurzel und Kardamom zum Mazerieren eingelegt wurden. Abschließend wird dieses Gemisch ein weiteres Mal destilliert und auf eine Trinkstärke von 44% Vol eingestellt.

Diese Produktionsmethode bringt den Ransom Old Tom Gin näher an einen Genever heran als an einen London Dry Gin. Durch eine Fassreife wird dieser Unterschied noch weitergeführt, denn Fassreifung erhielten schon Old Toms des 19. Jahrhunderts, allerdings eher zufällig als gewollt, da sie über Ozeane und weite Strecken in Holzfässern transportiert wurden.

Das Resultat ist ein Old Tom Gin, der wirklich nichts mit den heutigen Old Toms gemein hat. Er trägt ein kräftiges Wacholderaroma in die Nase, etwas Honig und florale Noten. Ein wenig schwerflüssig, aber dennoch sanft im Mund, mit einem ordentlichen Auftritt von Kardamom, der die Geschmackssinne anfangs bestürmt. Anschließend treten angenehme Zitrustöne in Erscheinung, zusammen mit einer leichten, süßen Mälze im Abgang. Das Geschmacksbild erinnert ein wenig an gereiften Genever.

Hayman's stellt gleich zwei Neuauflagen alter Rezepte aus eigenem Hause vor. Der Hayman's 1820 Gin Liqueur ist ein Likör, der dem Old Tom Gin nachempfunden ist. Hergestellt aus 100% Getreide, wird Hayman's 1820 fünffach destilliert, dabei mit den verschiedensten Botanicals aromatisiert und auf eine Trinkstärke von 40% Vol eingestellt. Mit seinen typischen Wacholder-, Zitrus- und würzigen Aromen lässt er einen klaren Gin-Geschmack erkennen, der von einer angenehmen Süße gut und harmonisch eingekleidet wird.

Der Hayman's Old Tom Gin wird nach einem alten Originalrezept aus den Archiven der Firma hergestellt. Dieser Old Tom Gin enthält ebenfalls eine große Vielfalt an Botanicals, wartet aber mit etwas weniger Süße als sein Pendant, der 1820er, auf. Diese leichtere Abrundung durch Süße macht ihn dennoch sehr komplex, vor allem rund und sehr ausgeglichen. Die Basis bildet auch hier ein 100%iges Getreidedestillat mit 40% Vol.

Beim Zuidam Dutch Courage Old Tom Gin aus Holland wird die Basis-spirituose im zweiten Durchgang mit zehn Botanicals in separaten Vorgängen destilliert. Dazu gehören natürlich Wacholderbeeren sowie Holunder, Veilchenwurz aus Italien, Koriander aus Marokko, Angelika-wurz, Süßorangen und Zitronen aus Spanien, Süßholzwurzeln aus Indien und ganze Vanilleschoten aus Madagaskar. Nach der Vermischung der einzelnen Destillate und der Herunterwässerung auf eine Trinkstärke von 40 % Vol wird das Endprodukt für kurze Zeit in neuen amerikanischen Eichenfässern gelagert. Die Holzreifung soll ihm seine geschmackliche Authentizität verleihen, denn auch Familie Zuidam ist der Ansicht, dass Old Tom Gin in Fässern ausgeliefert, gelagert und direkt aus ihnen ausgeschenkt wurde, weil im 18. Jahrhundert Glasflaschen rar und teuer waren und Old Tom daher unweigerlich einen leichten Geschmack von Holz gehabt haben muss.

Kapitel 4

Gin-Sonderformen

Sloe Gin

Sloe Gin stellt eine eigenständige Kategorie dar und hat mit dem herkömmlichen Gin nichts gemeinsam. Gin dient hier lediglich als Basisspirituose, die mit der Schlehe («Sloe») aromatisiert wird.

Die Schlehe, auch Schlehdorn (Prunus spinosa), Heckendorn oder Schwarzdorn genannt, ist ein mittelgroßer Strauch, der bis zu drei Meter hoch werden kann. Er kommt in Europa und auch in Teilen Asiens vor und gehört zur Familie der Rosengewächse. Schlehdorn blüht ab März / April und bildet zum Herbst hin die blauen bis dunkelblauen Früchte (Schlehenbeeren). Die Schlehen werden in der Regel erst nach dem ersten Frost geerntet.

Bei der Zubereitung des Sloe Gins wird den Schlehen eine sorgfältig bemessene Menge Zucker hinzugefügt, ehe sie über einen bestimmten Zeitraum (mindestens drei Monate) in Gin mazeriert werden, um die Farbe und die Aromen aus den Beeren herauszulösen. Mitunter werden auch gern Zimt und Mandelextrakt der Mischung zusätzlich beigefügt. Nach dem Filtern zeigt sich der Sloe Gin in unterschiedlichen, meist intensiven Rottönen. Die Geschmacksfacetten von Sloe Gin reichen von fruchtig-süß bis herb, elegant und trocken.

Da es keine Bestimmungen bezüglich des Alkoholgehalts gibt, liegen die meisten Sloe Gins um die 26% Vol. Dass Ausnahmen die Regel bestätigen, zeigt der Hersteller Cadenhead's mit seinem Sloe Gin von 46% Vol.

Hier einige Hersteller, die ihren Sloe Gin zum Teil mit gleicher Flaschenform und markenidentischem Label wie ihren Gin ausstatten.

- Boudier Sloe Gin (25% Vol und 30% Vol, Frankreich)
- Filliers Sloe Gin (26% Vol, Belgien)
- Gordon's Sloe Gin (26% Vol, Schottland)
- Hayman's Sloe Gin (26% Vol, England)
- Monkey 47 Sloe Gin (29% Vol, Deutschland)
- Plymouth Sloe Gin (26% Vol, England)
- The Bitter Truth Sloeberry Blue Gin (28% Vol, Österreich / Deutschland)

Weitere Sloe-Gin-Sorten und mehr Infos zu den oben erwähnten finden Sie unter www.gin-buch.de/juniperus-spirits/gin/sloe-gins

Ferdinand's Saar Quince Gin

Land:
Deutschland
Hersteller:
Joint Venture
(siehe Kapitel «Gin-Marken»)

Schon mit dem Ferdinand's Saar Dry Gin ist man nicht den klassischen Weg des Gins gegangen, warum sollte man es dann also mit einer Sonderform des Gins anders halten? Als Vorbild diente der Sloe Gin, wobei hier allerdings nicht Schlehen verwendet werden, sondern die «goldene Frucht von der Saar» – die Quitte –, genauer gesagt die Birnenquitte aus eigenem Anbau direkt hinter der Avadis-Destille von Andreas Vallendar.

Getreu dem Grundprinzip des Sloe Gin dient bei der Herstellung des Ferdinand's Saar Quince Gin der Ferdinand's Saar Dry Gin mit den gleichen Botanicals als Basis. Die reifen Quitten werden zum Mazerieren in den Gin eingelegt. Nach einer bestimmten Zeit wird das Mazerat gepresst und gefiltert. Der auf diese Weise zugeführte Fruchtsaft der Quitten verleiht dem Quince Gin seine typische goldene Farbe und Süße. Mit der Zugabe von Zucker hält man sich etwas zurück und schafft somit eine Sonderform des Gins: Für einen Likör hat er zu wenig Zucker, aber mit seinen 30 % Vol zu wenig Alkohol, um als Gin betitelt werden zu können.

Damit aber noch nicht genug. Das Quince-Destillat wird dann noch mit Wein infundiert. Die Wahl fiel hierfür auf einen 2011er Rausch Kabinett aus dem Weingut Forstmeister Geltz Zilliken.

Der Ferdinand's Saar Quince Gin weist eine sehr interessante Balance zwischen zurückhaltender Süße und sauren Fruchtnoten auf. Abgefüllt wird er in der gleichen Flaschenform wie der Dry Gin, jedoch mit transparentem Glas, um die goldene Farbe des Quince Gin hervorzuheben.

GINIE Tropical Gin Liqueur

Land:
Deutschland
Hersteller:
Emil Scheibel Schwarzwald-
Brennerei GmbH

Im Kapitel «Gin-Marken» wurde die Brennerei Scheibel mit ihrer Geschichte und ihren Ideen bereits ausführlich vorgestellt.

Der GINIE Mystic Touch Tropical Gin Liqueur ist eine weitere Idee aus dem Hause Scheibel. Wie der Name schon verrät, handelt es sich hierbei um einen Gin-Likör, also keinen reinen Gin. Per Definition darf sich ein Destillat unter anderem erst dann als Gin bezeichnen, wenn es mindestens 37,5% Vol hat. Mit 35% Vol liegt der GINIE aber darunter.

In der Brennerei entschied man sich, etwas Neues abseits der bekannten Pfade zu kreieren. Den Anstoß dazu gab ein Gespräch zwischen Michael Scheibel und seinem Englischlehrer Anthony, der ursprünglich von den Philippinen stammt. Als sie auf das Thema Gin zu sprechen kamen, erwähnte er beinahe beiläufig, dass Gin in seiner Heimat immer gern mit der Calamansi-Frucht vermischt wird, einer Zitrusfrucht, die eine Hybride aus Mandarine und Kumquat ist. Und wer es noch nicht wusste: Die Philippinen zählen in Sachen Gin-Konsum weltweit zu den Spitzenreitern.

So griff Michael Scheibel die Idee auf, diese Frucht mit in den neuen Gin-Likör einfließen zu lassen. Man machte sich sogleich auf die Suche und musste erstaunt feststellen, dass es sie weder in Deutschland noch anderswo vorrätig lieferbar gab. Somit machte man sich auf den Weg direkt auf die Philippinen und wurde im Süden des Landes fündig. Die frischen Früchte wurden in Säcke verpackt und sehr kostenaufwendig wieder mit nach Kappelrodeck genommen, dem Heimatort der Scheibel-Brennerei.

Der GINIE Gin-Likör besteht aus drei Komponenten: Als Basis dient der OriGINal Gin des Hauses; hinzu kommen ein Zuckerauszug, der im Vorfeld mit der Calamansi angesetzt wurde, sowie ein Tonic-Auszug (nicht zu verwechseln mit dem allseits bekannten Tonic). Weitere Details der Rezeptur unterliegen dem Betriebsgeheimnis.

Wahrlich ein exotischer Gin-Likör, der mit einer sehr angenehmen Süße, leichten Wacholderaromen, dezenten Kräuternuancen und einer tropischen Zitrusfrische zeigt, was mit Gin alles möglich ist.

Damson Gin

Eine weitere kleine und feine Besonderheit ist der in Großbritannien populäre Damson Gin. Dieser wird fast ausschließlich in privaten Haushalten hergestellt und hat – wie schon der Sloe Gin – nichts mit herkömmlichem Gin zu tun.

Die Herstellung verläuft ähnlich wie beim Sloe Gin. Auch hier dient Gin als Basisspirituose, in die Zwetschgen, eine Unterart der Pflaume, eingelegt werden. Nach der Zugabe von Zucker wird der Damson Gin mindestens acht Wochen zum Mazerieren stehen gelassen. Da sich im Hausgebrauch niemand um den exakten Alkoholgehalt schert, sind hier auch keine gesicherten Angaben zu den Volumenprozenten verfügbar. Hauptsache, er schmeckt!

Das Besondere am Damson Gin: die Zwetschgen

Pimm's

Beim Pimm's N°1 handelt es sich ebenfalls nicht um einen Gin, da er sich schon allein wegen seines Alkoholgehalts von 25% Vol nicht als solcher bezeichnen dürfte. Für die Herstellung wird jedoch Gin als Ausgangsspirituose verwendet, was ihn dazu legitimiert, sich in die Kategorie der «Spirituosen mit Wacholder» einzureihen.

James Pimm wurde 1798 in Newnham, Grafschaft Kent, England als fünftes Kind eines Farmpächters geboren. Als junger Mann ging er nach London und verdingte sich dort im Schalentierhandel. Der erste Eintrag als eigenständiges Business findet sich in «Pigot's Directory» (vergleichbar mit den heutigen Gelben Seiten) von 1823 / 24, wo er als Schalentierhändler geführt wurde.

Seine später legendäre «James Pimm's Oyster Bar» in der Poultry Nr. 3, einer Hauptstraße im Bankenviertel Londons, war genau an der Stelle, wo sich 1661 noch das «Three Cranes» befand, das von Samuel Pepys – einer illustren Persönlichkeit jener Zeit – besucht wurde.

Pimm's «Oyster Bar» war ein Restaurant, das hauptsächlich Austern, Hummer und Getränke anbot. Zu seinen Gästen zählten vornehmlich Angestellte der umliegenden Geschäfte und Institutionen, wie z. B. der Bank of England, Lloyds of London und der Londoner Börse.

Sein mit Früchten und Kräutern angereichertes alkoholisches Getränk wurde zum bzw. nach dem Essen als Verdauungshilfe in Metallbechern gereicht. An sich war diese Darreichung keine Besonderheit, denn jedes Fischrestaurant jener Tage reichte zum Essen entweder Stout oder eine auf Rum basierende Hausmixtur («house-cup»). James Pimm griff jedoch den wieder in Mode kommenden Gin als Basis auf. So kam es, dass nicht nur sein Speisenangebot für sich sprach, nein, es war insbesondere seine Hausmarke, die zusehends an Beliebtheit gewann. Wann genau er seinen Pimm's N°1 Cup kreierte, ist nicht überliefert, aber 1840 gilt als das Jahr, in dem er ihn kommerziell einführte.

Durch die wachsende Popularität seines Getränks begann er später die Produktion in größerem Stil, um andere Bars damit zu beliefern. Er fertigte eine Produktionsanlage an, bei der das Getränk mithilfe von perforierten Schaufelrädern in Holzfässern gemischt, anschließend abgefüllt und durch

Land:
Großbritannien / England
Hersteller:
Pimm's Company
Markeneigner:
Diageo Plc

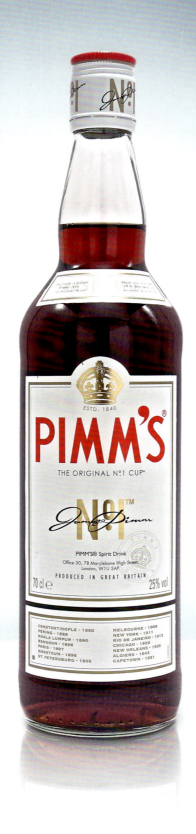

Fahrradkuriere an Bars und Gentlemen Clubs geliefert wurde. Diese Herstellungsmethode wurde bis 1946 beibehalten, als dann auch der Kork- dem Schraubverschluss wich.

Im Jahr 1865 verkaufte James Pimm das Geschäft und das Recht der Namensnutzung. Ende des 19. Jahrhunderts fand das Getränk auch Anklang in der High Society und wurde an entlegene Außenposten des britischen Königreichs verschickt. So gelangten 1898 auch ein paar Kisten Pimm's zur Erfrischung der Offiziere zur Schlacht von Omdurman im Sudan, an der Winston Churchill als junger Kavallerieleutnant teilnahm. Erst 1912 wurde Pimm's zur geschützten Marke, die seit 2006 Eigentum der Diageo Gruppe ist.

James Pimm war verheiratet und Vater von fünf Kindern. Er starb am 16. August 1866 im Alter von 67 Jahren.

James Pimm
(1798–1866)

Weitere Pimm's-Produkte sind:
- Pimm's N°2, basierend auf Scotch
- Pimm's N°3, basierend auf Brandy
- Pimm's N°4, basierend auf Rum
- Pimm's N°5, basierend auf einem Roggendestillat
- Pimm's N°6, basierend auf Wodka

Kapitel 6

Genever-
Sonderformen

Frucht-Genever

Diese Form der Genever ist, wie der Name schon sagt, ein mit Früchten versetzter Genever mit einem wesentlich geringeren Alkoholgehalt von etwa 20% Vol.

Frucht-Genever werden in den Niederlanden, Belgien sowie auch in den nordwestlichen Teilen Deutschlands hergestellt.

Überwiegend, wenn nicht sogar fast ausschließlich, werden Frucht-Genever durch das Vermengen frischer Fruchtsäfte mit einem Jonge Genever hergestellt. Das Mischungsverhältnis ist hierbei nicht vorgeschrieben.

Der bekannteste Frucht-Genever ist wohl der «Bessen Genever» mit Schwarzer Johannisbeere. Darüber hinaus gibt es aber eine Vielzahl unterschiedlicher Frucht-Genever, wie zum Beispiel mit Zitrone, Melone, Maracuja, Birne, Apfel, Kirsche, Vanille oder Schokolade.

Die Abbildung zeigt einen Zitronen-Genever aus dem Hause Filliers mit 24,2% Vol, der immer noch nach einem uralten Originalrezept aus dem kleinen Dorf Wortegemsen in Ostflandern zubereitet wird – der Legende nach die Wiege des Zitronen-Genevers.

The ORIGINAL
Wortegemsen

Echte Wortegemsen

CITROEN CITRON

Bevat 100% natuurlijke, vers geperste citroenpulp en jenever.
Contient de la pulpe de citron 100% naturelle,
fraîchement pressée et du genièvre.

GEDISTILLEERD · SPIRITUEUX

SCHUDDEN EN SCHENKEN · AGITER ET SERVIR

100cl ℮   BELGIUM   24,2% vol

Lichte Borrel

Der Begriff lässt sich relativ simpel erklären. «Lichte» heißt «leicht» und «Borrel» steht für «Getränk», ist aber im umgangssprachlichen Niederländisch auch ein Begriff für ein kleines Schnapsglas, in dem für gewöhnlich Jonge Genever serviert wird. Lichte Borrel ist somit wohl am besten mit «Leichter Drink» zu übersetzen.

Lichte Borrel ist mit seinen üblicherweise 30 % Vol kein Genever, da per niederländischem Gesetz ein Mindestalkoholgehalt von 35 % Vol vorgeschrieben ist. Man kann ihn jedoch als leichtere Version eines Jonge Genevers verstehen.

Das Herstellungsverfahren des Lichte Borrel orientiert sich an dem des Genevers, jedoch wird hierfür ein besonderes Destillat verwendet, das sich «dubbel gebeide» nennt. Darunter versteht man, dass Neutralalkohol mit einem geringen Moutwijn-Anteil zusammen mit Wacholderbeeren und weiteren Botanicals zweimal durchdestilliert wird.

Der Effekt ist simpel: ein leichteres alkoholisches Getränk, das vielen sanfter und bekömmlicher erscheint.

Hier zwei Lichte Borrel aus dem Hause Wenneker: der Olifant Lichte Borrel, in dem neben Wacholder auch Botanicals wie Angelikawurzel, Lavendelblüten und Wermutkraut verwendet werden, sowie der Smeets Lichte Borrel.

Steinhäger

Steinhäger – offiziell als «Spirituose mit Wacholder» bezeichnet, leitet sich der Name aus seinem Geburtsort Steinhagen in Westfalen ab, der den Wacholderstrauch im Stadtwappen trägt und am Südhang des Teutoburger Waldes liegt. Die genaue Geburtsstunde des Steinhägers ist nicht überliefert. Fest steht jedoch, dass bereits im 15. Jahrhundert die Steinhäger – gemeint sind die Einwohner dieser kleinen Gemeinde – auf ihren Weiden wild wachsenden Wacholderbeeren sammelten und daraus ein Wacholderbeerenextrakt herstellten, das zu vielerlei Heilzwecken angewendet wurde. Ob dieses Extrakt schon einen Branntwein als Träger hatte, ist leider nicht bekannt.

Nach dem Ende des Dreißigjährigen Krieges begann eine neue Ära des Steinhägers, als dieser Einzug in die Wirtshäuser fand. Im April 1688 erließ Kurfürst Friedrich Wilhelm von Brandenburg – als beinahe letzte Amtshandlung, denn er starb Anfang Mai – ein «Kommerzial-Edikt», das starke Einschränkungen des Kornbrennens beinhaltete, von denen die Steinhagener Brennereien aufgrund der gesundheitsfördernden Wirkstoffe ihres Wacholderbrandes ausdrücklich ausgenommen waren.

1766 wurde erstmals mit der gewerbsmäßigen Herstellung des Steinhägers begonnen. Zwischen Geburt und Taufe lag also über ein Vierteljahrtausend! Der Steinhäger wurde in Holzfässern, sogenannten Ankern, oder in Tonkrügen mit Henkel verkauft.

1989 wurde dem Steinhäger per EG-Verordnung die geschützte geografische Herkunftsbezeichnung verliehen und er stellt somit eine eigenständige Spirituosenkategorie dar.

Bei der Herstellung werden ausgesuchte Getreidesorten geschrotet und daraus Kornalkohol destilliert, parallel werden Wacholderbeeren vergoren und ebenfalls destilliert. Das daraus entstandene Zwischenprodukt Wacholderlutter wird jetzt mit dem Getreidealkohol vermischt und sorgfältig ein weiteres Mal destilliert. Vor diesem letzten Destilliervorgang dürfen keine anderen Aromastoffe außer einer geringen Menge von Wacholderbeeren hinzugesetzt werden. Dieses Steinhäger-Destillat von ca. 75% Vol wird am Ende mit Wasser auf die gewünschte Trinkstärke eingestellt, gefiltert und abschließend gelagert.

Traditionell wird Steinhäger noch heute größtenteils in Tonkrugflaschen abgefüllt, die man in Westfalen «Kruke» nennt. Von den ehemals etwa zwanzig Steinhäger-Brennereien in Steinhagen existieren heute nur noch drei.

Schlichte

Die Firma Schlichte gehört seit jeher zu den wichtigsten Steinhäger-Pro-
duzenten und ist mit Abstand der älteste. Als Gründungsjahr der Firma
Schlichte gilt das Jahr 1766. Sie war auch die erste Brennerei, die im Jahr
1840 die industrielle Fertigung des Steinhägers aufnahm.

Seit 1989 bildet die H. W. Schlichte Steinhäger- und Kornbrennerei zusammen mit der Westfälischen Kornbrennerei Friedrich Schwarze den
Firmenverbund Schwarze und Schlichte Markenvertrieb GmbH & Co. KG.
Für den Original Schlichte Steinhäger werden nur ausgesuchte Wacholderbeeren vergoren und destilliert. Das Steinhäger-Destillat wird mit Wasser
aus dem eigenen Brunnen auf eine Trinkstärke von 38% Vol herabgesetzt.
Traditionell kommt er in Tonkrugflaschen, ist aber auch in grünen Glasflaschen erhältlich.

Schlichte Urbrannt – ein Steinhäger der besonderen Art. Er ist eines der
ältesten Destillate deutscher Brennkunst und wird nach einer uralten
Rezeptur in aufwendiger Herstellungsweise erzeugt.

Ebenfalls dreifach destilliert und fassgelagert hat er mit seinen 38% Vol
einen milden Charakter und eine abgerundete Wacholdernote. Auch der
von Hand gefertigte Tonkrug mit Prägung verleiht ihm eine unverkennbare
Ursprünglichkeit.

Land:
Deutschland
Hersteller:
H.W. Schlichte

Fürstenhöfer

Land:
Deutschland
Hersteller:
Robert H. Günther Brennerei
«Zum Fürstenhof»
Markeneigner:
Kisker Brennereien GmbH

Fürstenhöfer Steinhäger war ursprünglich ein Produkt der Robert H. Günther Brennerei «Zum Fürstenhof», die 1955 an die Kisker Brennereien GmbH verkauft wurde, welche 1732 in Halle (Westfalen) von Senator Johann Anton Kisker gegründet wurde und sich noch heute in achter Generation in Familienbesitz befindet.

Nach dem Originalrezept von 1909 des Gründers der Brennerei «Zum Fürstenhof» muss der Fürstenhofer Steinhäger aufgrund der geografischen Herkunftsbezeichnung auch weiterhin in der Brennerei in Steinhagen hergestellt werden.

Im traditionell aufwendigen Verfahren werden Wacholderbeeren, Getreidealkohol und Wasser zweifach destilliert. Der Fürstenhöfer Steinhäger hat eine milde Wacholdernote und seine Trinkstärke beträgt 38% Vol. Er wird in einen braunen Tonkrug abgefüllt.

Aus dem gleichen Hause kommt ein recht ungewöhnliches Produkt. Schwarzer Fürst ist eine Spezialität aus einem Mazerat mit vielen verschiedenen Kräutern, welche die charakteristische dunkle (schwarze) Farbe hervorrufen.

Abgefüllt wird dieser Steinhäger, der gekühlt am besten schmeckt, in einen originellen weißen Tonkrug, der einen guten Kontrast zum schwarzen Inhalt bildet. Sein Alkoholgehalt beträgt 38% Vol.

FÜRSTENHÖFER

Steinhäger

ROBERT H. GÜNTHER
BRENNEREI ZUM FÜRSTENHOF
STEINHAGEN / WESTFALEN

e 0,7 l   38%vol

DEUTSCHES ERZEUGNIS

4 074900 601113

SCHWARZER

Fürst

AUS
STEINHAGEN

Nach einem überlieferten
altbewährten Rezept in Steinhagen
meisterlich gebrannt.
Er ist von vorzüglicher Qualität und
wohltuend-bekömmlich.
Eisgekühlt schmeckt er am besten.

Likör   38% VOL   0,7 l

Fürstenhof-Brennerei
STEINHAGEN IN WESTFALEN

DEUTSCHES ERZEUGNIS

Schinken-häger

Land:
Deutschland
Hersteller:
H.C. König Brennerei
Markeneigner:
Private Kornbrennerei H. Heydt

Die Familie König wollte ihr Produkt «Steinhäger Urquell» nachhaltig von anderen Steinhägern unterscheiden. Dazu wurde ein Etikett mit Stillleben kreiert, das ein deftiges westfälisches Frühstück mit Pumpernickel, Schinken, Radieschen, einem Glas Steinhäger und dem Krug daneben abbildet. Die Abbildung des Schinkens auf dem Label verband sich allmählich so eng mit diesem Steinhäger, dass H. C. König seine Stammmarke «Steinhäger Urquell» in «Schinkenhäger» umtaufte. Seine Trinkstärke beträgt 38% Vol.

Der Urkönig Schwarzer Häger ist ein weiteres Produkt aus der Brennerei König. Diese wiederentdeckte Spezialität wird nach dem uralten Rezept des Heinrich Christoph König mit Schwarzen Wacholderbeeren hergestellt. Er wird mit einem Alkoholgehalt von 35% Vol in eine schwarze Steinkrugflasche abgefüllt und hat einen herzhaft-würzigen Geschmack.

Kapitel 8

Wacholderbrände

Als Grundstock für Wacholderbrände werden neben Neutralalkohol zwei unterschiedliche Halbfabrikate verwendet: Wacholderlutter oder Wacholderdestillat.

Bei der Ansetzung von Wacholderlutter werden Wacholderbeeren für die Maische grob zerkleinert. Durch die Zugabe von Hefe wird mit dem in den Wacholderbeeren enthaltenen Zucker die Gärung in Gang gesetzt. Bedingt durch den hohen Anteil an ätherischen Ölen gilt die Wacholderbeerenmaische als schwer gärfähig, weshalb eine lange Gärzeit ansteht, oft bis zu 14 Tagen. Beim Gärungsprozess kommt es nicht allein darauf an, den Zucker möglichst vollständig in Alkohol umzuwandeln, sondern vielmehr auch darauf, die Aromen der Wacholderbeeren zu konservieren. Anschließend wird die Wacholdermaische destilliert, um den sogenannten Wacholderlutter von ca. 15% Vol zu erhalten. Dieser kann auch ein weiteres Mal rektifiziert werden, um ein höherprozentiges Destillat zu erzielen.

Die Herstellung von Wacholderdestillat gestaltet sich etwas einfacher. Hier werden unvergorene Wacholderbeeren mit einem Alkohol-Wasser-Gemisch vermengt und nach einer bestimmten Ziehzeit zwei- bis dreimal durchdestilliert. Nach Abtrennung von Vor- und Nachlauf erhält man das fertige Wacholderdestillat.

Der eingangs genannte Neutralalkohol kann landwirtschaftlichen Ursprungs oder ein reines Korndestillat oder eine Mischung aus beidem sein. Für das Endprodukt wird abschließend dieser Neutralalkohol mit entweder Wacholderdestillat oder Wacholderlutter oder gar beiden vermengt. Ein Zusatz von Wacholderöl ist zu keinem Zeitpunkt zugelassen, jedoch können zum Beispiel Kräuter, Gewürze und Schalen von Zitrusfrüchten hinzugefügt werden, wobei der Wacholdergeschmack wahrnehmbar bleiben muss.

Der Alkoholgehalt eines Wacholderbrandes muss mindestens 32% Vol betragen. Hat ein Wacholderbrand 38% Vol oder mehr, so darf er sich als Doppelwacholder bezeichnen.

Eversbusch

Im Jahre 1780 kam der Bäcker Johann Christoph Eversbusch nach Haspe und begann, das Korn nicht nur für seine Backwaren zu verwenden, sondern daraus Schnaps zu brennen. Sein Sohn Peter erlernte während der Befreiungskriege von der napoleonischen Fremdherrschaft die Herstellung von Wacholderschnaps. 1817 wurde eine eigene Wacholderbrennerei gebaut, die die industrielle Revolution sowie beide Weltkriege überlebte und seit 2009 unter Denkmalschutz steht. In ihr befinden sich heute unter anderem die Büros des in sechster Generation von den Brüdern Christoph und Peter Eversbusch geführten Familienbetriebs. Destilliert wird hingegen in der 1907 neu errichteten Brennerei.

Der Eversbusch Doppelwachholder wird noch immer nach der bis heute unveränderten Rezeptur hergestellt. Interessant ist, dass seit mehreren Generationen die toskanischen Wacholderbeeren vom selben Importeur bezogen werden.

Durch mehrfache Destillation in einer Brennblase von 1817 erhält er seinen Alkoholgehalt von 46% Vol, wonach er in Steinkrügen von 0,2 bis 3 Liter abgefüllt wird.

Besonders hervorzuheben ist ferner der Umweltschutz, dem sich die Familie verschrieben hat. So wird zum Beispiel seit Oktober 2014 einzig Ökostrom genutzt, der zu 100 Prozent aus Wasserkraft hergestellt wird. Übrigens ist das doppelte «h» im Eversbuscher «Doppelwachholder» kein Schreibfehler, sondern ein traditionelles Element, das aus alten Tagen beibehalten wurde.

Land:
Deutschland
Hersteller:
Aug. Eversbusch oHG

Heydt

Land:
Deutschland
Hersteller:
Private Kornbrennerei H. Heydt

Die Private Kornbrennerei H. Heydt wurde 1860 in Haselünne im niedersächsischen Emsland von Heinrich Heydt gegründet. Das heute ca. 60 Mitarbeiter umfassende Unternehmen hat eine breite Produktpalette, die zusätzlich durch Firmenübernahmen erweitert wurde, darunter z. B. Marken wie Schinkenhäger und Wippermann. Die drei Wacholderbrände Heydt Wacholder, Wippermann Wacholder und Wippermann Wacholder mit Boonekamp haben durchgängig 32% Vol.

Schwarze

Die Firma Schwarze, die seit 1989 mit der H.W. Schlichte Brennerei den Firmenverbund Schwarze und Schlichte Markenvertrieb GmbH & Co. KG bildet, fand bereits 1664 als «Joan Swartes Hof und Brennhaus» erste urkundliche Erwähnung und befand sich in Westkirchen im Münsterland. 1738 zogen dessen Enkel mit der Brennerei ins benachbarte Oelde um, wo sie heute noch steht und in zwölfter Generation in Familienbesitz ist. Schwarze Wacholder wird nach überlieferter Herstellungsmethode sorgfältig mit Wacholderbeeren destilliert. Mit seinen 34% Vol weist er einen milden, wacholdertypischen Geschmack auf.

Der Uerdinger Doppelwacholder, hergestellt von der Melcher & Co. KG in Uerdingen, gehört ebenfalls zum Produktportfolio. Ein fein-würziger Doppelwacholder vom Niederrhein von ausgeprägter Milde, der noch heute nach einer überlieferten Familienrezeptur mit Sorgfalt destilliert wird.

Zum Abschluss der Produktpalette von Schwarze und Schlichte noch eine kleine Besonderheit: In der seit 1775 bestehenden Hulstkamp-Brennerei in Steinhagen wird der Hulstkamp hergestellt. Es handelt sich hierbei um eine Korn-Wacholder-Spezialität mit 34% Vol. Die Besonderheit ist, dass der fertige Wacholderbrand noch ein drittes Mal destilliert wird und dabei zusätzlich noch einmal Wacholderbeeren mitverarbeitet werden.

Land:
Deutschland
Hersteller:
Diverse
Markeneigner:
Schwarze und Schlichte
Markenvertrieb GmbH & Co. KG

Kisker

Land:
Deutschland
Hersteller:
A.W. Kisker GmbH & Co. KG

Das Familienunternehmen A.W. Kisker GmbH & Co. KG wurde im Jahr 1732 von Johann Anton Kisker im westfälischen Halle gegründet und wird bis heute als Familienunternehmen in der achten Generation geführt. 1999 wurde das in den 50er-Jahren gespaltene Unternehmen wiedervereint.

Auf's Blatt Berghirsch Wacholder wird vor allem im Lipper-, Münster- und Sauerland geschätzt. Seine Wacholdernote ist kräftig und das Etikett ziert der mächtige Berghirsch, weshalb er wohl auch in Jägerkreisen beliebt ist (32% Vol).

Schliepsteiner Wacholder – seinen Namen hat er von einem der vier Stadttore, die im 15. Jahrhundert im heutigen Bad Salzuflen errichtet wurden. Diese regionale Spezialität gibt es daher vornehmlich im Lipperland (32% Vol).

Kisker Wacholder – das Firmen-Flaggschiff der Kisker Wacholderbrände. Die einst reich mit Wacholderbeeren gesegneten Hänge vor Halle sind dichtem Buschwerk gewichen, weshalb statt der einheimischen jetzt toskanische Wacholderbeeren verwendet werden. Seine Trinkstärke beträgt 32% Vol.

Haller Baum Doppel-Wacholder ist eines der Traditionsprodukte des Hauses, das Ende des 19. Jahrhunderts kreiert wurde und dessen Etikett 1955 vom Haller Kunstmaler Sigmund Strecker (1914–1969) gestaltet wurde. Bei 38% Vol Alkoholgehalt hat er eine milde Wacholdernote.

Wacholder mit Boonekamp – der Name sagt schon, was er enthält: eine Mischung aus Wacholder und Kisker Boonekamp. Somit kommt zur Wacholdernote der Geschmack von vielen Kräutern sowie eine braune Färbung bei traditionellen 32% Vol.

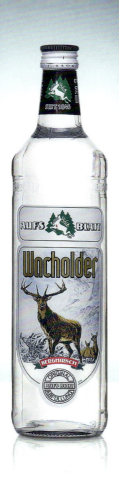

Noordkorn

Land:
Deutschland
Hersteller:
Brennerei Hubertus Vallendar
GmbH & Co. KG
Markeneigner:
Das Kontor, Inh. Matthias Fuchs

Norden – eine den ostfriesischen Inseln gegenüberliegende Stadt, die einst für ihren Schnaps «Doornkaat» bekannt war, sollte wieder ein unverwechselbares Produkt bekommen. Das war die Idee von Matthias Fuchs, Inhaber von «Das Kontor», der sich hierfür als Partner die Brennerei Hubertus Vallendar in Kail an der Mosel wählte. Mit der Festlegung der Flaschenform wurde auch der Name «Noordkorn» kreiert und im doppelten «O» verbirgt sich eine Hommage an jenen (dort) unvergessenen «Doornkaat». Der ortsansässige Künstler Ole West wurde mit der Etikettgestaltung beauftragt und somit waren alle Komponenten beisammen, um den «Noordkorn» im Dezember 2005 als Produkt mit regionaler Identität feierlich einzuführen.

Der Noordkorn ist im eigentlichen Sinne der Kategorie Gin zugehörig. Als Basis wird ein extrafeiner Getreidealkohol verwendet. Die Wacholderbeeren kommen aus den italienischen Apenninen, werden im Kornalkohol acht bis zehn Tage lang mazeriert und anschließend mit den weiteren Botanicals in einer Feinbrennanlage destilliert. Diese zweite Destillation erfolgt sehr langsam, um die feinen Aromen der Beeren zu erhalten.

Zum Herabsetzen der Trinkstärke auf 40 % Vol wird Quellwasser aus der Eifel genommen. Der Noordkorn besitzt einen ausgeprägten Duft und Geschmack von reifen Wacholderbeeren und dezenten Zitrusaromen.

Die Produktion des früheren Wacholdergeists «Noorder» wurde nach 2012 eingestellt.

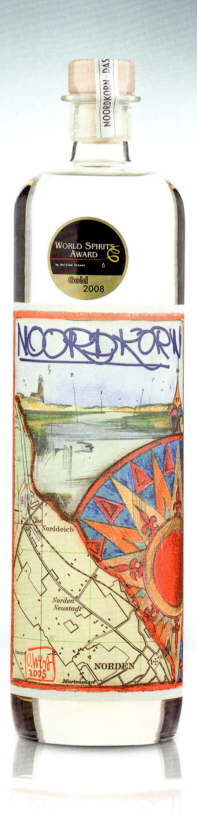

Borovička

500ml ŽUFÁNEK 45% vol.

OMG Borovička

Land:
Tschechische Republik
Hersteller:
ŽUSY s.r.o. Distillery Žufánek

Die noch relativ junge Obstbrennerei der Familie Žufánek, über die etwas ausführlicher im Kapitel «Gin-Marken» berichtet wird, legte ihren Grundstein im Jahr 2000.

Da kommt es nicht überraschend, dass neben Sliwowitz, diversen Obstbränden und Likören im September 2011 auch ein Borovička – das Nationalgetränk der Tschechen und Slowaken – ins Portfolio kam.

OMG Borovička (45% Vol) ist ein Wacholderbrand, der durch Dampfinfusion und ohne Zugabe von Zucker oder künstlichen Geschmacksstoffen destilliert wird. Mehr wird über Herstellung und Rezeptur seitens der Destille nicht verraten, aber das ist auch nicht nötig. Viel wichtiger ist, dass sein überwältigendes Wacholderaroma einem förmlich frisch blühende Nadelholzwälder in den Mund trägt, ohne dabei im geringsten beißend zu wirken. Weich, rund, wuchtig und langer Nachgeschmack.

Wer sich also etwas Besonderes gönnen will, der ist mit diesem Wacholderbrand gut beraten.

Stobbe's Machandel

Land:
Deutschland
Hersteller:
Marder Edelbrände
Markeneigner:
Uta Stobbe

Der aus einer holländischen Mennonitenfamilie stammende Peter Stobbe (1751–1823) erwarb 1776 eine Liegenschaft in Tiegenhof, unweit von Danzig im damaligen Westpreußen, und legte den Grundstein für eine Machandel-, Branntwein- und Likörfabrik.

Nach einem geheimen Rezept, das aus Holland stammte, begann er, einen besonderen Wacholderbrand herzustellen, den er Stobbe's Machandel nannte. Stobbe als Familienname ist klar, aber weshalb «Machandel»? Es ist schlicht das niederdeutsche Wort für «Wacholder».

Mit der Zeit erlangte das Geschäft überregionale Bedeutung, sodass 1862 Hermann Stobbe nicht mehr im Keller seines Hauses destillieren konnte und stattdessen ein Fabrikgebäude an der Tiege, die gleich hinter seinem Haus entlangfloss, bauen ließ und ein Jahr später den ersten Dampfkessel zur Destillation aufstellen konnte. 1897 wurde Stobbe's Machandel als geschützter Markenname eingetragen. Bernhard Stobbe war in sechster Generationen der letzte Eigentümer und auch Lieferant der deutschen Wehrmacht während des Zweiten Weltkriegs. Das Kriegsgeschehen brachte den vollständigen Verlust der Firma mit sich und führte ihn selbst darüber hinaus noch in russische Kriegsgefangenschaft. Seine Frau konnte wichtige Firmenunterlagen sowie das Rezept retten, und als er nach seiner Entlassung 1949 zu seiner Familie nach Oldenburg zurückkehrte, war es ihm möglich, die Firma als Heinrich Stobbe KG neu zu gründen. Die Abfüllung des Machandels erfolgte wie zuvor in Flaschen, die an eine kleine Tonne erinnerten, aber leider aus wirtschaftlichen Gründen ab 1960 nicht weiter hergestellt werden konnten. Widrige Umstände veranlassten Bernhard Stobbe, die Firma 1969 zu verkaufen. Nach mehreren Besitzerwechseln wurde die Herstellung von Stobbe's Machandel eingestellt und nur noch die Restbestände verkauft.

Rechte Seite: Ursprüngliche
Tönnchenform bis 1960
Nächste Seite: Heutige
Flaschenform

1999 wurde die Berentzen Gruppe neuer Markeninhaber und vergab eine Herstellerlizenz an die GEV Marken Horst GmbH & Co. KG, die den Stobbe vom Auftragsabfüller Heinz Eggert GmbH & Co. KG in Bad Bevensen nach

Wacholder-
brände

alter Rezeptur herstellen ließ und mit neuem Flaschendesign ausstattete. Ende 2014 fand der Stobbe Machandel seinen Weg zurück in Familienhände, als seine Eigentumsrechte von der Berentzen Gruppe an Uta Stobbe verkauft wurden, die eine direkte Nachfahrin des Firmengründers Peter Stobbe ist, allerdings aus dem Zweig seines zweiten Sohnes, Erdmann Stobbe.

Die Rezeptur des Stobbe Machandel ist und bleibt geheim. Eine Besonderheit im Herstellungsprozess bildete früher das Filtrieren des Destillats, indem es in Fässer gefüllt wurde, in denen Kiesschichten aufgehäuft waren. Fuselöle und andere ungewollte Rückstände blieben am Kies hängen, sodass am unteren Ende die fertige Spirituose aufgefangen wurde. Dieses Verfahren wird heutzutage natürlich nicht mehr angewendet.

Getrunken wurde der Machandel in den alten Tagen, indem man eine aufgespießte Backpflaume mit Kern vorsichtig zerkaute, diese im Mund behielt, den Stein in die Backentasche verschob und dann mit Machandel die Pflaume herunterspülte. Der Stein kam ins leere Glas und das Holzstäbchen wurde über dem Glasrand geknickt.

Die Rezeptur des Stobbe's Machandel wurde jetzt durch dessen neue Besitzerin in Zusammenarbeit mit der Schwarzwälder Destille Marder Edelbrände weiterentwickelt und unter Zugabe weiterer Botanicals wie Bergamotte und Johannisbeere in einen London Dry Gin verwandelt. Die Herstellung des ursprünglichen Machandels ist eingestellt worden, er wird nur noch auf spezielle Anfragen hin produziert. Das Label ist an den alten Machandel angelehnt; die Flaschenform ist jedoch neu (siehe Abbildung). So bekommt einer der ältesten Wacholderbrände deutscher Abstammung nach 240 Jahren ein neues Gesicht.

Kapitel 9
Gin & Tonic

Kaum eine Spirituose hat sich in Verbindung mit einem Softdrink so gewaltig entwickelt und so abwechslungsreiche Möglichkeiten geschaffen wie der Gin mit dem Tonic. Dieses Mixgetränk hat sich förmlich zu einem Lifestyle-Emblem der Neuzeit entfaltet. Mit dem Erscheinen zahlreicher neuer Gins war es nur eine Frage der Zeit, bis sich auch neue Tonics dazugesellen und dadurch viele individuelle Kombinationen ermöglichen. War einst mit der Bestellung eines Gin Tonic die Order klar, da das Gros der Bars und Restaurants nur eine sehr geringe Auswahl an Gins hatte, vom Tonic ganz zu schweigen, ist das heutzutage mit viel mehr Interaktionen verbunden, da die Auswahl um ein Vielfaches mannigfaltiger geworden ist.

Die Historie des Tonics und des Gin Tonics hier mit all ihren Facetten aus verschiedenen ineinander greifenden Entwicklungsabläufen darzulegen und Legenden von Fakten zu trennen, ist ein weitreichendes Forschungsthema, das den Rahmen hier aber völlig sprengen würde. Wir werden unsere Forschungsergebnisse jedoch auf unserer Website www.gin-buch.de publizieren.

Konzentrieren wir uns also auf das Wesentliche dieses Artikels: die Vielfallt an Gins und Tonics. Sie sind dazu bestimmt, dass man für sich ausprobiert, welche Kombination einem gefällt und welche nicht. Dazu gehören nicht nur die Wahl des Gins und des Tonics, sondern auch das Mischungsverhältnis sowie die Zugabe weiterer Aromaträger wie Früchte, Kräuter und dergleichen. Doch bevor Sie aus Ihrem Gin Tonic ein Sammelsurium verschiedener Zutaten machen (lassen), möchten wir eindringlich empfehlen, Ihr Mixgetränk, das ja bereits aus zwei aromatischen Komponenten besteht, ganz ohne jegliche Zusätze zu probieren. Sollte dem einen oder anderen dann doch noch danach sein, seinem Gin Tonic einen zusätzlichen Twist zu verabreichen, so stehen dafür einen Vielzahl natürlicher Aromaträger bereit.

Hier ein paar grundlegende Tipps dazu:

- Bereits sehr aromatische Gins benötigen in der Regel keine weiteren Kräuter, Blüten, Gewürze etc.
- Bei Zitronen, Limetten, Orangen, Mandarinen und Grapefruits eignen sich am besten die Zesten der Schale.
- Blüten und Blütenblätter wie z. B. Rosen, Lavendel und Malven bieten nicht nur optische Freude, sie beinhalten auch sehr interessante Aromen.
- Selbst die Salatgurke, von der ein paar Scheiben genügen, kann ihren Platz finden.

- Frische Kräuter wie Rosmarin, Salbei, Basilikum, Minze und Zitronen-thymian können einen mediterranen Twist einbringen.
- Ein paar Tropfen von Cocktail-Bitters bewirken mitunter Wunderbares.
- Und haben Sie schon einmal eine kleine Prise Meeressalz oder gar Rauchsalz in einem Gin Tonic ausprobiert?

Für was auch immer Sie sich entscheiden mögen, probieren Sie Ihren Gin Tonic erst pur so, wie er ist, damit Sie auch herausschmecken, wie die Zugabe bestimmter Ingredienzien das Geschmacksbild verändert.

Tonic

Das Angebot an Tonics hat sich immens vergrößert und ist in den letzten Jahren durch sehr interessante Neuheiten bereichert worden. Wir stellen hier die bekanntesten Tonic-Marken vor, die sich dank ihrer internationalen Popularität auch in hiesigen Gefilden finden lassen.

Einige davon werden in verschiedenen Inhaltsgrößen vertrieben, die von 0,2 bis hin zu 1 Liter reichen. Um die Perlage des Tonics, die bekanntlich mitverantwortlich für das Frischegefühl des Drinks ist, nicht durch lange Lagerung nach Öffnung der Flaschen zu verlieren, empfiehlt sich der Gebrauch von kleinen Flaschengrößen.

Welches Tonic aber nun zu welchem Gin?

Es ist eine Wissenschaft oder gar eine Philosophie für sich. Probieren Sie aus, lassen Sie sich Kombinationen empfehlen – nichts ist in Stein gemeißelt. Dennoch möchten wir Ihnen einige Wegweiser an die Hand geben, welches Tonic zu welcher Gin-Richtung passen würde.

Auf unserer Website www.gin-buch.de werden wir mehr über die Historie der einzelnen Tonic-Hersteller und deren Portfolio berichten.

1724

Ein südamerikanisches Tonic, an dessen Gestaltung, Herstellung und Vertrieb gleich mehrere Länder beteiligt sind. In Peru wird auf exakt 1.724 Höhenmetern über dem Meeresspiegel das Chinin vom Chinarindenbaum per Hand geerntet. In Argentinien finden die weitere Verarbeitung und die eigentliche Herstellung statt.

1724 Tonic Water ist ein subtil fruchtiges Tonic mit Aromen von Orange und Mandarine, die von einem leicht bitteren Unterton des Chinins und einer gut abgestimmten Süße begleitet werden. Die leicht herbe Chinin-Note macht sich erst spät durch einen trockenen Geschmack bemerkbar. Der kräftige Kohlensäuregehalt sorgt für ein feinperliges Tonic.

Wacholderlastige und frische Gins, deren Alkoholgehalt etwas höher eingestellt ist, zeigen sich als passende Gefährten.

Land:
Argentinien
Markeneigner:
Global Premium Brands
(Spanien)

Aqua Monaco

Land:
Deutschland
Hersteller:
Aqua Monaco GmbH

Seit 2011 füllt das Münchner Unternehmen nicht nur Wasser in ihre Flaschen, sondern auch verschiedene Limonaden. Mit dem Schwan als Logo soll eine Assoziation zu Bayern und seiner Geschichte rund um König Ludwig II. geweckt werden, obschon der Produkt- und Firmenname diesem Ziel ein wenig im Wege steht.

Beim Tonic Monaco wird neben natürlichen Zutaten auch Wert auf eine gewisse Zuckerreduzierung gelegt. Geschmacklich zeigt es eine gut dosierte, herbe Chinin-Note, begleitet von leichten Zitrustönen und ansprechendem Kohlensäuregehalt, der sich in einer feinen Perlage niederschlägt.

Nicht unbedingt ein Tonic, das zu allen Gin-Sorten passt, sondern eher zu solchen, die etwas fruchtiger, floraler und nicht zu trocken sind.

Golden Monaco Extra Dry Tonic enthält kaum Zucker und gewährt somit dem Chinin sowie den Zitrusnoten mehr Klarheit. Die Perlage der Kohlensäure ist auch hier gut eingestellt.

Dieses Tonic eignet sich mehr für florale und dezente Gins, da es sich sehr trocken gibt.

Doctor Polidori

Land:
Deutschland
Hersteller:
Capulet & Montague Ltd.

Der legendäre Lebemann Lord Byron schätzte seinen Leibarzt Doctor Polidori nicht nur als seinen Reisebegleiter und engen Vertrauten, sondern auch – und vor allem – wegen seiner alchemistischen Rezepturen. Grund genug für die Macher des Ferdinand's Gin, diesen Doktor zum Namensgeber ihrer beiden Tonics zu machen.

Das Dry Tonic setzt sich aus natürlichen Kräuteressenzen wie Basilikum, Thymian, Kubebenpfeffer, Wacholderbeeren sowie Blüten und erfrischenden Zitrusfrüchten zusammen, wodurch es ein dezentes, kräutrig-florales Aromaprofil erhält. Der reduzierte Zuckeranteil sorgt für ein trockenes Tonic mit einer gut eingebundenen Kohlensäure. Würzige, florale sowie zitrusbetonte Gins lassen sich hierzu empfehlen.

Cucumber Tonic – mit diesem außergewöhnlichen, stark prickelnden Tonic sorgt man für neue Akzente, denn durch das zusätzliche Einarbeiten eines natürlichen Gurkenextrakts wird eine vegetative Aromatik erlangt, die ein neuartiges, erfrischendes Erlebnis mit sich bringt.

Für all jene, die ihren Gin schon immer gern mit etwas Gurke getrunken haben, gibt es hier nun ein passendes Tonic.

Fever-Tree

Land:
Großbritannien
Hersteller:
Fevertree Ltd.
Markeneigner:
Marken- und Vertriebsrechte
sind international verteilt

Diese Tonics legen die Messlatte sehr hoch und werden ihrer Premium-Definition in vielerlei Hinsicht gerecht. «Warum stellt man Premium-Spirituosen her und überdeckt deren Geschmack dann mit zweitklassigen Mixern?» – diese Frage stellte sich Fever-Tree und liefert darauf die passende Antwort.

Premium Indian Tonic Water – sehr gute Abstimmung der pflanzlichen Aromen, die mit einer leichten, herben Chinin-Note und einem Hauch von Zitrone abgerundet werden.

Nicht übermäßig süß und mit einer feinperligen Kohlensäure erweist sich dieses Tonic als wahrer Allrounder für fast alle Gin-Typen und lässt dem jeweiligen Gin volle Entfaltungsmöglichkeit.

Mediterranean Tonic Water – durch den reduzierten Chiningehalt kommen die mediterranen Aromen von Thymian und Rosmarin gemeinsam mit frischen Zitrustönen gut zur Geltung.

Nicht zu süß und mit dem gleichen Kohlensäuregehalt wie das Indian Tonic passt es jedoch nicht zu allen Gin-Typen. Leichtere Gins sowie solche mit mediterranen Nuancen wären hier eher zu empfehlen.

Elderflower Tonic Water – wie der Name schon verrät, wird in diesem Tonic Holunderblüte mit eingebracht. Es ist ein florales und sanftes Tonic, das sich zusätzlich durch eine angenehme Süße, eine milde Bitternote und einen fruchtig-frischen Geschmack auszeichnet. Auch dieses Tonic wartet mit einer feinperligen Kohlensäure auf.

Leichte und florale Gin-Sorten wären eher die Zielgruppe für dieses Tonic.

Naturally Light Tonic – 50 Prozent weniger Kalorien, das heißt, dass eine geringere Menge an Fruchtzucker in dieses Tonic einfließt. Die Kombination der pflanzlichen Aromen mit dem Chinin und der geringeren Süße schaffen ein angenehm bitteres und trockenes Tonic.

Vollmundige sowie fruchtbetonte und florale Gins eignen sich hierzu mehr als trockene und würzige Gins.

Fentimans

Land:
Großbritannien
Hersteller:
Fentimans Ltd.

Seit 1905 schreibt Fentimans seine eigene Geschichte mit Höhen und Tiefen. Hatte sich das Vertriebsnetz für das Festland bisher als ein großes Problem dargestellt, scheint nun die Quelle als gesichert.

Fentimans Tonic Water ist ein herbes Tonic, nicht zu süß und mit deutlichem Zitrusaroma, das vorwiegend aus dem Zitronengras gewonnen wird. Kräuter- und Fruchtextrakte, in denen auch Wacholderbeeren und Kaffir-Limettenblätter ihren Platz finden, erbringen ein Tonic mit einer deutlichen Chinin-Note und einer kräftigen Perlage.

Es eignet sich hervorragend zu klassischen London Dry Gins; sehr zitruslastige Gins sollten man in Verbindung mit diesem Tonic eher vermeiden.

Fentimans Light Tonic Water enthält 30 Prozent weniger Kalorien und basiert auf dem oben beschriebenen Tonic Water. Durch die Reduzierung des Zuckergehalts treten die Aromen klarer hervor.

Vollmundigere und florale Gins sind hier zu empfehlen.

Gents

Gentiana Lutea ist die lateinische Bezeichnung für Gelber Enzian und dient einerseits als wichtiger Bestandteil dieses Tonics, andererseits leitet sich daraus der Produkt- und Firmenname dieses Züricher Unternehmens ab.

Im Gents Swiss Roots Tonic Water sorgen Schweizer Rübenzucker, Chinin, Zitrusaromen und ein feinherber Extrakt aus den Wurzeln des Gelben Enzians für ein ausbalanciertes und frisches Tonic mit einer spritzigen Perlage. Seine bitteren Noten sind gut eingebunden und nicht zu dominant.

Das Tonic verbindet sich gut mit Gins, die geschmacklich eher subtil und vollmundig sind. Zu leichte sowie florale Gins erweisen sich als weniger geeignet.

Land:
Schweiz
Hersteller:
Gents GmbH

Goldberg

Land:
Deutschland
Hersteller:
MBG International Premium
Brands GmbH

Dieses Paderborner Unternehmen agiert international und ist ein innovativer Partner der Getränkebranche. Als Vollsortimenter verfügt es über ein umfangreiches Markenportfolio.

Goldberg Tonic weist eine leichte Süße und frische Zitrusnoten auf. Es verfügt über ein bitteres Finish des Chinins und eine kräftige Perlage. Ein Tonic, das sich mit fast jedem Gin mixen lässt.

Das Goldberg Bone-Dry Tonic ist geschmacklich dagegen sehr verhalten und wirkt sehr trocken. Die Perlage ist der des Goldberg Tonic ebenbürtig. Es passt zu Gins mit eher geringem Alkoholgehalt und einfachem Geschmacksbild.

Indi & Co

Sowohl farblich als auch gestalterisch gibt dieser in Sevilla ansässige Wein- und Spirituosenhändler mit seinen Tonics zum Ausdruck, wo einst die Geschichte des Indian Tonic seinen Anfang nahm, was zusätzlich durch den indischen Elefanten auf dem Etikett symbolisiert werden soll. Aus der Reihe der Produktpalette stellen wir ein Tonic stellvertretend vor.

Indi & Co Botanical Tonic Water ist ein ungewöhnliches Tonic, bestehend aus Chinin, Schalen der Sevilla-Orange, Kewrablüten und Kardamom aus Indien, Kalonji-Schwarzkümmel, Rohrzucker und weißem Zucker. Es setzt ganz andere Maßstäbe als «klassische» Tonics durch fruchtige Aromen sowie sehr präsente Zitrus- und Orangenoten, wobei sich der Bittergeschmack des Chinins leicht ins Gesamtbild einfügt. Der Kohlensäuregehalt ist ordentlich und transportiert ein ungewohntes, aber dennoch sehr frisches Tonic.

Es macht sich gut in klassischen, trockenen und zitrusbetonten Gins.

Land:
Spanien
Hersteller:
Casalbor S.L.

Schweppes

Land/Hersteller:
Markeneigner, Hersteller und
Vertriebsrechte sind inter-
national nach Regionen verteilt

Der Klassiker unter den Tonics. Seit jeher war und ist Schweppes Tonic in fast jeder Bar dieser Welt anzutreffen.

Schweppes Indian Tonic Water bietet seit 1870 Erfrischung. Es werden ausschließlich natürliche Aromen verwendet, darunter hochwertige und aufwendig gewonnene Essenzen. Sein unverwechselbares Aromaprofil liegt in einer deutlichen Bitternote, die mit Zitrustönen, einer kräftigen Kohlensäure und starker Perlage für Frische sorgt. Der Zuckergehalt ist für viele ein wenig zu hoch in diesem Tonic, jedoch mitentscheidend für dessen gewisse Vollmundigkeit. Allgemein lässt sich sagen, dass es sich um ein eher herbes, aromatisches Tonic mit hohem Kohlensäure-gehalt handelt.

Es passt sehr gut mit klassischen Gin-Sorten zusammen, die ein kräftiges Wacholderaroma aufweisen.

Schweppes Dry Tonic Water ist bis dato das neueste Produkt im Portfolio von Schweppes. Es zeichnet sich durch einen höheren Chiningehalt und weit weniger Süße im Vergleich zum klassischen Indian Tonic aus und wirkt im Gesamtbild daher herber. Der Kohlensäuregehalt ist genauso hoch und sorgt mit den begleitenden Noten von Zitrusfrüchten wie Zitrone, Orange und Grapefruit für ein sehr frisches Tonic mit kräftiger Perlage.

Es passt gut zu leichteren und floralen Gins.

Thomas Henry

Land:
Deutschland
Hersteller:
Thomas Henry GmbH & Co. KG

Seit 2010 steht der Name Thomas Henry Pate für ein junges Berliner Unternehmen. Es führt mittlerweile ein recht umfangreiches Limonaden-sortiment, das weit über die Grenzen des Landes verfügbar ist.

Das Thomas Henry Tonic sorgt mit seinem besonders hohen Chiningehalt für eine gute Bitternote, die mit leichten Zitrusaromen und gutem Kohlen-säuregehalt ein sehr erfrischendes und ausgewogenes Geschmacksprofil schafft. Der Süßegrad ist gut auf das Tonic abgestimmt.

Insofern haben wir hier beinahe einen Allrounder, der sich mit fast allen Gins gut kombinieren lässt.

Thomas Henry Elderflower Tonic weist ebenfalls einen hohen Anteil an Chinin auf. Die Zitrustöne sind etwas dezenter gesetzt, um den Holunder-blüten (Elderflower) mehr Geltung zu überlassen. Es handelt sich um ein Tonic Water, das florale und herbe Bitternoten gut vereint, eine sehr angenehme Süße aufweist und auf einen moderaten Kohlensäuregehalt eingestellt ist.

Interessante Kombinationen zeigen sich sowohl mit leichten als auch mit trockenen Gin-Typen, die nicht zu aromatisch sind.

Windspiel

Land:
Deutschland
Hersteller:
Eifelion GmbH

Passend zum Windspiel Gin (siehe Kapitel «Gin-Marken») gibt es ein hauseigenes Tonic auf Basis von Mineralwasser aus der Vulkaneifel.

Das Windspiel Tonic Water ist ein weiches und dezentes Tonic mit einer leicht herben Chinin-Note und frischem Zitrusgeschmack. Die Kohlensäure zeigt sich mittelkräftig und mit einer sehr feinen Perlage.

Zu diesem Tonic passen geschmacklich komplexe sowie auch stark floral orientierte Gin-Sorten.

Kapitel 10

Mixologie

Betrachtet man die Zeit, in der die ersten Gin-Cocktails kreiert und gemixt wurden, so stellt man fest, dass in den Anfängen der Cocktailgeschichte Genever und Old Tom Gin verwendet wurden, bevor London Dry Gin sie später nahezu vollständig ablöste. Die damaligen Zutaten ergaben somit einen ganz anderen Geschmack, als man ihn heute kennt. Häufig ähneln sich Mixturen und unterscheiden sich oft nur in ihrer Namensgebung sowie in Nuancen; ein Spritzer mehr hiervon, ein Spritzer weniger davon …

Nach ausgiebigen Recherchen wurden hier die zur Thematik passenden Rezepturen aus alten Tagen festgehalten und mit Kreationen der Neuzeit bereichert.

Gin-Sorten und weitere Zutaten, die namentlich erwähnt werden, sind für die jeweilige Rezeptur von nicht unerheblicher Bedeutung hinsichtlich des Geschmacks; werden die Ingredienzien nicht an spezifischen Marken festgemacht, so steht hier im Prinzip die gesamte Bandbreite der Produkte zur Verwendung offen. Es sei dem Leser jedoch ans Herz gelegt, auch hier mit Sinn für Qualität die Zutaten harmonisch zu kombinieren.

In einigen Mixturen hat, wie schon eingangs erwähnt, Old Tom Gin seinen Auftritt. Dieses Relikt aus vergangenen Zeiten wird dank einiger Hersteller seit geraumer Zeit wieder neu aufgelegt, womit diese sich wieder an alte Mythen heranwagen – sehr zur Freude all jener, die nun nach alten Rezeptvorgaben nachmixen und natürlich neue Kreationen hervorbringen können.

Es lohnt sich, den Gin in vielen Rezepturen gegen Genever, Old Tom Gin oder andere Wacholderbrände auszutauschen und sich so auf ein wiedergeborenes Geschmackserlebnis einzulassen.

Unter den aufgeführten Cocktails befinden sich auch einige Eigenkreationen der Autoren, die mit einem Stern gekennzeichnet sind.

Viel Spaß beim Mixen und Genießen feiner Cocktails. Cheerio!

Die richtigen Gläser sind ebenso wichtig wie deren Inhalt, um Cocktails angemessen harmonisch zu präsentieren. Dafür möchten wir hier einige charakteristische Gläserformen vorstellen.

Cocktailgläser:

Gobletgläser:

Longdrinkgläser:

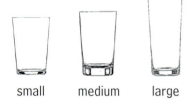

small   medium   large

Tumbler / Old-Fashioned-Gläser:

Rührglas und Barlöffel:

Abbey

4 cl	Dry Gin
2 cl	Lillet Blanc
2 cl	Orangensaft
1	Dash Orange Bitter

Shaken, in ein Cocktailglas abseihen.

African Queen*

5 cl	Gordon's Gin
2 cl	Crème de Cacao Brown Likör
1 cl	frischer Limettensaft
2	Dashes Angostura Bitter
1	Barlöffel Zucker
4	ganze Kaffeebohnen

Alle Zutaten kräftig shaken,
durch ein Feinsieb in eine Cocktail-
schale abseihen.
Die Entstehung dieses Cocktails wird
unter «Zitate & Anekdoten» erzählt.

Alaska

4 cl	Dry Gin
2 cl	Yellow Chartreuse

Im Rührglas auf Eiswürfel verrühren,
in ein Cocktailglas abseihen.

Alexander No.1

3 cl	Dry Gin
3 cl	Crème de Cacao
3 cl	Sahne
	Muskat

Shaken, in ein Cocktailglas abseihen
und etwas Muskat darüber abreiben.

Alexander's Sister

4 cl	Gin
2 cl	Crème de Menthe
2 cl	Sahne

Shaken, in ein Cocktailglas abseihen.

Appetiser

3 cl	Gin
3 cl	Dubonnet
3	Dashes Orangensaft

Shaken, in ein Cocktailglas abseihen.

Astoria

5 cl	Old Tom Gin
2 cl	French Vermouth
2	Dashes Orange Bitter

Im Rührglas verrühren, in ein
Cocktailglas abseihen.

Atta Boy

6 cl	Gin
1,5 cl	French Vermouth
2	Dashes Grenadine

Shaken, in ein Cocktailglas abseihen,
mit Zitronen-Twist garnieren.

Autumn Rose*

4 cl	Hendrick's Gin
2 cl	Noilly Prat Vermouth
2	Dashes Orange Bitter
2	Dashes Lime Cordial
2	Dashes Rosenwasser
1	Dash Rosensirup

Shaken, in ein Cocktailglas abseihen, mit einem Rosenblütenblatt garnieren.

Aviation

6 cl	Gin
2 cl	Zitronensaft
2	Barlöffel Maraschino
2	Barlöffel Crème de Violette

Shaken, in ein Cocktailglas abseihen.

Barbara West

6 cl	Gin
3 cl	Sherry
1,5 cl	Zitronensaft
1	Dash Angostura Bitter

Shaken, in ein Cocktailglas abseihen, mit Zitronen-Twist abspritzen und garnieren.

Barnum

6 cl	Gin
3 cl	Apricot Brandy
1,5 cl	Zitronensaft
2	Dashes Angostura Bitter

Shaken, in ein Cocktailglas abseihen, mit Zitronen-Twist abspritzen und garnieren.

Bennett

5 cl	Old Tom Gin
2 cl	Limettensaft
2	Dashes Angostura Bitter

Shaken, in ein Cocktailglas abseihen.

Bermudiana Rose

4 cl	Dry Gin
2 cl	Apricot Brandy
2 cl	Grenadine
2 cl	Zitronensaft

Shaken, in ein Cocktailglas abseihen.

Bijou

2 cl	Plymouth Gin
2 cl	Chartreuse grün
2 cl	Italian Vermouth
1	Dash Orange Bitter

Im Rührglas auf Eiswürfel verrühren, in ein Cocktailglas abseihen, mit Kirsche oder Olive garnieren, mit einem Zitronen-Twist abspritzen.

Blackthorn

6 cl	Sloe Gin
3 cl	Sweet Vermouth
2	Dashes Orange Bitter

Im Rührglas auf Eiswürfel verrühren, in ein Cocktailglas abseihen, mit Zitronenzeste abspritzen und garnieren.

Blenton

4 cl	Plymouth Gin
2 cl	French Vermouth
1	Dash Angostura Bitter

Shaken, in ein Cocktailglas abseihen.

Bloodhound

4 cl	Gin
2 cl	French Vermouth
2 cl	Sweet Italian Vermouth
2–3	frisch zerkleinerte Erdbeeren

Die Erdbeeren im Shaker muddeln und mit allen Zutaten shaken, in ein Cocktailglas abseihen, mit einer Erdbeere garnieren.

Blue Devil

4 cl	Gin
2 cl	Zitronensaft
1 cl	Blue Curaçao
1 cl	Maraschino

Shaken, in ein Cocktailglas abseihen.

Blue Moon

6 cl	Gin
1,5 cl	Crème de Violette
1,5 cl	Zitronensaft

Shaken, in ein Cocktailglas abseihen, mit Zitronenzeste garnieren.

Box Car

5 cl	Gin
2,5 cl	Cointreau
2 cl	Limettensaft
2	Dashes Grenadine
1	Eiweiß (optional)

Shaken, in ein (zuvor mit einem Zuckerrand versehenes) Cocktailglas abseihen.

Bronx

4 cl	Gin
2 cl	French Vermouth
2 cl	Sweet Vermouth
2 cl	Orangensaft

Shaken, in ein Cocktailglas abseihen.

Capitol*

4 cl	Gin
2 cl	French Vermouth
2 cl	Zitronensaft
1,5 cl	Maraschino
1 cl	Cointreau
1 cl	Zuckersirup

Shaken, in einen Tumbler auf Eiswürfel abseihen, mit etwas Soda abspritzen und mit Zitronenzeste garnieren.

Cardinale

4 cl	Gin
2 cl	Campari
1 cl	Dry Vermouth

Im Rührglas auf Eiswürfel verrühren, in ein Cocktailglas abseihen, mit Zitronenzeste garnieren.

Caruso

2 cl	Gin
2 cl	Dry Vermouth
2 cl	Crème de Menthe (grün)

Im Rührglas auf Eiswürfel verrühren, in ein Cocktailglas abseihen.

Casino

6 cl	Old Tom Gin
2	Dashes Orange Bitter
1	Barlöffel Maraschino
1	Barlöffel Zitronensaft

Im Rührglas auf Eiswürfel verrühren, in ein Cocktailglas abseihen, mit Zitronenzeste garnieren.

Clover Club

6 cl	Gin
1,5 cl	Zitronensaft
1–2	Dashes Grenadine
1	Eiweiß

Shaken, in ein Cocktailglas abseihen.

Club Cocktail

4 cl	Old Tom Gin
2 cl	Italian Vermouth
2	Dashes Gomme Sirup
1–2	Dashes Chartreuse grün

Shaken, in ein Cocktailglas abseihen.

Communist

3 cl	Gin
3 cl	Orangensaft
2 cl	Zitronensaft
1,5 cl	Cherry Heering

Shaken, in ein Cocktailglas abseihen.

Cooperstown

5 cl	Gin
1,5 cl	Sweet Vermouth
1,5 cl	Dry Vermouth

Shaken, in ein Cocktailglas abseihen.

Corpse Reviver #2

3 cl	Gin
3 cl	Cointreau
3 cl	Lillet Blanc
3 cl	Zitronensaft
1	Dash Absinthe

Shaken, in ein Cocktailglas abseihen, mit einem Minzezweig garnieren.

Déjà Vu*

4 cl	Gin
2 cl	Martini D'Oro
1 cl	Orangesaft
1 cl	Zitronensaft
3	Dashes Orange Bitter
2	Dashes Gomme Sirup

Shaken, in ein Cocktailglas abseihen.

*Eigenkreation der Autoren

Derby

6 cl   Gin
2   Dashes Peach Bitter
2   kleine Minzezweige

Shaken, in ein Cocktailglas abseihen, mit Minzezweigen garnieren.

Desert Healer

4 cl   Gin
8 cl   Orangensaft
2 cl   Cherry Brandy
       Ginger Beer

Shaken, in ein Highballglas auf Eis abseihen und mit Ginger Beer auffüllen.

Dubonnet Cocktail

3 cl   Gin
3 cl   Dubonnet

Verrühren, in ein Cocktailglas abseihen, mit Zitronen-Twist garnieren.

Dutch Courage*

6 cl   Oude Genever
2 cl   Ingwersirup
2   Dashes Zitronensaft
       Bier (Pils)

Alle Zutaten außer Bier shaken, in einen Tumbler auf Eiswürfel abseihen, mit etwas Bier auffüllen und mit Zitronenzeste garnieren.

Empire

4 cl   Gin
2 cl   Calvados
2 cl   Apricot Brandy

Shaken, in ein Cocktailglas abseihen.

English Lemonade*

4 cl   Gin
2 cl   Galliano L'Autentico Liqueur
2 cl   Zitronensaft
2 cl   Orangensaft
1 cl   Gomme Sirup
1   Dash Orange Bitter
       Soda

Shaken, in ein Longdrinkglas auf Eiswürfel abseihen und mit Soda auffüllen, mit einer Zitronenscheibe und einer Kirsche garnieren.

Fairbank

5 cl   Gin
2 cl   Dry Vermouth
2   Dashes Orange Bitter
2   Dashes Crème de Noyaux
       (Nusslikör)

Shaken, in ein Cocktailglas abseihen, mit einer Kirsche garnieren.

Fallen Angel

4,5 cl   Gin
2   Dashes Crème de Menthe grün
2   Dashes Angostura Bitter
       Etwas Zitronensaft

Shaken, in ein Cocktailglas abseihen.

Ford

3 cl	Old Tom Gin
3 cl	Dry Vermouth
3	Dashes Bénédictine Liqueur
3	Dashes Orange Bitter

Shaken, in ein Cocktailglas abseihen, mit Orangenzeste garnieren.

French 75

6 cl	Gin
2 cl	Zitronensaft
1–2	Barlöffel Zuckersirup
	Champagner

Alle Zutaten mit Ausnahme des Champagners shaken, in einen Champagnerkelch abseihen, mit Champagner auffüllen.

Für Puristen*

5 cl	Plymouth Gin
2 cl	Lillet Blanc
1 cl	Noilly Prat
5	Dashes Chartreuse Élixir végétal
2	Dashes TBT Lemon Bitters
	Würfelzucker

Im Rührglas zubereiten.
Würfelzucker mit Chartreuse Élixir végétal tränken und zerstoßen, die weiteren Zutaten und Eiswürfel hinzugeben, gut verrühren, in ein Old-Fashioned-Glas auf Eis abseihen, etwas Soda zugeben und mit Zitronenzeste garnieren.

Gibson

5 cl	Gin
1 cl	French Vermouth
	Perlzwiebel

Im Rührglas auf Eiswürfel verrühren, in ein Cocktailglas abseihen, mit einer Perlzwiebel garnieren.

Gimlet

6 cl	Plymouth Navy Strength
3 cl	Cordial Lime Juice

Im Rührglas auf Eiswürfel verrühren, in ein Cocktailglas abseihen.

Gin Buck

6 cl	Gin
2 cl	Limettensaft
	Ginger Beer oder Ginger Ale

Ein Highballglas mit Eiswürfeln und Zutaten befüllen, mit Ginger Beer auffüllen.

Gin Cocktail

6 cl	Genever
3	Dashes Gomme Sirup
2	Dashes Curaçao od. Triple Sec
2	Dashes Bitters

Shaken, in ein Cocktailglas abseihen, mit Zitronenzeste garnieren.

Gin Daisy

6 cl	Genever
	(optional Old Tom Gin)
3–4	Dashes Orgeat oder
	Gomme Sirup
3	Dashes Maraschino
	Saft einer halben kl. Zitrone
	Soda

Shaken, in ein Cocktailglas abseihen und mit etwas Soda auffüllen.

Gin Fizz

6 cl	Gin (optional Old Tom Gin)
2 cl	Zitronesaft
2 cl	Zuckersirup
	Sodawasser

Shaken, in ein Longdrinkglas (medium) abseihen, mit Sodawasser abspritzen.

Gin Fix

6 cl	Genever
	(optional Old Tom Gin)
2 cl	Zitronesaft
2	Dashes Himbeersirup
1	Barlöffel weißer Zucker
	Etwas Wasser oder Soda

Im Longdrinkglas den Zucker mit Wasser auflösen, alle weiteren Zutaten hinzugeben, mit geschabtem Eis auffüllen und gut verrühren. Mit Beeren der Saison garnieren.

Gin Flip

6 cl	Genever
	(optional Old Tom Gin)
2 cl	Zuckersirup
1	ganzes Ei
	Muskat

Kräftig und lange shaken, in ein Cocktailglas abseihen und etwas Muskat darüber abreiben.

Gin Punch

9 cl	Genever
6 cl	Wasser
2	Dashes Maraschino
1	Esslöffel Himbeersirup
1	Esslöffel weißer Zucker
2	Orangenscheiben (geviertelt)
1	Stück Ananas
	Saft einer halben kl. Zitrone

In einem großen Tumbler den Zucker mit Wasser auflösen, dann alle weiteren Zutaten hinzugeben, mit geschabtem Eis auffüllen, kräftig shaken. Mit Beeren der Saison garnieren.

Gin Sangaree

6 cl	Genever
1	Barlöffel weißer Zucker
	Etwas Wasser
	Etwas Portwein
	Muskat

Den Zucker in Wasser auflösen, anschließend den Gin beigeben und shaken, in ein Cocktailglas abseihen. Mit ein paar Spritzern Portwein floaten und etwas Muskat darüber abreiben.

Gin Sling

6 cl	Genever
	(optional Old Tom Gin)
6 cl	Wasser oder Soda
2	Barlöffel weißer Zucker

In einem großen Tumbler den Zucker in Wasser auflösen, Gin hinzugeben. Mit Eiswürfeln auffüllen, gut verrühren und etwas Muskat darüber abreiben.

Gin Smash

6 cl	Gin
2	Barlöffel Wasser
1	Barlöffel weißer Zucker
3 – 4	Minzezweige

In einen Tumbler die Minze, Zucker und Wasser geben und zerdrücken, Gin hinzugeben und mit Eis (geschabt) auffüllen. Gut verrühren und mit Minzezweigen garnieren.

Gin Sour

6 cl	Gin
2 cl	Zitronensaft
2 cl	Zuckersirup

Shaken, in ein Sourglas abseihen, mit einer Kirsche garnieren.

GinQ Sour*

6 cl	Gin
2 cl	Zitronensaft
1 cl	Zuckersirup
1 cl	Gurkensirup
2–3	Gurkenscheiben

Gurkenscheiben mit den Zutaten im Shaker kurz muddeln, dann kräftig shaken. In einen mit Eiswürfeln gefüllten Tumbler durch ein Feinsieb abseihen, mit zwei halben Gurkenscheiben garnieren.

Gin Toddy

6 cl	Gin
1	Barlöffel weißer Zucker
	Etwas Wasser

Im Old-Fashioned-Glas den Zucker mit etwas Wasser auflösen, Gin und Eiswürfel hinzugeben, verrühren, mit Zitronenzeste garnieren.

Golden Fizz

6 cl	Gin (optional Old Tom Gin)
3 cl	Zitronesaft
2 cl	Zuckersirup
1	ganzes Ei
	Sodawasser

Kräftig und lange shaken, in ein Longdrinkglas (medium) abseihen, mit Sodawasser abspritzen.

Hanky Panky

4 cl   Gin
4 cl   Sweet Vermouth
1–2 Dashes Fernet Branca

Shaken, in ein Cocktailglas abseihen, mit Orangenzeste garnieren.

Hanna

3 cl   Gin
1,5 cl Cointreau
1,5 cl Aprikosenlikör
1,5 cl Italian Vermouth

Im Rührglas auf Eiswürfel verrühren, in ein Cocktailglas abseihen.

Holland House

5 cl   Genever (Oude)
2 cl   French Vermouth
1,5 cl Zitronensaft
1 cl   Maraschino

Shaken, in ein Cocktailglas abseihen, Zitronenzeste hinzugeben.

Holland Gin Cocktail

6 cl   Genever (Oude)
3   Dashes Gomme Sirup
2   Dashes Bitters (Angostura oder Orange Bitter)
2   Dashes Dry Orange Curaçao

Im Rührglas auf Eiswürfel verrühren, in ein Cocktailglas abseihen, Zitronenzeste hinzugeben.

Honolulu

6 cl   Gin
1,5 cl Orangensaft
1,5 cl Ananassaft
1 cl   Zitronensaft
1 cl   Zuckersirup
1   Dash Angostura Bitter

Shaken, in ein Cocktailglas abseihen, mit Zitronenzeste garnieren.

Ideal

4,5 cl Gin
1 cl   French Vermouth
1 cl   Italian Vermouth
1 cl   Grapefruitsaft

Shaken, in ein Cocktailglas abseihen, mit einer Olive garnieren.

Imperial

3 cl   Gin
3 cl   French Vermouth
1   Dash Maraschino
1   Dash Angostura Bitter

Im Rührglas auf Eiswürfel verrühren, in ein Cocktailglas abseihen, mit einer Olive garnieren.

Indian Sour*

6 cl	Saffron Gin
2 cl	Zitronensaft
2	gehäufte Barlöffel Zucker
3	Scheiben frischer Ingwer (ca.)
1	Eiweiß

Die Ingwerscheiben im Shaker mit Zucker gut zerstampfen, alle weiteren Zutaten hinzugeben und kräftig shaken. Durch ein Feinsieb in einen Tumbler auf Eis (oder in ein Sourglas straight up) abseihen. Mit einer Zitronenzeste abspritzen.

Jimmie Blanc

4 cl	Gin
2 cl	Lillet Blanc
2	Dashes Dubonnet

Shaken, in ein Cocktailglas abseihen, mit Orangen-Twist garnieren.

John Collins

6 cl	Genever (Oude)
3 cl	Zitronensaft
2 cl	Zuckersirup
	Sodawasser

Shaken, in ein Longdrinkglas abseihen, mit Sodawasser auffüllen.

Journalist

6 cl	Gin
1,5 cl	Sweet Vermouth
1,5 cl	Dry Vermouth
2	Dashes Orange Curaçao
2	Dashes Zitronensaft
1	Dash Angostura Bitter

Shaken, in ein Cocktailglas abseihen.

Jupiter

4,5 cl	Gin
2 cl	Dry Vermouth
1–2	Barlöffel Orangensaft
1	Barlöffel Crème de Violette

Shaken, in ein Cocktailglas abseihen.

Knickerbocker

4 cl	Gin
2 cl	Dry Vermouth
1	Spritzer Sweet Vermouth

Shaken, in ein Cocktailglas abseihen, mit Zitronenzeste abspritzen und garnieren.

Knock Out

2 cl	Gin
2 cl	Absinthe
2 cl	Dry Vermouth
3	Dashes Crème de Menthe weiß

Shaken, in ein Cocktailglas abseihen.

Kronenhalle Spezial

1,5 cl	Gin
1,5 cl	Cointreau
1,5 cl	Apricot Brandy
1,5 cl	Grapefruitsaft
	Schaumwein (Champagner)

Alle Zutaten außer Schaumwein shaken, in ein Cocktailglas abseihen, mit Schaumwein (vorzugsweise Champagner) auffüllen.

* Eigenkreation der Autoren

L'Aurore

4 cl	Old Tom Gin
2 cl	Italian Vermouth
2	Dashes Orange Bitter
2	Dashes Gomme Sirup
1	Dash Absinthe
1	Dash Maraschino

Shaken, in ein Cocktailglas abseihen.

La Fleur Du Vine*

5 cl	G'Vine Gin
1,5 cl	Martini Rosato Vermouth
3	Dashes TBT Lemon Bitters
2	Dashes TBT Orange Bitters

Shaken, in ein Cocktailglas abseihen, mit einer Kapuzinerblüte garnieren.

Last Word Cocktail

2 cl	Gin
2 cl	Chartreuse Verte (grün)
2 cl	Maraschino (Luxardo)
2 cl	Limettensaft

Shaken, in ein Cocktailglas abseihen.

Leap Year

4 cl	Gin
1 cl	Grand Marnier
1 cl	Italian Vermouth
1	Dash Zitronensaft

Shaken, in ein Cocktailglas abseihen, mit Zitronenzeste abspritzen.

Leave It To Me

4 cl	Dry Gin
1 cl	Zitronensaft
1 cl	Grenadine

Shaken, in ein Cocktailglas abseihen, mit Zitronenzeste abspritzen.

London Sling*

4 cl	Gin
2 cl	Galliano L'Autentico Liqueur
2 cl	Zitronensaft
1,5 cl	Ingwersirup
1 cl	Gomme Sirup
2	Dashes Bitters (Angostura od. Orange Bitter)
	Soda

Shaken, in ein Longdrinkglas auf Eiswürfel abseihen und mit etwas Soda abspritzen, mit einer Zitronenscheibe garnieren.

Lucien Gaudin Cocktail

3 cl	Gin
1,5 cl	Cointreau
1,5 cl	Campari
1,5 cl	Dry Vermouth

Shaken, in ein Cocktailglas abseihen, mit Orangen-Twist garnieren.

Madras Sling*

5 cl	Saffron Gin
2 cl	Limettensaft
2 cl	Zuckersirup
1 cl	Cordial Lime Juice
1	gehäufter Barlöffel frisch geriebener Ingwer

Alle Zutaten shaken, in ein Longdrinkglas auf Eiswürfel abseihen (durch ein Feinsieb) und mit Soda auffüllen.

Marguerite

3 cl	Plymouth Gin
3 cl	French Vermouth
2–3	Dashes Orange Bitter
2–3	Dashes Anisette

Im Rührglas auf Eiswürfel verrühren und in ein Cocktailglas abseihen, mit Zitronenzeste abspritzen und mit einer Kirsche garnieren.

MartiMar*

4 cl	Gin Mare
2 cl	Martini Gold Vermouth
2	kleine Rosmarinzweige

Im Rührglas zubereiten. Gin, Vermouth und einen Rosmarinzweig zugeben, den Zweig im Rührglas etwas andrücken, reichlich Eis hinzugeben und gut verrühren, in ein Cocktailglas durch ein Feinsieb abseihen. Mit dem zweiten Rosmarinzweig den Glasrand abreiben und ihn als Garnierung hinzugeben.

Wie wir auf diesen Cocktail kamen, ist im Artikel «Gin Mare» beschrieben.

Martinez

3 cl	Old Tom Gin (optional Genever)
6 cl	Italian Vermouth
2	Dashes Maraschino
1	Dash Bitter (Aromatic/Angostura)

Shaken, in ein Cocktailglas abseihen, mit Zitronenzeste garnieren.

Martini Cocktail

5 cl	Gin
1 cl	French Vermouth (optional 1 Dash Orange Bitter)

Im Rührglas auf Eiswürfel verrühren, in ein Cocktailglas abseihen, mit einer Olive garnieren.

* Eigenkreation der Autoren

Maurice Chevalier Cocktail

2 cl	Gin
2 cl	Vermouth Dry
2 cl	Vermouth Rosso
2 cl	Orangensaft
2	Dashes Orange Bitter

Shaken, in ein Cocktailglas abseihen.

Montana

3 cl	Sloe Gin
3 cl	French Vermouth
2–3	Dashes Anisette
2–3	Dashes Bitters
	(Angostura od. Orange Bitter)

Im Rührglas auf Eiswürfel verrühren und in ein Cocktailglas abseihen, mit Zitronenzeste abspritzen.

Morgentau Cobbler*

5 cl	Bombay Sapphire Gin
1 cl	Cointreau
1 cl	Cordial Lime Juice
3	Dashes Rosenwasser
2	Dashes Lemon Bitter
2	Dashes Rosensirup

In einem typischen Cobblerglas auf Crushed Eis anrichten und gut verrühren, mit Rosenblütenblättern und Früchten freier Wahl garnieren.

Negroni

3 cl	Gin
2 cl	Campari
2 cl	roter Vermouth

Im Tumbler auf Eiswürfel verrühren, Orangenzeste dazugeben, kann mit etwas Soda abgespritzt werden.

Old Tom Gin Cocktail

5 cl	Old Tom Gin
3	Dashes Angostura Bitter
2	Dashes Curaçao od. Triple Sec
2	Dashes Gomme Sirup

Im Rührglas auf Eiswürfel verrühren, in ein Cocktailglas abseihen, mit Zitronen-Twist garnieren.

Opal

3 cl	Gin
2 cl	Orangensaft
1 cl	Cointreau
3	Dashes Orange Flower Water

Shaken, in ein Cocktailglas abseihen.

Opera

4 cl	Gin
1 cl	Dubonnet
1 cl	Maraschino

Shaken, in ein Cocktailglas abseihen, mit Orangen-Twist abspritzen.

Orange Bloom

3 cl   Gin
1,5 cl Cointreau
1,5 cl Italian Vermouth (süß)
Shaken, in ein Cocktailglas abseihen,
eine Kirsche hinzugeben.

Other Snow*

6 cl   Beefeater Gin
2 cl   Ingwersirup
2 cl   Ananassaft
2   Dashes Zuckersirup
2   Dashes Zitronensaft
1   Eiweiß
Kräftig shaken, in ein Longdrinkglas
auf Eiswürfel abseihen, mit Soda
auffüllen, mit Ananas garnieren.

Palm Beach Special

7,5 cl Plymouth Gin
1,5 cl Sweet Vermouth
2 cl   Grapefruitsaft
Shaken, in ein Cocktailglas abseihen.

Parisian

3 cl   Gin
3 cl   French Vermouth
2   Dashes Crème de Cassis
Im Rührglas auf Eiswürfel verrühren,
in ein Cocktailglas abseihen.

Park Avenue

6 cl   Gin
2 cl   Sweet Vermouth
2 cl   Ananassaft
1 cl   Orange Curaçao
Shaken, in ein Cocktailglas abseihen.

Pearls of Osaka*

5 cl   Gin
2 cl   Lillet Blanc
1 cl   Cordial Lime Juice
2   Dashes Cherry Bitter
2   Dashes Peychaud's Bitters
Shaken, in ein Cocktailglas abseihen,
mit Zitronenzeste abspritzen und mit
einer Kirsche garnieren.

Pegu Club Cocktail

5 cl   Gin
2 cl   Cointreau
2 cl   Limettensaft
2   Dashes Angostura Bitter
Shaken, in ein Cocktailglas abseihen.

Pendennis Cocktail

6 cl   Gin
3 cl   Apricot Brandy
2 cl   Limettensaft
2–3 Dashes Peychaud's Bitters
Shaken, in ein Cocktailglas abseihen.

* Eigenkreation der Autoren

Pink Elefants

2 cl	Kammer Dry Gin
	(Black Forest Dry Gin)
2 cl	Kammer Kirschwasser
2 cl	Grenadine
1 cl	Curaçao Triple Sec
1 cl	Zitronensaft
2	Dashes Angostura

Shaken, in ein Cocktailglas abseihen, mit etwas Zitronenöl abspritzen und mit einer Kirsche garnieren.

Pink Gin

| 6 cl | Plymouth Navy Strength |
| 3 | Dashes Angostura Bitter |

Im Rührglas auf Eiswürfel verrühren, in ein Cocktailglas abseihen.

Pink Lady

6 cl	Plymouth Gin
3	Dashes Grenadine
1	Dash Zitronensaft
1	Eiweiß

Shaken, in ein Cocktailglas abseihen.

Princeton

6 cl	Old Tom Gin
2 cl	Portwein
2	Dashes Orange Bitter

Im Rührglas Gin und Orange Bitter gut verrühren, in ein Cocktailglas abseihen. Den Portwein vorsichtig am Glasrand einlaufen lassen, um eine Schichtung zu erzielen.

Puritan

5 cl	Plymouth Gin
1,5 cl	Dry Vermouth
1	Barlöffel Yellow Chartreuse
3	Dashes Orange Bitter

Im Rührglas auf Eiswürfel verrühren, in ein Cocktailglas abseihen.

Ramos Fizz

6 cl	Gin
3 cl	süße Sahne
1,5 cl	Zitronensaft
1,5 cl	Limettensaft
1,5 cl	Zuckersirup
1	Eiweiß
3	Dashes Orange Flower Water
	Soda

Alle Zutaten bis auf Soda und Orange Flower Water lange und stark shaken, in ein Longdrinkglas abseihen, mit Soda auffüllen, danach erst das Orange Flower Water auf die Schaumkrone träufeln.

Reflectgin*

6 cl	Saffron Gin
3 cl	Cordial Lime Juice
1	Barlöffel Limettensaft
1	Barlöffel frisch geriebener
	Ingwer

Alle Zutaten kräftig shaken, durch ein Feinsieb in ein Cocktailglas abseihen.

Remsen Cooler

6 cl Old Tom Gin
      Soda
      Zitronenspirale

Die Zitronenspirale in ein Longdrinkglas geben und dieses mit
Eiswürfeln befüllen. Den Gin
hinzugeben, mit Soda auffüllen und
verrühren.

Rolls Royce

4 cl   Gin
1,5 cl French Vermouth
1,5 cl Sweet Vermouth
2   Dashes Bénédictine Liqueur

Im Rührglas auf Eiswürfel verrühren,
in ein Cocktailglas abseihen.

Royal Fizz

6 cl Gin (optional Old Tom Gin)
2 cl Zitronesaft
2 cl Zuckersirup
1   ganzes Ei
      Sodawasser

Kräftig und lange shaken, in ein
Longdrinkglas (medium) abseihen,
mit Sodawasser abspritzen.

Sensuality*

4 cl Tanqueray Gin
2 cl Pfirsichlikör
2 cl Limettensaft
3   Dashes Grenadinesirup
2   Barlöffel frisches Pfirsichmark

Kräftig shaken, in ein Cocktailglas
abseihen und mit einem
Pfirsichstück garnieren.

Seven O'Clock*

6 cl Broker's Gin
2 cl Ingwersirup
1   Barlöffel Zitronensaft
3   Dashes Peychaud's Bitters
2   Dashes Gomme Sirup

Kräftig shaken, in ein Cocktailglas
abseihen.

Seventh Heaven

5 cl   Gin
1,5 cl Maraschino
1 cl   Grapefruitsaft

Shaken, in ein Cocktailglas abseihen,
mit einem Minzezweig garnieren.

Silver

3 cl Dry Gin
3 cl French Vermouth
1/2   Barlöffel Maraschino
2   Dashes Orange Bitter
1   Eiweiß

Shaken, in ein Cocktailglas abseihen.

Silver Fizz

6 cl Gin (optional Old Tom Gin)
3 cl Zitronesaft
2 cl Zuckersirup
1   Eiweiß
      Sodawasser

Kräftig und lange shaken, in ein
Longdrinkglas (medium) abseihen,
mit Sodawasser abspritzen.

Sine Nobilitate*

5 cl	Plymouth Gin
2 cl	Zitronensaft
1 cl	Ananassirup
2–3	kleine Ananasstücke
1	Dash Crème de Menthe (grün)

Ananasstücke muddeln, mit allen Zutaten außer Crème de Menthe kräftig shaken, durch ein Feinsieb in einen Tumbler auf Crushed Ice abseihen, mit etwas Crème de Menthe beträufeln, mit einem Minzezweig und einer Zitronenscheibe garnieren.

Singapore Sling (Raffle's Hotel)

3 cl	Gin
12 cl	Ananassaft
1,5 cl	Limettensaft
1,5 cl	Cherry Brandy
1 cl	Bénédictine Liqueur
1 cl	Cointreau
1 cl	Grenadine
1–2	Dashes Angostura Bitter

Shaken, in ein Longdrinkglas auf Eiswürfel abseihen, mit Ananas und einer Kirsche garnieren.

Singapore Sling (The Savoy Cocktail Book)

6 cl	Dry Gin
3 cl	Cherry Brandy
1 cl	Juice of Lemon
	Soda

Shaken, in ein Longdrinkglas (medium) auf Eiswürfel abseihen, mit Soda auffüllen.

Sir Hendrick*

4 cl	Hendrick's Gin
3 cl	Martini Rosato Vermouth
2	Dashes TBT Orange Bitters

Shaken, in ein Cocktailglas abseihen, mit Orangenzeste abspritzen und garnieren.

Sloe Gin Fizz

6 cl	Sloe Gin
2 cl	Zitronensaft
1	Barlöffel weißer Zucker
2	Dashes Angostura Bitter (optional)
	Soda

Shaken, in ein Longdrinkglas (medium) abseihen, mit Soda auffüllen.

Smith

3 cl   Genever
3 cl   French Vermouth
3   Dashes Angostura Bitter

Shaken, in ein Cocktailglas abseihen, mit Zitronenzeste abspritzen und garnieren.

Sommerresidenz*

5 cl   Duke Gin
2 cl   Birnensirup
1,5 cl Martini D'Oro Vermouth
3   Dashes Peychaud's Bitters

Shaken, in ein Cocktailglas abseihen, mit Orangenzeste abspritzen und garnieren.

Star

3 cl   Gin
3 cl   Calvados
1 cl   Grapefruitsaft
1   Spritzer French Vermouth
1   Spritzer Sweet Vermouth

Shaken, in ein Cocktailglas abseihen.

Thorndike

6 cl   Gin
3 cl   Italian Vermouth
2 cl   Orangensaft

Shaken, in ein Cocktailglas abseihen.

Tom Collins

6 cl   Gin (Old Tom Gin)
3 cl   Zitronensaft
2 cl   Zuckersirup
        Soda

Shaken, in ein Longdrinkglas abseihen, mit Sodawasser auffüllen.

Trilby

2,5 cl Old Tom Gin
2,5 cl Italian Vermouth
2   Dashes Orange Bitter
2   Dashes Angostura Bitter
        Crème de Violette

Im Rührglas auf Eiswürfel alle Zutaten außer Crème de Violette gut verrühren, in ein Cocktailglas abseihen, etwas Crème de Violette darüber floaten, mit einer Kirsche garnieren.

Turf

3 cl   Plymouth Gin
3 cl   French Vermouth
2   Dashes Orange Bitter
2   Dashes Absinthe
2   Dashes Maraschino

Im Rührglas auf Eiswürfel verrühren, in ein Cocktailglas abseihen, mit einer Olive garnieren.

Twentieth Century

4,5 cl Gin
2 cl   Lillet Blanc
2 cl   Zitronensaft
1,5   Crème de Cacao (weiß)

Shaken, in ein Cocktailglas abseihen, mit Zitronenzeste garnieren.

Ulanda

4,5 cl Gin
2 cl   Cointreau
1–2   Dashes Absinthe

Shaken, in ein Cocktailglas abseihen.

Une Petite Rêve*

4 cl   Hendrick's Gin
2,5 cl Martini Rosato Vermouth
3   Dashes Cordial Lime Juice
1   Dash Gurkensirup
        Salatgurke

Ca. 3 dicke Scheiben der Salatgurke im Shakerglas mit den Zutaten muddeln, kräftig shaken, durch ein Feinsieb in ein Cocktailglas abseihen, mit einer halben Gurkenscheibe garnieren.

Verträumt*

5 cl   Duke Gin
1,5 cl Zitronensaft
1 cl   Blackberry Liqueur
2   Barlöffel Ahornsirup
1   Barlöffel Chartreuse Verte

Shaken, in ein Cocktailglas abseihen, mit einer Brombeere und einer Zitronenspirale garnieren.

Vesper

6 cl   Gin
2 cl   Vodka
1 cl   Lillet Blanc

Shaken, in ein Cocktailglas abseihen, mit Zitronenzeste abspritzen und garnieren.

Waldorf

2 cl   Gin
4 cl   Swedish Punch
2 cl   Limettensaft

Shaken, in ein Cocktailglas abseihen.

Wellington*

3 cl	Tanqueray Gin
2 cl	Martini D'Oro Vermouth
1,5 cl	Escorial
2	Dashes TBT Creole Bitters

Shaken, in ein Cocktailglas abseihen.

West Indian

5 cl	Gin
1,5 cl	Zitronensaft
4	Dashes Angostura Bitter
2	Dashes Zuckersirup

Shaken, in ein Cocktailglas abseihen.

White Lady

4 cl	Gin
2 cl	Cointreau
1,5 cl	Zitronensaft
	Eiweiß (optional)

Shaken, in ein Cocktailglas abseihen.

Xanthia

2 cl	Gin
2 cl	Cherry Brandy
2 cl	Yellow Chartreuse

Shaken, in ein Cocktailglas abseihen.

Yacht Club

2 cl	Gin
2 cl	Italian Vermouth
2 cl	Orangensaft
2	Dashes Orange Bitter
2	Dashes Zuckersirup

Shaken, in ein Cocktailglas abseihen.

Zaza No. 2

5 cl	Old Tom Gin
2 cl	Dubonnet
2	Dashes Orange Bitter

Im Rührglas auf Eiswürfel verrühren, in ein Cocktailglas abseihen.

Kapitel 11

Botanicals

Sie duften und schmecken, sie geben den Bränden den Charakter, mit dem sie über unseren Gaumen streichen. Die Botanicals – Kräuter, Gewürze, Beeren – sind maßgeblich für das Geschmacksbild des Gins verantwortlich, weshalb eine gezielte Auswahl unter den verschiedenen Kräutern und Gewürzen entscheidend ist.

Auch wenn es etwas paradox anmuten mag, so haben die Geschmacksstoffe vieler Botanicals eine gänzlich andere Aufgabe innerhalb der Mischung, als man ihnen im einzelnen von Natur aus zusprechen würde. Sie verbinden zum Teil andere Botanicals, um sie zu einer geschmacklichen Symbiose zusammenzuführen.

Was die Anzahl der verwendeten Botanicals und deren Qualität betrifft, unterliegen die Hersteller keinen gesetzlichen Verordnungen. Ihnen stehen mehr als 140 bekannte Botanicals zur Auswahl, die durch Lebensmittelbestimmungen hinsichtlich toxischer Wirkung geprüft und zugelassen sind. Durch die Zugänglichkeit der Weltmärkte können Destillateure entscheiden, aus welchen Ländern sie ihre Botanicals beziehen und ob sie in frischem, reifem oder getrocknetem Zustand verarbeitet werden sollen. Diese weitreichenden Möglichkeiten lassen großen Spielraum für Kreativität, um mit individuell prägnanten Geschmackserlebnissen aufzuwarten. Naturgemäß machen enthusiastischere Destillateure mehr Gebrauch von dieser Vielfalt als manch anderer, was jedoch keinesfalls einem Qualitätsplus oder Makel gleichkommen muss.

Die nun folgende Auflistung beinhaltet die gängigsten, aber auch ausgefallene Botanicals, deren Namen in der Reihenfolge Deutsch-Englisch-Latein angegeben werden. Die Abbildungen sollen ferner die natürliche Form und Farbe der Botanicals vermitteln.

Beginnen wir mit dem Hauptdarsteller …

Wacholder – Juniper – Juniperus communis

Es ist auf verschiedenste Weise versucht worden, die Entstehung des Gattungsnamens Juniperus zu klären. Unter den gesichteten Versionen ist eine der wahrscheinlichsten Auslegungen jene, die Ludwig Kroeber in seinem Werk «Das neuzeitliche Kräuterbuch» (1935) publizierte. Er mutmaßte, dass Juniperus aus den lateinischen Wörtern junior = der Jüngere und pario = erscheine abgeleitet ist. Der Bezug erklärt sich dadurch, dass die jüngeren, grünen Früchte schon erscheinen, während noch die alten, dunklen am Strauch hängen. Der Zusatz communis bedeutet «gemein, gewöhnlich» und deutet die Wacholderart.

Der Name Wacholder (altdeutsch: Wechelder, Wechalter) weist in seinem ersten Bestandteil das althochdeutsche «wehdal, wachal» auf, was soviel bedeutet wie «lebensfrisch, munter». Alte regional-volkstümliche Bezeichnungen sind unter anderem Wachhulder, Weckolter, Weckelder, Wachteldörner, Wachhandel, Machandel, Macholder, Jachandelbaum und gar Rackholder und Räuckholter, die sich aus dem Einsatz der Zweige und Beeren beim Räuchern erklären. In Bayern, Oberösterreich und Tirol sind Kranawit und Kranawitten weitverbreitete Namen für den Wacholder.

Es wird den einen oder anderen Leser verwundern, dass es mehr als sechzig verschiedenen Wacholderarten gibt. Dieses zur Familie der Zypressengewächse gehörende immergrüne Nadelgehölz ist in der nördlichen Hemisphäre beheimatet und wächst an kargen Berghängen, in Heiden und Mooren.

Der Gemeine Wacholder ist der mit Abstand am weitesten verbreitete und kommt mit seinen Unterarten sowohl in Eurasien als auch in Nordamerika vor. Er wächst als Baum bis zu zwölf Meter hoch oder als Strauch; seine Blütezeit ist von April bis Mai. Die Reifezeit dauert bis zu drei Jahren, wobei die Beeren im ersten Jahr grün sind, dann in einen rötlichen Farbton wechseln, bis sie im dritten Jahr eine bläulich-schwarze Farbe erreichen. Wegen der mehrjährigen Reifezeit trägt der Wacholder zur gleichen Zeit die Beeren dreier Jahre an seinen Zweigen. Wacholderbeeren sind etwa 4–8 mm groß und zeigen getrocknet eine runzlige Oberfläche.

Interessanterweise sind die Bezeichnungen Wacholderbeeren oder Wacholderfrüchte botanisch gesehen falsch. Nadelhölzer sind generell nacktsamig, besitzen also keinen Fruchtknoten, sondern tragen ihre Samen offen in den jedermann bekannten Zapfen. Die Samenanlage beim

Wacholder ist jedoch geschlossen und somit kann man ihn als Scheinbeere bezeichnen. Auch wenn wissenschaftlich inkorrekt, bleiben wir bei der Bezeichnung «Wacholderbeere», denn sprächen wir plötzlich von Wacholderbeerenzapfen oder Wacholderscheinbeeren, würde das zu einiger Verwirrung führen und uns gewiss manch zweifelnden Blick eintragen.

Historisch gesehen war die medizinische Wirkung des Wacholders bereits den Griechen und Römern im Altertum bekannt und wurde unter anderem zur Anregung der Nierenfunktion und als Desinfektionsmittel für Wunden und ärztliche Instrumente eingesetzt. Überlieferungen (oder besser Legenden?) zufolge räucherten die Wikinger die abgeschlagenen Köpfe von unwillkommenen Gästen oder Gesandten über Wacholdersträuchern, um sie reisetauglich zu machen und dann an die Herren jener Unglück-seligen als deutliches Zeichen zurückzusenden. Im Mittelalter sprach man dem Wacholder sogar zu, ein Heilmittel gegen die Pest zu sein, was wohl eher eine Übertreibung war, da er höchstens lindernd oder präven-tiv wirken konnte.

Nichtsdestoweniger galt der Wacholder in der Volksheilkunde seit jeher als vielseitig einsetzbare Zutat. So nutzte man ihn bei Husten, Hexenschuss, Leber- und Gallenleiden, Appetitlosigkeit, Durchfall sowie Verdauungs-beschwerden und machte Speisen und Heiltränke bekömmlicher. Auch in der modernen Medizin ist der Wacholder allerorts noch in Salben und Arzneien zu finden.

So «wohltätig» der Wacholder auch ist, ein übermäßiger Verzehr von puren Wacholderbeeren kann über einen längeren Zeitraum zu Nieren-schäden führen. Menschen mit Nierenerkrankungen und schwangere Frauen sollten gänzlich auf den Konsum von Wacholderbeeren verzichten. Wacholderöl kann bei äußerer Anwendung hautreizend wirken, weshalb sich eine vorherige Verdünnung empfiehlt.

Zum Abschluss ein Auszug aus dem Kräuterbuch des Jacobus Theodorus Tabernaemontanus (1522–1590):

«Die Wacholderbeeren in Wein gesotten / und davon getruncken / ist gut den jungen Kindern / so einen starcken schwären Athem haben / dass sie bisweilen auch Blut auswerffen / und soll eine gewisse Kunst senn / dann es zertheilet den Schleim in der Brust / und machet denselbigen desto leichter auswerffen: Zur Zeit der Pestilenz soll man die Beere in dem Mund kauen / so widerstehen sie dem gifftigen Lufft: Der Rauch von Wacholdern vertreibet die Schlangen / wird derowegen auch gebraucht in Sterbensläufften den bösen gifftigen Lufft damit zu corrigieren / zu welcher Zeit man diese Rauchkerzlein gebrauchen soll.»

Koriander – Coriander – Coriandrum sativum

Der Koriander ist ein einjähriges Kraut. Mittlerweile weltweit kultiviert und verbreitet, vermutet man seine eigentliche Herkunft in Nordafrika, Vorderasien und dem Mittelmeergebiet. Die Verwendung von Koriander ist nachweislich schon seit der frühesten Antike bekannt, er wird gezielt angebaut. Alte Sanskritschriften und mittelalterliche Kräuter- und Medizinbücher erwähnen Koriander, dessen ätherische Öle appetitanregend, verdauungsfördernd und krampflösend wirken sowie Magen-Darm-Leiden lindern. Koriandersamen und seine jungen Blätter besitzen frische, würzige und zitrusartige Aromen, die gelegentlich dezente Anistöne hervorrufen. Zerkleinerte Samen setzen die Vielfalt der komplexen Aromen von Zitrusfrucht, Würze und einer feinen Schärfe frei.

Angelika – Angelica – Angelica archangelica

Auch als Engelwurz oder Angelikawurz bekannt, wird diese altbekannte Arzneipflanze bis zu drei Meter groß, ist zwei- bis vierjährig und stirbt nach einmaligem Blühen und Fruchten ab. Hauptsächlich als nordische Pflanze bekannt, wächst sie auf feuchten Wiesen, an Ufern und in Küstengebieten. Die Pflanze wird vollständig (Wurzel, Stängel, Dolden und Samen) verwertet. Sie schmeckt und riecht würzig, herb und süßlich, wobei vor allem die Wurzel mit ihren Bitterstoffen und ätherischen Ölen Verwendung findet. Sie betont und ergänzt die Geschmackseigenschaften der anderen Botanicals und sorgt für einen langen Nachgeschmack.

In die Gruppe der Zitrusfrüchte reihen sich deren bekannteste und meistverwendete Vertreter wie Orangen, Zitronen, Limetten, Pomeranzen und Grapefruits ein. Als Botanical werden eigentlich nur die Schalen verwendet; seltener die ganze Frucht. In den Schalen sitzen die stark aromatischen ätherischen Öle, die entsprechend ihrer botanischen Zugehörigkeit ihr Aroma signifikant einfließen lassen. Ob nun getrocknete oder frische Schalen und in welchem Verhältnis die verschiedenen Arten zusammengefügt werden, liegt im Ermessen des jeweiligen Herstellers. Es ist aber immer Achtsamkeit geboten, denn schnell kann ein Übermaß dieser Aromen kaum noch Platz für andere Botanicals lassen. Die Verwendung der verschiedenen Zitrusfrüchte in Spirituosen bewirkt eine gewisse Frische und Finesse. Zitrusnoten kommen nach den Gewürzen hoch und hinterlassen einen sauberen, knackig-frischen Nachgeschmack.

Orange – Orange – Citrus aurantium

Ursprünglich stammt die Orange aus China oder Südostasien. Sie ist ein Hybride, entstanden aus der Kreuzung von Mandarine und Pampelmuse. Die Gruppe der Orangen wird in Süßorangen (auch als Apfelsinen bekannt) und Bitterorangen (Pomeranzen) unterteilt, wobei alle aus den gleichen Kreuzungspflanzen entstanden sind.

Die Bitterorange (auch Sevilla-Orange genannt) fand etwa im 11. Jahrhundert über Italien ihren Weg nach Europa, wohingegen die Süßorange erst im 15. Jahrhundert nach Portugal kam. Heutzutage ist sie die weltweit am häufigsten angebaute Zitrusfrucht und hat eine sehr aromatische bittere Schale und saures Fruchtfleisch.

Zitrone – Lemon – Citrus limon

Es gibt unterschiedliche Sorten aus dieser Gruppe, die als Hybride aus einer Zitronatzitrone und der Bitterorange entstanden ist. Erste Nachweise über ihre Existenz finden sich in China und dem Mittelmeerraum aus der ersten Jahrtausendwende nach Christus.

Limette – Lime – Citrus latifolia / aurantifolia

Ihr Fruchtfleisch schmeckt sehr sauer, hat aber gegenüber dem der herkömmlichen Zitrone eine intensivere, würzigere Note.

Grapefruit – Grapefruit – Citrus paradisi

Die Grapefruit, auch Paradiesapfel genannt, wird in fast allen subtropischen Ländern angebaut. Fälschlicherweise wird in der Umgangssprache die Grapefruit häufig als Pampelmuse bezeichnet.

Bergamotte – Bergamot orange – Citrus bergamia

Die Bergamotte findet weniger als Obst Verwendung und wird vielmehr wegen ihrer enthaltenen Duftstoffe und Öle in Italien, Frankreich und der Elfenbeinküste angebaut.

Veilchenwurz – Orris root – Iris pallida

Dieses Schwertliliengewächs hat gleich mehrere gleichbedeutende Namen: Florentinische Schwertlilie, Florentinische Iris, Veilcheniris und Violwurtz. Verwendet werden nur die Wurzeln, die einen scharfen Geschmack haben, der sich aber beim Trocknen mildert. Angewendet wird sie in der Kosmetikindustrie, und in der Antike nahm man sie zum Würzen von Wein oder gar zur Brechmittelbereitung her. Letzteres ist in der Moderne ganz gewiss nicht die Intention, sie in Gins zu verwenden. Vielmehr verleiht sie dem Destillat eine harmonische und exotische Note.

Lakritze – Liquorice – Glycyrrhiza glabra

Auch Süßholz genannt, ist sie in den Mittelmeerländern und Westasien beheimatet. Im Eigentlichen wird nur die Wurzel (Süßholzwurzel) im getrockneten, geschälten oder ungeschälten Zustand verwendet. Darüber hinaus hat sie etwa die 50-fache Süßkraft von Rohrzucker. Für die Spirituose hat sie eine ausbalancierende, tiefenorientierte Funktion und betont deren charakteristisch kühle Seite.

Zimt – Cinnamon – Cinnamomum

Auch als Ceylon-Zimt geläufig, ist es eines der ältesten Gewürze überhaupt, das aus der getrockneten Rinde des Echten Zimtbaumes in Handarbeit gewonnen und als Zimtstangen oder in Pulverform verkauft wird. Der Baum stammt ursprünglich aus Ceylon, dem heutigen Sri Lanka, wird mittlerweile aber in vielen tropischen Ländern angebaut.

Zimtkassie – Cassia bark – Cinnamomum cassia

Der Name ist etwas irreführend, da es kein echter Zimt ist, sondern ein eigenständiges Gewürz, das im Vergleich zum Ceylon-Zimt wesentlich preisgünstiger ist. Der Nachteil dieses Gewürzes ist das gesundheitsschädliche Cumarin, dessen Anteil um ein Vielfaches höher ist als im echten Zimt, wodurch es zunehmend öffentlich in die Kritik gerät.

Zimt und Zimtkassie bewirken in der Spirituose eine warme Würze und einen leichten Anflug von Süße.

Kardamom – Cardamom – Elettaria cardamomum / Amonum subulatum

Kardamom zählt mit zu den teuersten Gewürzen der Welt. Er ist eine mehrjährige, schilfartige Staudenpflanze, den Ingwergewächsen zugehörig und wird in der Regel zwei bis drei Meter groß. Man verwendet nur die Früchte (Samenkapseln), die kurz vor der Reife geerntet werden, um ein Öffnen der Kapseln zu vermeiden. Kardamom gilt als Energiespender und verleiht der Spirituose ein feines, warmes und würziges Aroma. Es gibt zwei Sorten:

Der Grüne Kardamom (Elettaria cardamomum) hat ein würziges, süsslich-scharfes Aroma und stammt ursprünglich aus Südindien, Sri Lanka und Thailand. Weitere Anbauländer sind Madagaskar, Tansania, Papua-Neuguinea, Vietnam und das große Exportland Guatemala.

Der Schwarze Kardamom (Amomum subulatum) ist auch bekannt als Nepal-Kardamom, Brauner Kardamom oder Elaichi und stammt aus dem östlichen Himalaya und China. Sein Geschmack unterscheidet sich deutlich vom Grünen Kardamom. Er besitzt ein frisches, herbes, erdiges Aroma und wird traditionell über offenem Feuer getrocknet, was ihm zusätzlich einen rauchigen Geschmack verleiht.

Ingwer – Ginger – Zingiber officinale

Vom Ingwer wird nur der fleischige Wurzelstock verwendet, der schon seit unseren Urahnen als Gewürz- und Heilmittel bekannt war und in tropischen bzw. subtropischen Gefilden wie Indien, Indonesien, Vietnam, China, Japan, Australien, Südamerika und Nigeria angebaut wird. Er hat erfrischende und zitronenartige Aromen mit scharfem Geschmack.

Muskat – Nutmeg – Myristica fragrans

Vom Muskatnussbaum werden nur die Samen und der Samenmantel verwendet. Nach der Ernte werden die Früchte getrocknet und dann entweder ganz oder nur teilweise gemahlen. Muskat riecht und schmeckt angenehm herb-würzig.

Mandel – Almond – Prunus amygdalus

Der Mandelbaum gehört zur Familie der Rosengewächse und wird schon seit Jahrtausenden kultiviert. Hauptsächlich wird er im Mittelmeerraum und im sonnigen Kalifornien angebaut, aber auch in Weinbaugebieten Deutschlands. Der verwendete Pflanzenteil ist der Keimling, der unter einer harten Samenschale liegt. Es gibt süße und bittere Mandeln. Gesundheitlich wirkt die Mandel cholesterinsenkend und präventiv gegen Herz-Kreislauf-Erkrankungen. Süßmandeln haben nur schwach nussige Aromen, wohingegen Bittermandeln marzipanartige Aromen besitzen.

Paradieskörner – Grains of paradise – Aframomum melegueta

Diese rötlich-braunen, getrockneten Samen, auch Guineapfeffer genannt, entstammen einer mehrjährigen Pflanze der Ingwergewächse des tropischen Westafrikas. Sie haben einen pikant-scharfen, ja pfeffrigen Geschmack, der nicht brennend wirkt, sondern ein angenehmes, warmes und würziges Aroma erzeugt. Sie geben der Spirituose eine gewisse Schärfe und Exotik.

Kubebenpfeffer – Kubeb – Piper cubeba

Er ist auf den indonesischen Inseln beheimatet, wird aber auch auf Sri Lanka angebaut. Die unreif geernteten Beeren dieser Kletterpflanze haben ein warmes Aroma, das nicht an den herkömmlichen Pfeffer erinnert. Er verleiht dem Destillat – wie sollte es auch anders sein? – eine pfeffrige Note.

Lavendel – Lavender – Lavandula angustifolia

Die Blüten des Lavendels sind von leuchtend violetter Farbe und ihr intensiver Duft wirkt beruhigend bis heilsam auf den Menschen. Das bittere bis würzige Aroma erinnert ein wenig an den des Rosmarins. Man findet ihn im mediterranen, afrikanischen und westasiatischen Raum.

Anis – Anise – Pimpinella anisum

Anis ist eine alte Gewürz- und Heilpflanze, die ursprünglich aus dem Mittelmeerraum stammt, aber auch in Ländern wie Indien, Mexiko und Deutschland anzutreffen ist. Sie wächst als einjährige, krautige, stark aromatische Pflanze. Ihre trockenen Früchte riechen charakteristisch und sind im Geschmack süßlich-aromatisch.

Sternanis – Star anise – Illicium verum

Sternanis ist botanisch nicht mit dem Anis verwandt; lediglich geschmacklich ähneln sie sich. Der immergrüne Baum ist in den gemäßigten bis subtropischen Klimazonen Ostasiens und Amerikas zu Hause. Die getrocknete, hölzerne Sammelfrucht (Stern) wird als Ganzes oder gemahlen verwendet, da die lakritzartige, etwas pfeffrige Würzkraft mehr in den Fruchtwänden steckt als im Innern.

Safran – Saffron – Crocus sativus

Safran, ein Krokusgewächs, wird vornehmlich im Iran und einigen Mittelmeerländern angebaut, in jüngster Vergangenheit aber auch in Österreich und der Schweiz. Die Bezeichnung «Safran» leitet sich vom arabisch-persischem «Za-fran» ab, was «gelb sein» bedeutet.

Die Pflanze trägt ein bis zwei Blüten und hat eine eher helle, violette Farbe. Aus der Blüte ragen drei orangerote Stempelfäden (Narben), die als Färbemittel und aromatisches Gewürz mit würzig-bitterem Aroma benutzt werden.

Safran zählt zu den teuersten Gewürzen der Welt. Um ein Kilogramm Safran zu gewinnen, benötigt man ungefähr 100.000 Blüten, die in reiner Handarbeit geerntet werden müssen.

Da es so teuer ist, wurde schon im Altertum versucht, mit Fälschungen aus Kurkuma zu betrügen. Ein simpler Natrontest überführt aber jene Unholde schnell.

Bohnenkraut – Savory – Satureja

Dieses weitverbreitete Gewürzkraut hat ca. 30 Unterarten und ist im Geschmack kräftig-würzig, herzhaft-pfeffrig und erinnert etwas an Thymian.

Zitronengras – Lemon grass – Cymbopogon citratus

Auch weitläufig als Lemongras bekannt, gehört es zur Familie der Süßgräser und ist im Überfluss auf den Philippinnen zu finden. Es besitzt intensive, frische Zitronenaromen.

Minze – Mint – Mentha

Die Minzen sind aromatische, krautige Pflanzen, die meist an feuchten Standorten gedeihen und in den gemäßigten Gebieten der Nordhalbkugel beheimatet sind. Die meisten der ca. 25 Grundarten unterteilen sich nochmals in viele Unterarten, woraus sich Hunderte Variationen ergeben. Wie sie schmeckt, wird wohl jedem geläufig sein.

Kurkuma – Turmeric – Curcuma longa

Die Kurkuma ist eine aus Südasien stammende Pflanzenart aus der Familie der Ingwergewächse. Der Wurzelstock hat einen leicht brennenden, harzigen Geschmack, wenn er frisch ist, und schmeckt getrocknet eher mildwürzig und ein wenig bitter. Ihre medizinische Wirkung liegt in der Anregung der Gallensäurenproduktion und gemeinhin wird sie als Gewürz und Färbemittel für Speisen verwendet.

Rose – Rose – Rosa

Die Rose, die jeder kennt, gibt der Familie der Rosengewächse ihren Namen. Die Vielfalt der verschiedenen Arten an Rosen ist enorm. Nicht umsonst wird die Rose schon seit der griechischen Antike als «Königin der Blumen» bezeichnet und aufgrund ihres auffallenden Dufts seit jeher für die Gewinnung von Rosenöl und Rosenwasser genutzt.

Kümmel – Caraway – Carum carvi

Der Kümmel zählt zu den ältesten Gewürzen überhaupt. Klassisch wird er in schweren Gerichten verwendet, da er bei der Verdauung von fetten Speisen hilft. In der Naturheilkunde wird dem Kümmel zudem eine appetitanregende Wirkung zugesprochen und er soll bei Krämpfen und Koliken der Verdauungsorgane lösend wirken. In der Pharmazie werden Teilfrüchte des Kümmels als Droge verwendet.

Kapstachelbeere – Cape gooseberry – Physalis peruviana

Die Kapstachelbeere, auch bekannt als Physalis, gehört zur Familie der Nachtschattengewächse und ist eine vitaminreiche Beere, die angenehm süß-säuerlich und fruchtig-aromatisch schmeckt. Man sieht sie zumeist als Garnierung von Süßspeisen. Die Physalis wird vor allem in Afrika, Südamerika, Indien und Indonesien angebaut und in die ganze Welt exportiert.

Affenbrotbaum – Baobab – Adansonia digitata

Der Afrikanische Affenbrotbaum, auch Afrikanischer Baobab genannt, gehört zu den bekanntesten und charakteristischsten Bäumen des tropischen Afrika. Das essbare Fruchtfleisch der Baobabfrucht ist weiß und reich an Vitaminen. Es schmeckt säuerlich und ist von einer Konsistenz, die in etwa an feste, brüchige Watte erinnert.

Fenchel – Fennel – Foeniculum vulgare

Der Fenchel findet schon seit Tausenden von Jahren in vielen Teilen der Erde seine Anwendung in der Heilkunde. Er dient jedoch nicht einzig und allein als Heilmittel, sondern ist heutzutage vielmehr als Gemüse- und Gewürzpflanze bekannt. Vom Fenchel werden die Knollen und Samen verarbeitet, die einen süßlich-aromatischen Duft und Geschmack haben, die etwas an Anis erinnern.

Blaubeere – Blueberry – Vaccinium myrtillus

Die Blaubeere, regional auch unter anderen Namen wie Heidelbeere, Schwarzbeere, Waldbeere, Wildbeere, Moosbeere und Heubeere bekannt, gehört zur Familie der Heidekrautgewächse. Ihr Vorkommen ist weitverbreitet und vorwiegend in den gemäßigten und nordischen Zonen Eurasiens anzutreffen. Sie wächst als Zwergstrauch in Wäldern des Flachlands bis ins hohe Gebirge. Wild wachsende Blaubeeren sind viel aromatischer als gezüchtete Beeren. Die Hauptsaison der Blaubeere liegt zwischen Juli und September. In der Vollreife ist sie von dunkelblauer Farbe, saftig und schmeckt süß. Aufgrund ihrer vielen nützlichen Eigenschaften hat sie seit jeher einen festen Platz in der volkstümlichen Heilmedizin.

Holunder – Elderflower – Sambucus

Weltweit gibt es mehr als zehn Arten Holunder, die eine Pflanzengattung in der Familie der Moschuskrautgewächse bilden. In Mitteleuropa sind drei Arten heimisch, allen voran und am meisten bekannt der Schwarze Holunder (Sambucus nigra). An dem hohen Strauch oder kleinen Baum mit starker Verzweigung bilden sich ab Mai bis Ende Juni seine weißen Blütendolden, die unverwechselbar und weithin duften. Die Holunderbeeren wachsen in der Zeit von August bis September anfänglich rot hin zu einer schwarzen Beere heran.

Die Blüten sowie die reifen Beeren finden vielfache Verwendung in der Volksmedizin, in der Pflanzenheilkunde, in der Küche, im Getränkebereich und als Farbstoff. Gerade die Holunderblüten haben in den letzten Jahren häufig Verwendung bei der Herstellung von Gins und einigen Tonics gefunden.

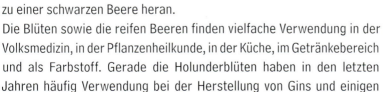

Hopfen – Hop – Humulus

Hopfen ist eine Pflanzengattung mit verschiedenen Arten aus der Familie der Hanfgewächse, die vorwiegend auf der Nordhalbkugel vorkommen. Kultiviert wird Hopfen jedoch auch auf der südlichen Halbkugel, wie in Australien und einigen südamerikanischen Ländern. Als das größte zusammenhängende Hopfenanbaugebiet der Welt gilt die bayerische Hallertau. Die bekannteste Art ist der Echte Hopfen (Humulus lupulus), dessen zapfenartige Ähre vorwiegend zum Bierbrauen verwendet wird. Aber nicht nur beim Bierbrauen ist der Hopfen unerlässlich, auch als Heilpflanze nutzt man seine medizinische Wirkung. Als Geschmacksträger bereichert er hie und da auch die Spirituosenwelt.

Piment – Allspice – Pimenta dioica

Ursprünglich ist der Pimentbaum in Mittelamerika und auf den Westindischen Inseln heimisch. Besonders Jamaika, das den größten Teil des Weltbedarfs liefert, ist für den Anbau von Piment bekannt. Piment ist auch unter den Synonymen Nelkenpfeffer, Jamaikapfeffer, Neugewürz und Allgewürz bekannt.

Aus den gelblich-weißen Blüten entwickeln sich die würzig riechenden Beeren, die im halb reifen Zustand geerntet werden. In diesem Zustand tragen die Beeren die intensivsten Aromen mit sich. Nach der Ernte werden die Früchte fermentiert und getrocknet. Piment hat einen reichhaltigen Geschmack, der gleichzeitig an mehrere Gewürze wie Pfeffer, Muskat, Nelken und Zimt erinnert.

Kapitel 12

Zitate & Anekdoten

Dieses Kapitel enthält eine kleine Auswahl von Zitaten und Anekdoten, die mit Witz, etwas Lebensphilosophie und auch Keckheit gespickt sind, sich aber immer um «Gin» drehen oder auf die Wirkung von Alkohol in bestimmten Situationen beziehen.

Wie so oft bei Zitaten ist deren genauer Wortlaut nicht immer gänzlich gesichert und so lange man nicht persönlich dabei war, kann man auch nur schwerlich wissen, ob oder wie etwas genau gesagt wurde. Trotz ausgiebiger Beschäftigung mit diesem schönen Thema erheben wir also keinen Anspruch auf absolute Authentizität.

Aber sei es drum, lassen Sie sich einfach von dieser Kurzweil illustrer Berühmtheiten und gewitzter Namenloser gut unterhalten!

Kurzvitae und Werke dieser Künstler und Persönlichkeiten finden Sie auf unserer Website unter der Rubrik «Vermischtes» (www.gin-buch.de/vermischtes).

Humphrey Bogart (1899–1957)

«Was ich habe, ist Charakter in meinem Gesicht. Es hat mich eine Menge langer Nächte und Drinks gekostet, das hinzukriegen.»

Seine letzten Worte sollen gewesen sein: «Ich hätte niemals von Scotch auf Martinis wechseln sollen.»

«Of all the gin joints in all the towns in all the world, she walks into mine.» («Von allen Kaschemmen in all den Städten dieser Welt kommt sie ausgerechnet in meine.»)

Aus dem Film «Casablanca», 1942

Im Spielfilm «African Queen» hat Bogart soeben der Missionarin Catherine Hepburn zur Flucht verholfen und gondelt nun mit ihr in seinem Kutter flussabwärts auf den (vermeintlichen) Tanganjikasee zu. Im Unklaren darüber, was sie jetzt tun sollen, resümiert der rauhe Flusskapitän Bogart jovial: «Zu Essen haben wir genug an Bord, in der Beziehung ist alles in Ordnung. Zweitausend Zigaretten, zwei Kisten Gin – was brauchen wir mehr!»

Im selben Film sieht man Bogart, wie er sein Glas in den Fluss taucht, um es mit etwas Wasser zu füllen und damit den Gin zu verdünnen. Das Wasser im Glas ist jedoch schlammfarben. Was ist wohl gefährlicher – der Gin oder das brakige Flusswasser? Und wie hätte er diesen Cocktail wohl genannt? «Sambesi-Schlamm»? Wie auch immer, wir haben uns davon inspirieren lassen und passend dazu einen Cocktail kreiert: «African Queen»! Sie finden ihn im Kapitel «Mixologie».

Winston Churchill (1874–1965)

«Der trockenste Martini ist eine Flasche guten Gins, die mal neben einer Wermutflasche gestanden hat.»

«Vergessen Sie bitte nicht, dass mir Alkohol immer zuträglicher war, als er mir Schaden zufügen konnte.»

«Man soll dem Leib etwas Gutes bieten, damit die Seele Lust hat, darin zu wohnen.»

«Als ich jung war, setze ich mir die Regel, niemals etwas Starkes vor dem Lunch zu trinken. Heute besteht die Regel darin, es möglichst nicht vor dem Frühstück zu tun.»

Am berühmt-berüchtigtsten waren wohl die steten verbalen Scharmützel zwischen ihm und seiner politischen Gegnerin Lady Astor. Hier zwei dieser Episoden.

Lady Astor richtete einen Maskenball aus und Churchill fragte, was sie ihm als Kostüm vorschlagen würde. Ihre Antwort: «Kommen Sie doch einfach nüchtern, Herr Premierminister.»

Lady Astor: «Wenn Sie mein Ehemann wären, würde ich Ihren Tee vergiften.» Churchill: «Verehrteste, wenn Sie meine Frau wären, würd' ich ihn sogar trinken!»

Ein weiterer vermeintlicher Schlagabtausch zwischen den beiden war folgender: «Winston, Sie sind ja betrunken!» Daraufhin er: «Das mag wohl sein, Miss, aber Sie sind hässlich und ich werde morgen früh wieder nüchtern sein.»

Dieses Zwiegespräch führte er jedoch mit Bessie Braddock, einem damaligen Mitglied des Parlaments.

James Thurber (1894–1961)
Cartoonist & Schriftsteller, USA

«Ein Martini ist moderat, zwei sind zu viel, drei sind nicht genug.»

Alec Waugh (1898–1981)
Autor & Literaturkritiker, UK

«Ich kann durchaus glauben, dass Dry Martini den Gaumen leicht angreift, aber denken Sie nur mal, was er für die Seele tut.»

Dorothy Parker (1893–1967)
Schriftstellerin & Satirikerin, USA

Dorothy Parker war mit gewitzten und pointierten Sprüchen wahrlich nicht sparsam. Der wohl bekannteste Vierzeiler von ihr lautet:

«Ich trink gern mal einen Martini,
vielleicht sogar auch mal zwei.
Nach dreien lieg ich unterm Tisch,
nach vieren unterm Gastgeber.»

Max Dauthendey (1867–1918)
Deutscher Dichter und Maler

«Wer eine unglückliche Liebe in Alkohol ertränken möchte, handelt töricht, denn Alkohol konserviert.»

P. G. Wodehouse (1881–1975)
Schriftsteller, UK (später USA)

«Jeder Zweifel an der Heftigkeit meines Katers wurde ausgeräumt, als ein Kätzchen ins Zimmer gestampft kam.»

Fenton Johnson (1888–1958)
Dichter, USA

«Nun kann ich mehr Gin trinken als jeder Mann der ganzen Gegend. Gin ist besser als das ganze Wasser in der Lethe*.»

Aus «The Scarlet Woman»

* Die Lethe ist ein Fluss der Unterwelt in der griechischen Mythologie, dessen Wasser das Gedächtnis auslöscht, wenn man es trinkt.

Stefan Gabányi

«Echte Männer brauchen kein Eau de Toilette: Sie träufeln einfach ein paar Tropfen puren Gin auf ihre Halsschlagader. Man kann ihn aber auch trinken.»

Süddeutsche Zeitung, 9.4.2007

Karsten Sgominsky

Nach einer Bar-Meisterschaft, an der ich vor Jahren teilgenommenen hatte, befragte mich ein Journalist vor Ort, wie ich auf diese Kreation gekommen sei. Antwort:
«Ich versuchte, die Charaktereigenschaften meiner Freundin durch die Auswahl der Zutaten festzuhalten.
Grenadine – rot, jeder weiß, wofür diese Farbe steht.
Limettensaft – sauer macht lustig und noch einiges mehr …
Pfirsichmark und Pfirsichlikör – weibliche, volle Süße.
Gin – … Sie müssen ja nicht alles wissen!»

Anonym

«Das einzige Mal, dass ich jemals einen Drink ablehnte, war, als ich die Frage missverstand.»

A: «Ich trinke Martini nur, um meine Schmerzen zu lindern.»
B: «Und was für Schmerzen haben Sie?»
A: «Absolut keine. Da sehen Sie mal, wie gut er wirkt.»

«Der schwierige Teil des Bartender-Daseins besteht darin, herauszufinden, wer wirklich betrunken ist und wer einfach dummes Zeug redet.»

Der berühmte Maler Rembrandt van Rijn war seinerzeit Stammgast in der Bar der Lucas Bols Destille. Der Legende nach beglich Rembrandt seine Trinkschulden an die Destille mit einem Bild eines seiner besten Schüler. Bis zum heutigen Tag soll sich dieses Bild im Besitz von Bols befinden.

In Ian Flemings Roman «Casino Royale» von 1953 nennt die Hauptfigur Geheimagent 007 James Bond einen selbstkreierten Cocktail nach einer Frau namens Vesper Lynd, in die er sich noch verlieben sollte. Das Rezept für den Vesper-Cocktail ist laut Roman:

3   Teile Gordon's Gin
1   Teil Wodka
½   Teil Kina Lillet

Bond gab dem Barkeeper dazu folgende Instruktionen: «Einen trockenen Martini. In einem tiefen Sektkelch. Drei Maß Gordon's, ein Maß Wodka und ein halbes Maß Kina Lillet. Shaken Sie das gründlich, bis es eiskalt ist; dann eine große, dünne Scheibe Zitronenschale dazu.»
Als sein Gegenüber ausrief: «Donnerwetter, was für ein Drink!» fügte Bond lachend hinzu: «Wenn ich mich – äh – konzentrieren muss, trinke ich nie mehr als ein Glas vor dem Abendessen. Aber dieser soll groß und sehr kräftig und sehr kalt und anständig gemacht sein. Ich mag keine kleinen Portionen, egal was es ist, besonders wenn sie auch noch schlecht schmecken. Dieser Drink ist meine eigene Kreation. Ich werde ihn patentieren lassen, sobald mir ein guter Name dafür einfällt.»

Gin Rummy

Wenn man im englischen Sprachraum andeutet, dass man Lust auf etwas Gin hätte, dann wird das mitunter mit dem Kartenspiel «Gin Rummy» interpretiert. So erging es auch uns des Öfteren, wenn wir gegenüber Engländern erwähnten, dass wir gerade ein Buch über Gin schreiben. Die Frage war dann, ob es sich um das Kartenspiel oder die Spirituose handle, da das Kartenspiel allgemein kurz «Gin» genannt wird.

Dieses Spiel für zwei Personen wurde 1909 vom US-Amerikaner Elwood T. Baker und seinem Sohn C. Graham Baker kreiert. Es ist den Regeln des traditionellen Rommés ähnlich und gut für einen kurzweiligen Zeitvertreib. Jeder erhält zehn Karten und abwechselnd muss eine Karte aufgenommen und abgelegt werden. Man formt Sätze aus Karten gleicher Wertigkeit oder Straßen gleicher Farbe. Sätze und Straßen müssen aus mindestens drei Karten bestehen.

Das As zählt 1, Bube, Dame und König jeweils 10 und die anderen Karten so, wie es darauf steht. Man darf erst dann auslegen, wenn die Punkte der auf der Hand verbleibenden Karten zusammenaddiert 10 oder weniger ergeben würden. Der auslegende Spieler («Klopfer») legt dann seine Sätze und Straßen offen und seine übrigen Karten separat ebenfalls offen ab. Der «Verteidiger» kann dann ebenso seine Karten ablegen und übrige Karten beim «Klopfer» anlegen, also Sätze vervollständigen oder Straßen erweitern. Die Punkte der übrigen Karten beider Spieler werden dann verglichen. Wer mehr Punkte übrig hat, verliert, und die Differenz zwischen beiden Scores wird dem Gewinner gutgeschrieben.

Kann der «Klopfer» alle Karten (außer der am Ende abzulegenden Karte) auslegen, ist das ein «Gin». Kann er gar alle elf Karten auslegen, ist das ein «Big Gin».

Wir wünschen gute Unterhaltung – und mit einem Glas Gin dazu ist es gleich doppeltes Gin-Entertainment.

Danksagung

Wissensdrang, Leidenschaft, geduldiges Recherchieren, das Zusammentragen, Auswerten und Hinterfragen von Informationen sowie dosierte Hartnäckigkeit schufen zwischen 2008 und 2012 das Fundament für dieses Werk. 2015 stand vornehmlich eine umfassende Erweiterung des Umfangs auf dem Plan, um den vielen neuen Marken – vor allem des deutschsprachigen Markts – gerecht zu werden. Und somit halten wir ein weiteres Mal mit Stolz ein Buch in Händen, das ohne die tatkräftige Unterstützung vieler Einzelpersonen wohl kaum in dieser Form entstanden wäre.

In erster Linie möchten wir allen Destillerien, deren Eignern, Marketingmanagern und -assistenten danken, die uns Informationen, Text- und Bildmaterial zukommen ließen. Des Weiteren gilt unser Dank immer noch all jenen fleißigen Angestellten in Archiven, Instituten und Bibliotheken, die uns damals bei unseren Recherchen halfen.

Einigen Personen möchten wir auf diesem Wege unsere ganz besondere Wertschätzung entgegenbringen:

Zu allererst geht unser tief empfundener Dank an unseren Verlag «édition gastronomique» für die Aufnahme des Buchs in sein Programm, insbesondere an unsere Projektleiterin Sandra Hasler für die Betreuung dieser Neuauflage. Ein ganz besonderes Dankeschön gilt unserem Literaturagenten Klaus Gröner von der «erzähl:perspektive». Mit seiner Geduld und viel Engagement hat er uns den Weg in die Verlagswelt geebnet und dabei auf vielfältige Weise erstklassige Arbeit geleistet.

Speziell für den geschichtlichen Bereich richtet sich unser Dank sowohl an Ton Vermeulen, seines Zeichens globaler Chefhistoriker im Dienste der Firma Bols, als auch an Dr. Johannes G. Endhoven, Historiker für Kunst- und Unternehmensgeschichte sowie Forschungsbeauftragter des Regionalarchivs Leiden, Niederlande. Die enge Zusammenarbeit mit diesen beiden Herren war überaus interessant und für entscheidende Fakten von außerordentlicher Bedeutung.

Darüber hinaus möchten wir (in alphabetischer Reihenfolge) folgenden Damen und Herren unseren ausdrücklichen Dank für die uns geopferte Zeit und Mühe übermitteln:

- Alexander Troppmann von BarFish.de – Drinks & More e. K., Online-Spirituosenhandel
- Bart Smith von der British Library London
- Christina Mühleisen für das Material über Stobbe's Machandel
- Claire Mounteney, Patent- und Trade-Mark-Anwältin in London
- Dr. Hendrik Defoort von der Universitätsbibliothek Gent, Belgien

- Mitch Schildmeijer für seine Übersetzungshilfe bei niederländischer Korrespondenz
- Monika Rademacher und Martin Hoppe vom Stadtarchiv Hanau
- Rob van Klaarwater, Museums- und Genever-Café-Betreiber in Schiedam, Niederlande, der uns in Sachen Genever auf den Weg half
- Sue Leckie (ehemals für Beefeater tätig)
- Valerie Hart, Bibliothekarin an der Guildhall Library London

Natürlich möchten wir auf keinen Fall versäumen, unseren Familien und Freunden zu danken, die uns ein steter Energiequell waren und uns vom ersten bis zum letzten Tag dieses Projekts auf vielfältige Weise und mit grenzenlosem Verständnis unterstützten.

www.gin-buch.de

Bildnachweis

Sollte trotz intensiver Recherche eine Quelle bzw. ein Urheber falsch wiederge-
geben sein, so bittet der Verlag um einen entsprechenden Hinweis. Die Produkt-
abbildungen stammen von den jeweiligen Herstellern, soweit nicht anders angegeben. Alle anderen Abbildungsrechte sind entweder gemeinfrei oder wurden
von den Autoren erworben bzw. diesen zur Verfügung gestellt. Die Abbildungen
wurden teilweise bearbeitet. Stand der Internetquellen: März 2016.

S. 278 Stadtwappen: Kreis Gütersloh (Wikipedia/Steinhagen [Westfalen])

S. 303 Karsten Sgominsky

S. 318 Shaker: Karsten Sgominsky, Thilo Brauer

S. 319 Gläser, Zubehör: Karsten Sgominsky, Thilo Brauer

S. 343 Wacholderzweig: Universität Greifswald (Koehler's Medicinical
        Plants); Wacholderbeeren: Shutterstock.com

S. 345 Koriander, Angelika: Universität Greifswald
        (Koehler's Medicinical Plants)

S. 346 Orange, Zitrone: Universität Greifswald (Koehler's Medicinical
        Plants); Limette, Grapefruit: Shutterstock.com

S. 347 Bergamotte, Veilchenwurz, Lakritze, Zimt: Universität Greifswald
        (Koehler's Medicinical Plants)

S. 348 Zimtkassie, Grüner Kardamom, Ingwer: Universität Greifswald
        (Koehler's Medicinical Plants); Schwarzer Kardamom: Brian Arthur
        (Wikipedia/Schwarzer Kardamom)

S. 349 Muskat, Mandel, Kubebenpfeffer: Universität Greifswald
        (Koehler's Medicinical Plants); Paradieskörner: Ayacop
        (Wikipedia/Paradieskörner)

S. 350 Lavendel, Anis, Sternanis, Safran: Universität Greifswald (Koehler's
        Medicinical Plants)

S. 351 Minze, Kurkuma: Universität Greifswald (Koehler's Medicinical
        Plants); Bohnenkraut: BioLib (Max-Planck-Gesellschaft zur Förde-
        rung der Wissenschaften e. V.); Zitronengras: Shutterstock.com

S. 352 Rose: Pierre-Joseph Redouté (Wikipedia/Rosen); Kümmel:
        Universität Greifswald (Koehler's Medicinical Plants); Kapstachel-
        beere: Flapdragon (en.Wikipedia/Physalis peruviana); Affenbrot-
        baum: Alex Antener (Wikipedia/Afrikanischer Affenbrotbaum)

S. 353 Fenchel: Augiasstallputzer (Wikipedia/Fenchel); Blaubeere:
        Otto Wilhelm Thomé – www.biolib.de (Wikipedia/Heidelbeere);
        Holunder: Universität Greifswald (Koehler's Medicinical Plants)

S. 354 Hopfen: Universität Greifswald (Koehler's Medicinical Plants);
        Piment: Universität Greifswald (Koehler's Medicinical Plants)

S. 369 Karsten Sgominsky, Thilo Brauer: Privat

Quellennachweis

- Arntz, Helmut: «Weinbrand – Wasser des Lebens», Bergisch Gladbach 1978
- Arntz, Helmut: «Weinbrenner – Die Geschichte vom Geist des Weines», Stuttgart 1975
- Beefeater London: «The Story of London's Gin», geschrieben von Geraldine Coates, UK 2007
- Bergdolt, Prof. Dr. med. Dr. phil. Klaus: «Der schwarze Tod in Europa», München 1994
- Bergdolt, Prof. Dr. med. Dr. phil. Klaus: «Die Pest», München 2006
- Brown, Jared & Miller, Anistatia: «Gemixt, nicht gerührt – Das Martini-Buch», München / Wien 1998
- Brown, Jared & Miller, Anistatia: «Spirituous Journey – A History of Drink», UK 2009
- Brunschweig, Heronimo: «Das buch der waren kunst zu distillieren», Straßburg 1512
- Campbell, Donald: «Arabian Medicine and its Influence on the Middle Ages», UK 1926 (Reprint 2000)
- Dillon, Patrick: «Gin – The much-lamented death of Madam Geneva; the Eighteenth-Century Gin Craze», USA 2004
- Doxat, John: «Drinks and Drinking», UK 1971
- Doxat, John: «The Gin Book», UK 1989
- Forbes, Robert James: «A Short History of the Art of Distillation», Leiden (Niederlande) 1970 (Reprint)
- Gerabek, Prof. Dr. med. Dr. phil. Werner E., Haage, Prof. Dr. med. Dr. phil. Bernhard D., Keil, Prof. Dr. med. Dr. phil. Dr. h. c. Gundolf und Wegner, Dr. phil. Wolfgang: «Enzyklopädie Medizingeschichte», Berlin 2005
- Hartmann, Friedrich: «Die Literatur von Früh- und Hochsalerno», Leipzig 1919
- Hengartner, Thomas & Merki, Christoph Maria (Hgg.): «Genussmittel – Ein kulturgeschichtliches Handbuch», Frankfurt am Main / New York 1999
- Hirsch, Prof. Dr. med. August (Hg.) & Wernich, Dr. A.: «Biographisches Lexikon der hervorragenden Ärzte aller Zeiten und Völker – Band 1», Wien / Leipzig 1884
- Kolb, Erich: «Spirituosen-Technologie», Hamburg 2002
- Lichine, Alexis: «Encyclopedia of Wines & Spirits», UK 1979
- Madaus, Dr. med. Gerhard: «Lehrbuch der biologischen Heilmittel, Band I-IV», Leipzig 1938
- Mandeville, Bernard de: «The Fable of the Bees», London 1714
- Marrison, L. W.: «Wines and Spirits», UK 1973

- Miller, Martin: «The Story of Martin Miller's Gin – Born of Love, Obsession and Some Degree of Madness», UK 2008
- Mintz, Sidney W.: «Die süße Macht – Kulturgeschichte des Zuckers», Frankfurt / New York 1987
- Möller, Kai: «Destillatio: Destillen und Destillieren», Norderstedt 2005
- Mühleisen, Christa: «Stobbe Machandel – Tiegenhof im Kreis Großes Werder», Niederelbert 2009
- Ray, Cyril: «The Complete Book of Spirits and Liqueurs», UK 1978
- Schivelbusch, Wolfgang: «Das Paradies, der Geschmack und die Vernunft», Frankfurt / M. 2005
- Schoonenberghe, Eric van: «Genever (Gin): A spirit drink full of History, science and technology», Gent (Belgien) 1999
- Tabernaemontanus, Jacobus Theodorus: «Neu vollkommen Kräuter Buch», Basel 1588 (Reprint 1963)
- Tlusty, B. Ann: «Bacchus and Civic Order: The Culture of Drink in Early Modern Germany (Studies in Early Modern German History)», USA 2001
- Veit, Raphaela: «Das Buch der Fieber des Isaac Israeli und seine Bedeutung im lateinischen Westen», Stuttgart 2003
- Watney, John: «Mother's Ruin – The Story of Gin», UK 1976

Quellennachweis Mixologie

Die hier aufgelisteten Publikationen dienten zur Auswahl vieler Gin-Cocktails und zu Vergleichszwecken, denn oftmals variieren Kreationen in ihren Rezeptangaben von Buch zu Buch.

- «Bar La Florida – Cocktails», Havanna 1935 (Reprint)
- Berk, Sally Ann: «Das Martini Buch», Köln 1998
- Berk, Sally Ann: «Cocktails – Der New Yorker Bartender», Köln 2005
- Boothby, Hon. Wm. T.: «‹Cocktail Bill› Boothby's World – drinks and how to mix them», San Francisco 1934 (Reprint)
- Brandl, Franz: «Brandls Bar Buch», Stuttgart 1996
- Brandl, Franz: «Cocktails mit Alkohol», München 2000
- Brehmer, A.: «Das Mixerbuch», Rostock 1935 (ca.)
- «Chicago Bartenders and Beverage Dispensers' Union Local No. 278», Chicago 1945 (Reprint)

- «Cocktails By Jimmy Late Of Ciro's», Philadelphia 1930 (Reprint)
- Craddock, Harry: «Savoy Cocktail Book», UK 1930 (Ausgabe 1999)
- Crockett, Albert Stevens: «The Old Waldorf-Astoria Bar Book»,
  New York 1935 (Reprint)
- Engel, Leo: «American & other Drinks», London 1878 (Reprint)
- Haigh, Ted: «Vintage Spirits and Forgotten Cocktails», USA 2009
- Johnson, Harry: «Handbuch für Bartender», USA 1882
  (Reprint Regensburg 2008)
- Kappeler, George J.: «Modern American Drinks», New York 1895 (Reprint)
- Nüesch, Paul & Speich, Suzanne: «Zu Gast bei Paul Nüesch
  in der ‹Kronenhalle Bar›», Bern / Stuttgart 1981
- Proskauer, Julien L.: «What'll You Have?», New York 1933 (Reprint)
- Roth, Peter & Bernasconi, Carlo: «Das Jahrhundert Mixbuch –
  100 Jahre Cocktail-Kultur», Niedernhausen / Ts. 1999
- Schumann, Charles: «American Bar – The Artistry Of Mixing Drinks»,
  München 1991
- Seuter, Carl A.: «Der Mixologist», Nordhausen 1909 (Reprint)
- Steed, Tobias & Reed, Ben: «Hollywood Cocktails», München 2001
- «The Cocktail Book: A Sideboard Manual For Gentlemen»,
  London 1926 (Reprint)
- Thomas, Jerry: «Bar-Tenders Guide – How To Mix Drinks»,
  USA 1862 (Reprint)
- Thomas, Jerry: «Bar-Tenders Guide – How To Mix Drinks»,
  USA 1887 (Reprint)
- Wehman Bros.: «Bartenders Guide – How To Mix Drinks»,
  New York 1912 (Reprint)
- Wupperman, J. W.: «Complete Mixing Guide», New York 1908 (Reprint)

Die Autoren

Karsten Sgominsky

Karsten Sgominsky, Jahrgang 1970, ist gelernter Hotelfachmann, seit 1999 in seiner Wahlheimat München tätig und arbeitet seit mehr als 20 Jahren mit unverminderter Leidenschaft als Barmann. Seine vielfältige Berufserfahrung befähigte ihn zur Ausbildung zahlreicher Nachwuchs-Bartender. Darüber hinaus machte er sich in diversen deutschen Städten bei der Organisation von Neu-eröffnungen verdient, die die Einrichtung von Bars und Restaurants, Personal-einarbeitung sowie die Auswahl des Getränkesortiments umfassten.

Thilo Brauer

Thilo Brauer, Jahrgang 1970, ist ebenfalls gelernter Hotelfachmann und arbeitete mehrere Jahre im Management verschiedener Londoner Hotels. Anschließend studierte er Projektmanagement, zog vor einigen Jahren nach Spanien um und ist seither freiberuflich für eine Internetmedienfirma als Konsultant und Über-setzer tätig. In den letzten Jahren stand er den Organisatoren von Tasting-Events beratend zur Seite.

Ihre kulturelle Leidenschaft für alles, was sich um das Barwesen, dessen Geschichte, Neuentwicklungen und Kreationen dreht, führte sie zu der Idee, ein Fachbuch über Gin zu verfassen und sich deshalb gemeinsam noch tiefgründiger mit dieser Materie zu befassen.

Dazu gehörten neben Besichtigungen einiger Destillen und dem regelmäßigen Besuch von Barmessen und Tasting-Events vor allem der Aufbau einer engen internationalen Zusammenarbeit mit Herstellern und Historikern sowie das intensive Studium von aktuellen und historischen Quellen. So kamen Fachwissen und berufliche Qualitäten mit Fakten und Daten aus den Kooperationen und Studien zusammen.

Notizen

Kapitel 5

Genever

Genever – der Urvater des Gins

Genever ist ein mit Wacholderbeeren aromatisiertes, destilliertes Getränk, das in den Marktverbandsverordnungen und der Europäischen Gesetzgebung wie folgt definiert wird: «Genever ist ein Alkoholgetränk, das farblos bis hellgelb ist, ausschließlich aus Malzwein bzw. Malzweindestillat sowie aus Getreide und Melasse gebranntem Alkohol besteht, unter Verwendung von mikrobiologisch reinem Wasser und unter Beigabe von Wacholderbeeren sowie eventueller anderer Kräuter und / oder Samen destilliert wird und einen Alkoholgehalt von mindestens 35% Vol bei 20 °C aufweist.»

Bols-Werbeposter
Argentinien
Collection Lucas Bols Heritage

Genever oder Jenever?

Die unterschiedliche Schreibweise mit «G» oder «J» unterliegt keinen gesetzlichen Vorgaben und definiert nicht den jeweiligen Genever-Typ. Eine vermeintliche Tendenz, dass Jonges mit «J» und Oudes mit «G» geschrieben werden, bestätigt sich nicht. Jedoch fällt auf, dass der Genever in Belgien ausschließlich mit «J» geschrieben wird, also Jenever.

Die botanische Bezeichnung des Wacholders in der niederländischen Sprache ist «jenever». Ob sich dieser Begriff vom lateinischen «Juniperus» ableitet oder von der französischen Version «genièvre» (oder altfranzösisch: «genèvre»), kann niemand mehr mit Sicherheit sagen bzw. belegen. Ebenso wenig präzise nachweisbar ist, ab wann der Jenever «Jenever» hieß. Das Einzige, was wir unserem Wissensstand nach sagen können, ist, dass Caspar Coolhaes wohl als Erster die Schreibweise «Genever» – also mit «G» – verwendete, und zwar in seiner Publikation von 1588 (siehe Kapitel «Historie»).

Die Entstehung des Genevers und seiner Bezeichnung als solcher hat jedenfalls überhaupt nichts mit der in der französischsprachigen Schweiz gelegenen Stadt Genf (französisch: Genève) zu tun.

Folgende Schreibweisen und Bezeichnungen für Genever sind gängig:
- Deutschland – Genever
- Niederlande – Jenever, Genever
- Belgien (Flandern) – Jenever
- Belgien (Wallonien) – Peket
- Frankreich – Genièvre, Genévrier
- Spanien – Ginebra
- Englischer Sprachraum – Geneva, Genever, Hollands (Gin)

Die Autoren haben sich in diesem Buch für die Schreibweise «Genever» entschieden, da diese international geläufiger ist. Bei den Produktvorstellungen werden selbstverständlich die von den Herstellern festgelegten Schreibweisen verwendet.

Moutwijn

Kupferdestillerkessel
Zuidam Destille, Niederlande

Moutwijn (sprich: Mautwein) – obwohl dieser Begriff als «Malzwein» eingedeutscht wurde, verwenden wir im Verlauf des Buches das altehrwürdige Original «Moutwijn».

Bei der Herstellung von Moutwijn werden in der Regel Mais, Roggen und Gerstenmalz zu gleichen Anteilen vermischt, wobei auch Weizen eingebracht werden kann. Es sei erwähnt, dass Mais erst ab ca. 1878 zum Einsatz kam.

In einer speziellen Hammermühle wird das Getreide auf eine bestimmte Größe gemahlen (geschrotet), anschließend in einem Kessel mit heißem Wasser vermischt und schrittweise abgekühlt. Unter Zugabe von bestimmten Enzymen wird der Mehrfachzucker in gärfähigen Einfachzucker umgewandelt. Dieser biochemische Vorgang ergibt die sogenannte «süße Maische», die im weiteren Verlauf mit Hefe versetzt wird. Erst jetzt setzt der Gärungsprozess ein und dauert einige Tage an. Nach dieser Gärzeit erreicht die Maische einen Alkoholgehalt von ca. 4–6% Vol und stellt das Ausgangsprodukt für die erste Destillation dar. Diese Maische wird dann entweder im «Pot Still»- oder im kontinuierlichen Brennverfahren destilliert. Nach dem ersten Brennvorgang hat das resultierende Destillat ca. 12% Vol und wird jetzt ein weiteres Mal destilliert, wodurch es eine Alkoholstärke von ca. 22–24% Vol erreicht. Bevor die dritte Destillation vonstatten geht, können optional vom Brennmeister jetzt schon Kräuter und Gewürze hinzugegeben werden. Nach dieser dritten Destillationsrunde erreicht nach Abtrennung von Vor- und Nachlauf der Mittellauf, das Herzstück, einen Alkoholgehalt von ca. 46–48% Vol.

Das Ergebnis ist der Moutwijn, der als fertiges Zwischenprodukt in Holzfässer abgefüllt, teils für längere Zeit gelagert, aber hauptsächlich an Destillerien für die weitere Verarbeitung zu Genever geliefert wird.

Vorhang auf für den Genever

Genever wird traditionell bis heute noch nach der holländischen (Schiedamer) Methode hergestellt und setzt sich aus Moutwijn, Neutralalkohol und Botanicals zusammen. Durch den Anteil an Moutwijn bei der Vermengung mit Neutralalkohol wird definiert, ob der Genever zur Kategorie der Oude Genever oder der Jonge Genever gehört. Die Bezeichnungen «Oude» (alt) und «Jonge» (jung) sind keine Synonyme für das Alter eines Genevers, sondern für die angewandte Herstellungsmethode.

Oude Genever präsentiert sich mit einem deutlichen Malz- und Getreidegeschmack, wobei eine Wacholdernote nicht zwingend wahrnehmbar sein muss. Um als «Oude» gelten zu dürfen, muss der Moutwijn-Anteil im Mischungsverhältnis zum Neutralalkohol mindestens 15% betragen und darf nicht mehr als 20 Gramm Zucker pro Liter enthalten. In vielen Marken ist der Moutwijn-Anteil jedoch bedeutend höher als 15%. Obwohl nicht gesetzlich vorgeschrieben, lagern Hersteller ihren fertigen Oude Genever oftmals noch über Monate oder Jahre in Holzfässern. Ziel dessen ist, dem Genever eine zusätzliche Reife angedeihen zu lassen. Nach der Lagerzeit erfolgt die Abfüllung in Glas- und/oder traditionelle Steingutflaschen.

Jonge Genever hingegen darf maximal einen Moutwijn-Anteil von 15% besitzen und nicht mehr als 10 Gramm Zucker pro Liter beinhalten. Hier werden die Botanicals im Neutralalkohol mazeriert und mit Moutwijn vermengt. Er ist transparent und in seinem typischen Geschmacksbild wesentlich zurückhaltender. Diese Form des Genevers entstand zu Beginn des 20. Jahrhunderts und konnte ohne weitere Lagerung direkt in Flaschen abgefüllt und verkauft werden.

Die Popularität des Jonge Genever stieg in den Nachkriegsjahren deutlich an und sicherte sich ab den 1950ern einen festen Platz in den niederländischen Bars und Restaurants.

Graan Genever (auch Graanjenever) ist eine optionale Zusatzbeschreibung auf den Flaschenlabels und weist einen Genever aus, der aus 100% Getreide hergestellt sein muss. Das heißt, dass auch der mit dem Moutwijn vermengte Neutralalkohol einzig aus Getreide gewonnen wurde. Denn nicht zu vergessen: Neutralalkohol kann auch aus anderen Rohstoffen wie Wein, Obst, Melasse etc. hergestellt werden.

Korenwijn besteht aus mindestens 51% Moutwijn-Anteil, hat durch eine vierte Destillation einen deutlich höheren Alkoholgehalt und wird für längere Zeit (meist über Jahre hinweg) zur Reifung in Eichenfässern gelagert. Er hat einen sehr malzigen, vollen und gereiften Körper, eine leichte Färbung und eine Trinkstärke von 38–45% Vol. Korenwijn stellt eine eigenständige Kategorie dar, weshalb auf dem Etikett die Bezeichnung «Genever» nicht anzutreffen ist.

Moutwijn Genever ist eine eher selten anzutreffende Sonderform, die einen sehr hohen Anteil an Moutwijn besitzt. Dieser Anteil an Moutwijn liegt nur geringfügig unter dem des Korenwijns.

Die Auswahl der Botanicals für die Aromatisierung ist naturgemäß von Hersteller zu Hersteller unterschiedlich und lässt viel Spielraum für eine individuelle Gestaltung. Dabei handelt es sich um streng gehütete Rezepturen, die oft über Generationen weitergereicht wurden.

Die ausgewählten Botanicals kommen wie dereinst schon aus der ganzen Welt. Die am häufigsten verwendeten Botanicals sind neben Wacholderbeeren als verpflichtendem Bestandteil Koriander, Anis, Kümmel, Zitronen, Orangen, Pomeranzen, Angelikawurzel, Süßholz und bestimmte Kräuterpflanzen.

Mit Neutralalkohol, Moutwijn und Botanicals zur Hand eröffnen sich dem Brennmeister die verschiedensten Möglichkeiten des Zusammenbringens dieser drei Komponenten. Die gängigste Variante ist, dass Neutralalkohol mit den Botanicals aromatisiert und anschließend mit dem Moutwijn entsprechend vermengt wird.

Welche Wege auch eingeschlagen werden, eines bleibt gleich: das Einstellen auf Trinkstärke durch die Zugabe von Wasser. Der letztendliche Alkoholgehalt reicht von 30–50% Vol, pendelt sich aber überwiegend bei 35–38% Vol ein.

Der Alkoholgehalt variiert länderspezifisch, da sich Belgien und die Niederlande nicht auf einen Mindestalkoholgehalt für Genever einigen konnten. Belgien forderte 30% Vol, die Niederlande dagegen 35% Vol. Das EU-Recht gibt keine Alkoholwerte für Genever vor, sodass es im Ermessen der jeweiligen Länder liegt, die Trinkstärke ihrer Branntweine festzulegen.

Ruft man sich die komplexe Herstellungsweise des Moutwijn, die Zusammensetzung des Neutralalkohols und die verschiedenen Brenn- und Aromatisierungsverfahren in Erinnerung, erkennt man deutlich, dass die Variationsmöglichkeiten im Herstellungsprozess immens sind. Kein Wunder also, dass die Geheimhaltung noch strenger gehandhabt wird als im Allgemeinen bei Gin-Herstellern.

Abschließend möchten wir nicht versäumen anzumerken, dass das, was man in den Anfangszeiten Genever nannte, nicht mit dem Genever der Gegenwart verglichen werden kann. Es war seinerzeit vielmehr ein Kornbranntwein, wenn nicht sogar ein reiner Moutwijn, der mit Wacholderbeeren und weiteren Aromaträgern angereichert wurde. Wer sich ein ungefähres Bild vom «Ur-Genever» machen will, der sollte einen Korenwijn probieren.

Der Vollständigkeit halber möchten wir eine Besonderheit der belgischen Genever nicht unerwähnt lassen. Es ist ein regionales Gütesiegel namens «O'de Flander». Im Jahre 1990 wurde der «Orden der Ostflämischen Meisterdestillateure» (Original: Orde van de Oost-Vlaamse Meester-Distillateurs) gegründet, eine Initiative des Wirtschaftsrates Ostflanderns (EROV) und elf ostflämischer Genever-Hersteller.

Siegel der «O'de Flander»-Gesellschaft

Die Definition von «O'de Flander» bedeutet in erster Linie, dass es um einen Graanjenever geht, der im Gebiet der Provinz Ostflandern hergestellt wird. Die Herstellungsphase des Graanjenevers, in der er seinen endgültigen Charakter erhält, muss also in Ostflandern stattfinden.

Zweitens müssen alle ostflämischen Graanjenever mit diesem Gütesiegel einen Alkoholgehalt von mindestens 35% Vol haben. Obwohl das belgische Recht dem Genever einen Alkoholgehalt von nur 30% Vol vorschreibt, ist man in diesem Orden der Ansicht, dass ein charaktervoller Qualitäts-Genever einen Alkoholgehalt von 35% Vol oder mehr verlangt.

Drittens muss der Hersteller beweisen können, dass er in der Zubereitung des Genevers einzig von Getreidealkohol Gebrauch macht. Speziell bedeutet dies, dass er aus einer Maische der Getreidesorten Weizen, Roggen, Gerste und Mais destilliert sein muss.

Beim Beitritt zum Orden müssen daher Ursprungszeugnisse vorgelegt werden, die die oben angeführten Voraussetzungen als erfüllt belegen. 2007 wurde O'de Flander von der EU als Siegel für die geografisch geschützte Herkunft der Genever aus dieser Region anerkannt.

Genever-Marken

Anders als beim Gin ist dieses Kapitel nach den Herstellern geordnet, die mit ihren jeweiligen Produkten und Marken vorgestellt werden, was die Übersicht erleichtern soll.

Im Gegensatz zu den meisten Gin-Herstellern geben sich Genever-Hersteller wesentlich bedeckter, was die Zusammensetzung der Genever, seiner Botanicals und die exakte Abfolge der angewendeten Herstellungsprozesse betrifft. Die eingangs dieser Rubrik ausgeführten Methoden – und die Variationsmöglichkeiten derselben – geben einen guten Einblick, wie umfangreich und ausgeklügelt die Herstellungsverfahren sein können. Das führt deutlich vor Augen, dass Genever letztlich eine tiefer verwurzelte Tradition und längere Geschichte als Gin hat, was die stärker ausgeprägte Geheimnishütung der Genever-Destillerien durchaus verständlich erscheinen lässt.

Nichtsdestoweniger gibt es viel Interessantes zu berichten, und auch wenn sich die Präsentationen vornehmlich auf historische Aspekte konzentrieren werden, so wird doch nicht gänzlich auf produktspezifische Informationen verzichtet. Wohlan denn!

Werbeposter der verfügbaren Flaschenformen von 1925
Collection Lucas Bols Heritage

Bols

Köln 1575. Die Mitglieder der Familie Bols, damals hieß sie noch Bulsius, waren protestantische Flüchtlinge, die aus der Gegend von Antwerpen in Westflandern stammten. Als die Gegenreformation das Leben in Köln problematisch werden ließ, entschieden sie sich, nicht länger in fremden Landen zu verweilen, und zogen weiter gen Amsterdam. Dort angekommen gründeten sie ihre Destillerie, die sie «het Lootsje» («Der kleine Schuppen») nannten und die sich zu diesem Zeitpunkt noch außerhalb der Stadtmauern befand, aber um 1612 eingemeindet wurde. In dieser einfachen Holzhütte begannen sie mit dem Brennen von Likören. Das war der Beginn der heute ältesten Destillerie der Welt.

Die Bols Destille wuchs rasant und das Holzhaus wich bald einem größeren und moderneren Gebäude aus Stein, doch der Name «het Lootsje» blieb. Die erste urkundliche Nennung stammt von 1634, als Pieter Jacobszoon Bols im Stadtregister als Betreiber der «het Lootsje» an der «Rozengracht» dokumentiert wurde. 1652 wurde der spätere Namensgeber Lucas Bols geboren. Im Jahre 1664 orderte die Bols Destillerie 989 Pfund Wacholderbeeren, was der erste dokumentierte Beweis für den Bols Genever ist, obwohl Genever zu jener Zeit schon ein weitverbreitetes Getränk in den Niederlanden war.

Als Lucas Bols die Firmengeschäfte übernahm, führte er die Destillerie zu beträchtlichem Ansehen, sodass das Unternehmen bald seinen Namen erhielt. Er war darüber hinaus ein nicht unbedeutender Teilhaber der «Holländischen Ostindien Gesellschaft» (VOC), die unter anderem führend im Gewürzhandel war. Das sicherte ihm die Versorgung mit frischen Kräutern aus aller Herren Länder. Gleichzeitig war seine Destille über viele Jahre einziger Lieferant der VOC für «feine Brände und Liköre».

Im 18. Jahrhundert stieg die Familie Bols zu einer sehr erfolgreichen Dynastie auf und entfernte sich erfolgsverwöhnt immer mehr vom Alltagsleben der Destille. Dadurch – und durch die Kontinentalsperre Napoleons – wurde die Firma extrem geschwächt.

Als im Jahre 1813 der letzte männliche Erbe Hermanus Bols starb, stand die Firma zum Verkauf, allerdings mit der Auflage, dass der Firmenname «Lucas Bols» beibehalten werden müsse.

Land:
Niederlande
Hersteller:
Lucas Bols BV
Markeneigner:
AAC Capital Partners

Bols Genever Amsterdam est. 1575

BARREL AGED
French Oak
———
1575
18 MONTHS BARREL AGED
IMPORTED FROM HOLLAND
GRAIN SPIRIT,
GRAIN NEUTRAL SPIRITS,
WITH NATURAL FLAVORS
CARAMEL COLORED

1L. 42% ALC./VOL.

Bols Genever Amsterdam est. 1575
———
1575
PRODUCT FROM HOLLAND
ORIGINAL RECIPE

e 0.70L. 42% ALC./VOL.

Bols Genever Amsterdam est. 1575

21
CENTURY

Den Anfang der nun folgenden, über die Jahrhunderte zahlreichen Besitzerwechsel (die hier nicht alle einzeln aufgeführt werden) machte der Rotterdamer Finanzier Gabriël Theodorus van't Wout. Er trat ein wundervolles Erbe von 250 handgeschriebenen Originalrezepturen an und nannte die Destille in «Erven Lucas Bols» um – «Erben Lucas Bols». In den 1830ern schrieb er ein Handbuch namens «Destillateur- und Likörbereiter-Handbuch von einem alten Patron des kleinen Schuppens» (Originaltitel: «Distillateurs- en Liqueurbereiders Handboek door een oude patroon van 't Lootsje»), das heute in den Bols-Archiven liegt.

Um 1860 kaufte die Familie Moltzer das Unternehmen und bemühte sich besonders darum, die Bols-Produkte im größeren Stil zu exportieren, wodurch diese weltweit bekannt wurden. 1954 wurde die Bols Destillerie ein börsennotiertes Unternehmen.

Während eines etwa sechsjährigen Zusammenschlusses von 1993 bis 1998 mit dem Lebensmittelhersteller «Koninklijke Wessanen» zog Lucas Bols 1997 nach Zoetermeer (Provinz Südholland) um und wurde drei Jahre später von der Remy Cointreau Gruppe übernommen. Seit April 2006 befindet sich Lucas Bols im Besitz seiner Direktoren und der niederländischen Investorengruppe AAC Capital Partners. Damit ist der weltweit älteste und traditionsreiche Hersteller nicht nur wieder in landsmännische Hände, sondern im Mai 2014 auch in die renovierte und erweiterte Destille im Herzen von Amsterdam an seinen Ursprungsort zurückgekehrt. Dort betreibt Bols auch sein eigenes Museum und eine Bartenderakademie.

Bols produziert seinen Getreidealkohol und Moutwijn nicht selbst, sondern wird vom belgischen Hersteller Filliers damit beliefert.

Die folgenden Genever-Marken gehören Lucas Bols und werden bis auf Letztere im ca. 50 Kilometer von Amsterdam entfernten Zoetermeer hergestellt: Bokma, Claeryn, Hartevelt, Hoppe, Hulstkamp, Henke und Wynand Fockink.

Das Portfolio von Bols umfasst ein sehr umfangreiches Sortiment an Likören und verschiedensten Bränden. Die oben erwähnten weiteren Genever-Marken von Bols werden hier ebenfalls mit vorgestellt.

Bols Jonge Graanjenever ist ein zweifach destillierter Genever aus reinem Getreidealkohol. Er enthält 14 Zutaten, wie z. B. Wacholder, Angelikawurzel, Anissamen, Ingwerwurzel und Aprikosenkerne, und hat einen Alkoholgehalt von 35% Vol.

Bols Zeer Oude Genever ist ein Genever, der noch im traditionellen 1-Liter-Tonkrug mit 35% Vol und seit 2002 auch in einer braunen Glasflasche abgefüllt wird. Er enthält andere Botanicals als der Jonge und zusätzlich etwas Karamel, was ihn ein wenig süßer macht und ihm seinen gelblichen Farbton verleiht.

Bols Amsterdam Genever – hierbei handelt es sich weniger um ein neues Produkt als vielmehr um die Wiedereinführung einer alten Rezeptur von 1820. Kräftig im Geschmack eignet er sich mit seinen 42% Vol nicht nur erstklassig für Cocktails, sondern ist auch pur ein wahrer Genuss. Das Flaschendesign ist den alten Tonkrügen nachempfunden, jedoch schlanker, höher und aus dunklem Glas.

Bols Genever 21 – die neueste Kreation im Sortiment. Eine Rezeptur des 21. Jahrhunderts und das Ergebnis einer Koproduktion des Bols-Destilliermeisters und Casper Reinders', einer Ikone der Amsterdamer Barszene. Das Labeldesign ist de facto die Hand des Künstlers Vincent van de Waal. Mit seinen 38% Vol und leichten, malzigen Geschmacksnoten eignet er sich laut Bols wohl besonders gut für das holländische Ritual «Kopstootje» – na dann frohes «Schlürfen»!

Bols Barrel Aged Genever – ein original Bols Genever-Rezept aus dem 19. Jahrhundert, das Bols' Meisterdestillateur Piet van Leijenhorst wiederbelebte. Inspiriert durch die amerikanische Bourbon-Tradition und gepaart mit seiner Erfahrung im Reifen von Genever in Fässern, schlug nun die neue Stunde eines authentischen Genevers, der unter anderem die Botanicals Hopfen, Nelken, Anis, Süßholz, Ingwer und Wacholder enthält. Nach 18 Monaten Reifezeit wird er – wie sollte es auch anders sein – in traditionelle Tonkrüge abgefüllt. Bei der Beschriftung besann man sich des typischen handschriftlichen Stils, in dem Amsterdamer Cafés des 19. Jahrhunderts ihre Schaufenster bemalten.

Bols hat zudem drei Korenwijn-Sorten, die sich in den Lagerungszeiten unterscheiden. Im braunen Tonkrug wird ein Korenwijn mit 38% Vol abgefüllt, die in den schwarzen Tonkrügen haben jeweils 40% Vol.

Der mittig dargestellte Korenwijn erfährt eine Doppellagerung für sechs Jahre, das heißt, er wird zunächst in französischen Eichenholzfässern gelagert und innerhalb des Zeitraums in amerikanische Bourbon-Fässer umgelagert. Der dritte Korenwijn im Bunde wird auf gleiche Weise für ganze zehn Jahre gelagert, wobei eine Lagerung in speziellen Cognac-Fässern in dieser Zeit hinzukommt.

Biercée

Land:
Belgien
Hersteller:
Distillerie de Biercée

Die 1946 im Südwesten Belgiens nahe der französischen Grenze gegründete Destille hatten wir schon im Kaptiel «Gin-Marken» vorgestellt und dort erwähnt, dass man auf Obstbrände und Genever spezialisiert sei.

Wie in Wallonien üblich, heißen hier die Genever «Peket». Daran hält sich auch de Biercée mit seinem Peket dè Houyeu. Der Name bedeutet so viel wie «Starkes Getränk für Kumpel», wobei sich Kumpel auf die Arbeiter in den Kohlebergwerken bezieht, die sich bei Liège in Südbelgien befinden.

Es ist ein Graanjenever, der nach altem Brauch und den AOC-Regularien für Oude Genever hergestellt wird. Für den Moutwijn werden standardmäßig gemälzte Gerste und Roggen verwendet, die zweifach destilliert werden. Der Wacholder wird während der zweiten Destillation hinzugefügt, um das Geschmacksbild angenehm zu gestalten, was durch den Alkoholgehalt von 35% Vol unterstrichen werden soll.

Anschließend wird das Destillat für sechs bis zwölf Monate in Weinfässern aus dem französischen Weinbaugebiet Sauternes, das für edle, süße Weißweine bekannt ist, eingelagert. Dadurch wird er bernsteinfarben und erhält würzigen Vanillenoten. Zum Schluss wird der Peket in Steingutflaschen abgefüllt, die absichtlich eine etwas ungeschliffene Form und Oberfläche haben sowie im aufgestempelten Label die Miniatur eines Kohlebergwerkers tragen.

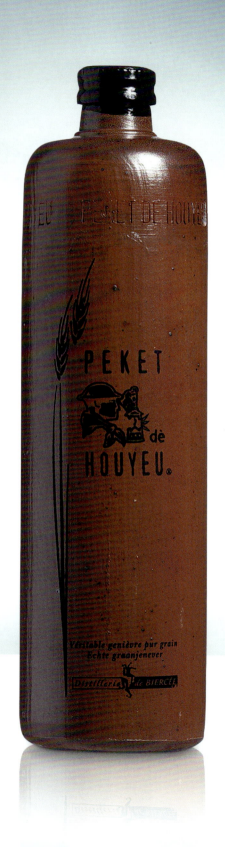

Bokma

Der Bäckermeister Freerk Klaaseszoon Bokma (1841–1903) erhielt 1894 eine Konzession, in Leeuwarden eine Destille errichten zu dürfen, die er «de bron» («die Quelle») taufte. Die Bokma-Produkte weisen eine lange Familientradition auf und wurden 1994 von der Lucas Bols Gruppe aufgekauft, die seit 2006 der Investorengruppe AAA Capital Partners gehört. Typisch für Bokma ist die um 1890 eingeführte eckige Flaschenform.

Land:
Niederlande
Hersteller:
Lucas Bols BV
Markeneigner:
AAC Capital Partners

Bokma Jonge Graanjenever wurde 1966 auf den Markt gebracht, ist ausschließlich aus Roggen, Weizen und Mais gebrannt und hat 35% Vol.

Bokma Oude Friesche Genever enthält bei 38% Vol unter anderem Angelika, Wacholderbeere, Süßholz, Dill, Sternanis und Gewürznelke.

Bokma De Vijf Jaren ist ein goldbrauner Oude Genever, der fünf Jahre in alten Eichenholzfässern gelagert wird und ebenfalls 38% Vol hat.

Claeryn Jonge Genever wurde 1952 von Bols eingeführt, sein Flaschendesign und sein Geschmack sind sehr individuell, wobei Letzterer fast an einen Oude Genever erinnert.

Wynand Fockink Superior Genever ist ein Destillat der gleichnamigen Traditionsmarke, die 1954 als langjähriger lokaler Konkurrent von Lucas Bols aufgekauft wurde. Es handelt sich hierbei um genau jene Pijlsteeg Destille im Zentrum Amsterdams, wo seit 2014 neben der WF-Palette auch die Bols Genever und Liköre sowie der Damrak Gin hergestellt werden.

Hartevelt Jonge Jenever wurde ursprünglich 1734 von Joanis Hartevelt in Leiden in seiner Destille «De Fransche Kroon» aus der Taufe gehoben und 1968 in die Bols Gruppe eingegliedert.

Henke mit seinen verschiedenen Genevers wurde 1986 von Bols übernommen.

Wie schon Bokma sind auch Hoppe und Hulstkamp Marken, die Bols 1994 von Heineken kaufte.

Alle hier aufgeführten Marken bis auf Wynand Fockink werden in der Hauptproduktionsstätte von Bols in Zoetermeer hergestellt.

Boomsma

Land:
Niederlande
Firmenname:
Boomsma Distilleerderij BV

Seit mittlerweile fünf Generationen ist diese Destille in Familienbesitz. Alles begann, als Dirk Boomsma im Jahre 1883 eine Destille errichtete und einen Großhandel für Kolonialwaren und Spirituosen im Stadtzentrum der friesischen Hauptstadt Leeuwarden eröffnete. Er verkaufte in Korb eingebundene 10- und 20-Liter-Flaschen an Bars in Leeuwarden. Später kam ihm die Idee, diese Spirituosen auch in 1-Liter-Flaschen für den Verzehr daheim anzubieten. Zu Beginn des 20. Jahrhunderts erweiterte Jodocus Boomsma die Destille. Heute wird das Familienunternehmen in fünfter Generation geführt, hat eine breite Produktpalette und unterhält sogar sein eigenes kleines Museum im Zentrum Leeuwardens.

Boomsma Jonge Graanjenever ist eines der ältesten Boomsma-Produkte, das noch nach dem Geheimrezept von 1883 hergestellt wird. Eine Mischung aus Getreidealkohol und Moutwijn wird ohne Zusatz von künstlichen Inhaltsstoffen oder Aromen zweimal destilliert. Das Endergebnis ist ein leichter Genever mit Noten von Wacholder, Koriander und Zitrone. Seine Trinkstärke beträgt 35% Vol und das Flaschendesign ist von Ornamenten geziert.

Boomsma-Stand:
Erste niederländische
Jahresmesse 1924

Die Boomsma's «Âlde Kapteyn» Echte Oude Genever haben als wichtigste Zutat «die Zeit». Es wird eine Mischung aus Getreidedestillat, Moutwijn und Korenwijn für ein bis fünf Jahre in Eichenfässern gelagert. Die Besonderheit beim drei Jahre gelagerten ist, dass hierfür Portweinfässer verwendet werden, was dem Genever eine deutlich dunklere Färbung gibt als den anderen beiden. Nach ihrer Lagerzeit werden die Genever auf ihre Trinkstärke von 38% Vol gebracht und anschließend lässt man sie für weitere zwei bis sechs Monate zur Egalisierung ruhen.

Bruggeman

Land:
Belgien
Hersteller:
Pieter Bruggeman NV / SA
Markeneigner:
La Martiniquaise

Pieter Bruggeman begann 1884 in Gent (Belgien) damit, Liköre und Genever zu destillieren. Heute liegen die Produktionsstandorte in Langerbrugge und am Wiedauwkaai entlang des Kanals im Norden der Stadt. Seit 2009 ist der französische Importeur La Martiniquaise Eigner der Firma Bruggeman.

Das Flaggschiff der Bruggeman-Genever ist der Peterman Graanjenever, der 1921 kreiert wurde und mit 30% Vol eher «leichtfüßig» daherkommt. Es wird angenommen, dass der Name eine Zusammensetzung aus Vor- und Zunamen des Firmengründers ist. Ihm wurde kürzlich auch ein modernes Flaschendesign verliehen, was ihn rein optisch deutlich attraktiver gegenüber dem früheren Look macht.

Die Hertekamp Jenever sind praktisch Bruggeman'sches Urgestein. Das genaue Jahr der Kreation des ersten Hertekamp ist nicht eindeutig festzustellen, wird aber auf ca. 1894 datiert. So hat der Hertekamp Oude Jenever (1) ein ausgeprägtes Wacholderaroma, 35% Vol und wird schon seit über 100 Jahren in Belgien vertrieben. Mit seinen 32% Vol ist der Hertekamp Jonge Jenever etwas leichter. Der Hertekamp Vieille Cuvée (2) ist ein besonderer Graanjenever mit 35% Vol, der aus verschiedenen Getreidedestillaten und Moutwijn zusammengesetzt und in Steingutflaschen abgefüllt wird. Neu im Sortiment der Hertekamps ist der HTK Diamond – ein vergleichsweise kraftstrotzender Genever mit 43% Vol.

Bruggeman Garanti Special (3) ist eine hauseigene Rezeptur neueren Datums. Bei diesem werden besonders aromatische Botanicals in den Getreidealkohol eingelegt und nicht wie üblich mit diesen destilliert.

Durch die Übernahme mehrerer Marken hat die Firma expandiert und sich zu einem der Marktführer in Belgien gemausert. Die 1887 gegründete Fryns Destille zum Beispiel wurde 1988 aufgekauft. Die Fryns Genever sind «Hasselt Jenever» – ein geschützter Herkunftsname, den nur Genever tragen dürfen, die auch in Hasselt hergestellt werden. Fryns Graan Jenever (4) hat 30% Vol, Fryns Extra Graan Jenever (5) kommt mit 35% Vol Trinkstärke und der in Steingutflaschen abgefüllte t'Hasselts Stoopke (6) ist ein drei Jahre in Eichenfässern gelagerter Oude Genever mit leichter Vanillenote und 35% Vol.

1

2

3

4

5

6

7

8

9

2011 wurde die anno 1920 gegründete Hasselt Jenever Destille «Gerard Smeets» übernommen. Zu deren farbiger Palette gehören der Smeets Classic Genever (38% Vol) – übrigens der einzige Genever im gesamten Bruggeman-Portfolio, der mit «G» geschrieben wird –, der Smeets Extra (7) (35% Vol), der Smeets Hasselt Graanjenever (8) (30% Vol), der Belegen Graanjenever in Steingutflaschen (35% Vol), der Smeets Mild (9) (30% Vol) und der Smeets Jonge Jenever (10) (35% Vol).

Seit Januar 2015 gehört eine Reihe von Marken der Wenneker Destillerie jetzt zu Bruggeman. Darunter der Goblet Jonge Graanjenever, der in enger Verbindung mit der Geschichte eines berühmten Niederländers steht, und zwar des Seefahrers Michiel de Ruyter. Dieser unternahm nämlich 1667 die tolldreiste Fahrt nach Chatham in England, wo er das Flaggschiff der britischen Flotte kaperte. Das Label zeigt den goldenen «Goblet» («Kelch»), der ihm für seine Heldentat überreicht wurde und heute Teil der Dauerausstellung im Nationalmuseum Amsterdam ist – eine würdige Illustration der Qualität dieses Genevers. Er wird mit italienischen Wacholderbeeren und Botanicals wie Süßholz, Absinth, Koriander und Fenchelsamen zweimal destilliert und ist auf 35% Vol Trinkstärke eingestellt.

Olifant – die Geschichte dieser Marke begann 1841, als die J. J. Melchers Wz. Destille in Schiedam begann, Gin (nicht Genever!) in die holländischen Kolonien in Süd- und Westafrika zu exportieren (siehe Olifant unter «Gin-Marken» für den Rest der kuriosen Story). Das Rezept von Olifant Jonge Graanjenever mit seinen 35% Vol ist über die Jahre unverändert geblieben. 2006 wurde die Flasche neu gestylt; es gibt ihn seither sowohl in der viereckigen als auch in der runden Flasche. Olifant Oude Graanjenever wird sorgfältig nach alter Tradition mit einem höheren Anteil an Moutwijn hergestellt und reift zudem ein Jahr im Fass. Er ist mit 35% Vol weich im Geschmack, besitzt eine leichte, feine Süße und milde Würze.

Smeets – obwohl nahe liegend, ist es nicht dieselbe Marke wie der oben beschriebene belgische Smeets, sondern sein holländisches Pendant. Die niederländische Destille Luis Smeets wurde 1829 in der Provinz Limburg gegründet und steht heute noch wie einst am selben Fleck, doch dient sie heutzutage als Museum – produziert wird dort nicht mehr. Das Sortiment umfasst den etwas kräftigeren Smeets Zeer Oude Genever und den milderen Smeets Jonge Jenever. Beide haben 35% Vol.

Filliers

Land:
Belgien
Firmenname:
Filliers Graanstokerij NV/SA

Im Jahre 1880 erhielt Kamiel Filliers die Lizenz zum Erbau einer Destille, die die alte, im Jahre 1863 halb abgebrannte Destille seines Onkels Karel Lodewijk Filliers ersetzen sollte. Die Filliers Destillerie überlebte die zwei Weltkriege sowie das «Vandervelde-Gesetz», welches von 1919 bis 1984 den Verkauf von Spirituosen in Tavernen untersagte.

Immer noch ansässig im malerischen Dorf Bachte-Maria-Leerne nahe Deinze in der Provinz Ostflandern, wird die sich landwirtschaftlich selbst versorgende Destille heute in der fünften Generation von Bernard Filliers geführt. Die Übernahme der Marken Van Hoorebeke (2004) und Wortegemsen (2009) machte Filliers einem der belgischen Marktführer im Genever-Segment.

Neben seinem traditionellen Korn-Genever stellt Filliers verschiedene Frucht- und Creme-Genever sowie in großen Mengen Moutwijn her, der beispielsweise an Bols geliefert und gar bis nach China und Kanada exportiert wird.

Mit dem Filliers Graanjenever 30% wurden 1880 die Grundfesten der Destille errichtet. Nach der bis heute unveränderten Rezeptur wird dieser Genever aus einem eichenfassgereiften Moutwijn mit hohem Roggenanteil und einem Getreidedestillat aus Weizen und Mais hergestellt.

Filliers Jonge Jenever wird aus hauseigenem Moutwijn hergestellt und hat 35% Vol Trinkstärke.

Die Filliers Oude Jenever sind vollständig vergärte Roggen-Genever, die ebenfalls nach einem Originalrezept von 1880 hergestellt und für mehrere Jahre in Eichenholzfässern gelagert werden. Es gibt zwei verschiedene Reifungen, die in nostalgischen Steingutflaschen abgefüllt werden: einen 5-Jährigen mit 38% Vol und einen 8-Jährigen mit 50% Vol. Beide werden kontinuierlich mit einem Wacholderdestillat vermengt, das ebenfalls 5 bzw. 8 Jahre gereift wurde. Die Lagerzeit der Genever bewirkt geschmackliche Assoziationen zu anderen Spirituosen wie Brandy und Whisky.

Des Weiteren gab es 2015 einen 12-jährigen und einen 15-jährigen Oude Genever, jedoch nur in limitierter Auflage. Die Grundlage für beide bildete ein einzigartiger Moutwijn aus 50 Prozent Roggen und 50 Prozent Malz. 75 Prozent der Gesamtmenge wurden für 12 bzw. 15 Jahre in amerika-

nischen Eichenholzfässern gelagert; die restlichen 25 Prozent in Limousin-Eichenfässern aus der gleichnamigen französischen Provinz.

Bei den Van Hoorebeke Jenever handelt es sich um einen Genever mit 30% Vol und einen Graanjenever von 35% Vol. Sie werden nach dem ältesten authentischen belgischen Genever-Rezept aus dem Jahre 1740 von Pieter van Hoorebeke hergestellt. Beide warten mit einem starken Wacholderaroma auf.

Darüber hinaus hatte Filliers sowohl einen Jubiläums-Genever namens Filliers 125 Jaar Jubileum Graanjenever als auch einen Filliers 1992 Vintage Graanjenever in limitierter Auflage herausgebracht, die jedoch beide ausverkauft sind. Wer noch Flaschen dieser beiden Sonder-Genever erspäht, sollte definitiv zugreifen! Wem das nicht glücken sollte, der darf sich ohne Wehmut an dem gerade frisch aufgelegten Filliers 1997 Vintage Graanjenever laben, der im selben Stil wie sein 92er-Vorgänger hergestellt wurde und unverändert bei 43% Vol verkehrt. Er lagerte 18 Jahre lang in Bourbon-Eichenfässern und erhielt dadurch einen leichten Vanille- und einen würzigen Nachgeschmack. Der 1997er wurde aufgrund der hohen Nachfrage unter Bartendern und Sammlern nach dem 1992er aufgelegt. Es ist also durchaus damit zu rechnen, dass nach Ausverkauf der 97er-Version eines Tages eine weitere Edition kommen wird. Man darf darauf gespannt sein!

House of Herman Jansen

Land:
Niederlande
Firmenname:
Herman Jansen Beverages B.V.

Pieter Jansen begann 1777 in Schiedam mit dem Brennen und legte damit den Grundstein des heute sich in siebter Generation in Familienbesitz befindlichen Unternehmens. 1825 wurde die erste richtige Destille gekauft. Pieters Urenkel Herman führte das Unternehmen auf internationale Märkte und schickte 1895 erstmals seine Produkte nach Afrika, Amerika und Asien. Als er mitbekam, dass ihm sein Glaslieferant einen höheren Preis in Rechnung stellte als der Konkurrenz, ließ er kurzerhand seinen eigenen Glasbetrieb errichten, den er mit einem Schuss Ironie «UTO» nannte: Uit Tegenweer Opgericht – auf gut Deutsch «Aus Gegenwehr errichtet».

Seine Nachfahren erwiesen sich als ebenso geschäftstüchtig, wie er es war, und expandierten das Unternehmen insbesondere in den 1960er- und 1970er-Jahren durch Übernahmen kleiner Betriebe, Joint Ventures und letztlich eine Fusion mit Vlek & Co., die eine Namensänderung auf (wieder einmal) UTO nach sich zog. Diesmal allerdings bedeutete die Abkürzung «Unaniem Tot Overeenstemming» («Einstimmiges Übereinkommen»). 1987 errichtete man eine neue Produktionsstätte namens «Branderij De Tweelingh» und es hat durchaus seine Bewandtnis, dass sie bewusst Brennerei genannt wird, denn in einer solchen wird das Endprodukt, der Moutwijn, aus den Rohmaterialien hergestellt; in einer Destillerie («Distilleerderij») hingegen wird der Basisalkohol eingekauft und daraus das Endprodukt destilliert.

Seit 2011 heißt das Unternehmen «Herman Jansen Beverages», und um den Namen sogar noch klangvoller zu gestalten und dadurch seine Familientradition weiter zu unterstreichen, wurde ihm zu Marketingzwecken der Name «House of Herman Jansen» gegeben.

Mit der oben erwähnten neuen Brennerei besann man sich auf die Ursprünge des Brennens und ein Genever aus 100 Prozent Moutwijn wurde wieder eingeführt: Notaris. Laut Hersteller ist es heute die einzige Genever-Marke, der es erlaubt ist, das 1902 kreierte Schiedamer Gütesiegel zum Schutz der authentischen Herstellungsweise von Genever zu tragen. Dazu mussten (und müssen) folgende Konditionen erfüllt sein:
– Das Destillat muss aus Malz und Roggen bestehen.
– Kein Neutralalkohol oder Zucker darf zugesetzt werden.
– Einzig und allein Moutwijn darf auf dem Betriebsgelände destilliert werden.

Jansen ist der erste Genever-Hersteller, der detailliert Auskunft über die Herstellung seines Moutwijn gibt. Das nötige Mehl wird in zwei Mühlen gleich hinter der Brennerei gemahlen. Täglich werden 18 Sack Mehl à 70 Kilogramm gebraucht, die eine Kombination aus Mais, Roggen und gemälzter Gerste sind. Der Maischebehälter wird mit 73 °C heißem Wasser gefüllt und darin das Maismehl verrührt. Durch das Erhitzen auf 93 °C wird alle Stärke im Mais aufgelöst. Nach einer kurzen Phase wird die Temperatur mit kaltem Wasser auf 67 °C gesenkt und Roggen sowie die gemälzte Gerste hinzugegeben. Nachdem sich die Stärke in Zucker umgewandelt hat, wird die Temperatur im Maischekessel auf 30 °C gesenkt, frische Hefe zugegeben und alles gut miteinander vermengt. Dann wird die Maische in darunter befindliche Fermentierungstanks umgefüllt, was die Hefe «auf dem Flug» mit Sauerstoff anreichert und damit der Fermentierung zuträglich ist. Dennoch dauert es zwei Tage, bis alles vollständig fermentiert ist.

Die Maische wird anschließend destilliert und der entstandene «Schwachbranntwein» von 12% Vol wird zwei weitere Male destilliert, sodass er letztlich 46% Vol aufweist. Um daraus einen trinkbaren Genever zu machen, bedarf es weiterer Schritte. Zuerst wird das Destillat in vier Komponenten aufgeteilt. Die erste bleibt, wie sie ist; die zweite wird mit Kräutern zu einem Korenwijn mit 70% Vol hochdestilliert; die dritte wird unter Zugabe von Wacholderbeeren ebenfalls auf 70% Vol destilliert; die vierte wird durch Destillation in einem Steigrohrsystem in einen stärkeren Moutwijn verwandelt, erhält dadurch 75% Vol, während sie ihren Moutwijn-typischen

Geschmack verliert. Die Notaris-Genever werden dann gemäß ihrer Rezeptur aus diesen vier Destillaten zusammengestellt, mit entmineralisiertem Wasser auf 35% Vol gebracht und zwei Wochen zur «Vermählung» aufbewahrt.

Notaris Moutwijn ist praktisch der oben beschriebene Moutwijn in Reinform, wie er nach dem Vermählungsprozess aus dem Hahn fließt. Auf der Suche nach einem authentischen Genever, der förmlich nach Ursprung schmeckt, kann man bei diesem fündig werden.

Notaris Jonge Graanjenever wird im Gegensatz zum Moutwijn nicht in der Brennerei, sondern in der Jansen-Destille zusammengestellt. Dort wird der Moutwijn mit Neutralkohol und den Botanicals versetzt, um den Jonge zu erhalten. Dieser zeichnet sich durch einen wesentlich höheren Anteil als üblich an Moutwijn aus, was ihn zu einem halben Oude Genever macht.

Notaris 3 Yrs (3 Jahre) ist der Moutwijn, der, wie der Name schon verrät, drei Jahre in Fasslagerung verbracht hat, was ihm Noten von Karamel und Anklänge von holziger Bitterkeit mitgibt.

Notaris 10 Yrs (10 Jahre) wurde für den ausgeschriebenen Zeitraum zur Reifung in Eichenfässern gelagert, was ihm eine komplexe Nase und einen Geschmack verleiht, der an bitter-süßen Single Malt Whisky erinnert.

Notaris 15 Yrs (15 Jahre) ähnelt vom Charakter her seinem jüngeren Bruder, wobei sich der Geschmack auf «schokoladig» verlegt, obwohl auch hier deutlich der Trend eines Single Malts zu verspüren ist.

Notaris Bartenders Choice ist in Kooperation mit Barkeepern kreiert worden, bringt im Unterschied zu seinen «Geschwistern» ganze 47% Vol auf die Skala und ist vornehmlich für Cocktails gedacht.

Notaris Vintage gibt es in drei Jahrgängen, die alle 38% Vol aufweisen: 1988, 1991 und 1996. Man kann also an den Fingern abzählen, wie alt diese Genever sind, und dann entweder versuchen, sich vorzustellen, wie diese wohl schmecken mögen, oder versuchen, noch eine der wenigen Flaschen zu ergattern.

Kabouter Genever ist ein Lokalprodukt, das Ende der 1950er entstand und erstmals überhaupt für sicherheitsbewusstes Fahren mit dem Slogan wirbt: «Trink fröhlich den Kabouter, nur halt nicht im Straßenverkehr!»

In der Herman-Jansen-Destille wird auch der Bobby's Schiedam Dry Gin hergestellt. Mehr darüber im Kapitel «Gin-Marken».

Seit 2009 werden für alle Notaris Genever Biozutaten verwendet.

Ijsvogel

Land:
Niederlande
Firmenname:
Graanbranderij de Ijsvogel BV

Die Kornbrennerei «de Ijsvogel» befindet sich in einer alten Wassermühle, die erste Erwähnung in einem Dokument von 1498 findet und zum Besitz des Burgherrn von Arcen gehörte. Die jetzige Mühle ist aus dem Jahre 1677 und fiel um 1928 der großen Konkurrenz der Müller untereinander zum Opfer. Seither eine Ruine, erfuhr sie zusätzliche Schäden durch den Zweiten Weltkrieg und sollte 1984 abgerissen werden, doch die Leute der Gemeinde gründeten eine Stiftung zum Erhalt dieser Mühle und restaurierten sie stattdessen. Die Inspiration zur Namensgebung «Ijsvogel» kommt von den Eisvögeln, die zu jener Zeit dort ihr Nest bauten.

Der Ijsvogel Graanjenever ist ein Jonge Genever mit 35% Vol. Für die Gewinnung des Neutralalkohols wird ein spezieller Sud aus ungehopfter, gemälzter Gerste der Lindeboom Brauerei und ein Destillierapparat von 1948 deutschen Fabrikats verwendet. Aus dem entstehenden Rohdestillat wird anschließend das Herzstück herausdestilliert, in das die Wacholderbeeren für drei Monate zum Mazerieren eingelegt werden. Die weiteren Zutaten und Abläufe bei der Fertigstellung unterliegen der Firmengeheimhaltung. Die Flaschenform wurde beibehalten, aber die Farbe von grün auf transparent gewechselt, damit der Konsument die Farbe des Inhalts besser sehen kann. Das Labeldesign ist ebenfalls neu.

Darüber hinaus kam 2015 ein Korenwijn mit 38% Vol hinzu, der zu 100 Prozent aus Moutwijn besteht, der mindestens drei Monate in Jack-Daniels-Fässern gelagert hatte.

Radermacher

Land:
Belgien
Hersteller:
Distillerie Radermacher SA

Im Jahre 1836 errichtete der Landwirt Peter Radermacher zusätzlich zu seiner Mühle eine Brennerei in Raeren, das an der Grenze zu Deutschland liegt. Als er verstarb, übernahm sein Sohn Leonard den landwirtschaftlichen Betrieb samt Brennerei.

Während des Ersten Weltkriegs beschlagnahmten deutsche Besatzungstruppen den kupfernen Brennapparat, um das Material der Rüstungsindustrie zuzuführen. Nach Kriegsende wurde ein neuer Destillierapparat gekauft und nach Leonard übernahmen dessen vier Söhne den Familienbetrieb. Durch die Besetzung der Niederlande im Zweiten Weltkrieg wiederholte sich das gleiche Drama. Da sich die Söhne nicht mit den Besatzern arrangieren wollten, wurde ihnen das Betreiben der Destille untersagt und wiederum alle Gerätschaften requiriert. Die Familie überlebte einzig durch die landwirtschaftlichen Erzeugnisse. 1948 kauften die Brüder wieder eine neue Brennanlage und erhielten eine staatliche Brennlizenz. Seit 1990 führt Bernard Zacharias, Ururenkel von Peter Radermacher, den Betrieb nach altbewährter Familientradition.

Radermacher Peket 1836 ist ein Jonge Genever mit 30% Vol. «Peket» ist der wallonische Name für Genever. Diese ostbelgische Sonderbezeichnung gibt ihm eine regionale Authentizität mit auf den Weg. Er ist ein angenehmer und milder Genever, frisch im Geschmack und mit feiner Wacholdernote.

Beim Raerener Töpfergeist handelt es sich um das älteste Produkt der Brennerei, das erstmals im Gründungsjahr destilliert wurde. Es ist ein mit Wacholderbeeren angereicherter Kornbrand mit einer Trinkstärke von 38% Vol, der in traditionellen Tonflaschen abgefüllt wird. Klarer, frischer, nachhaltiger Geschmack mit einer Verschmelzung von Korn- und Wacholderaromen. Der Name und das Design sollen an Zeiten erinnern, als das mittelalterliche Raeren ein bedeutendes Töpferzentrum war.

Radermacher hat 2013 eine Charta mitunterzeichnet, die in Zusammenarbeit mit dem Ministerium der Deutschsprachigen Gemeinschaft Belgiens das Label «Made in Ostbelgien» ins Leben rief. Ziel dieses Labels ist es, sich mit seinen Produkten als Botschafter für hochwertige Qualität aus dieser Region einzusetzen.

Rutte & Zn

Land:
Niederlande
Firmenname:
Distilleerderij Rutte & Zn

Die Ursprünge der Rotterdamer Rutte-Familie als Destillateure reichen zurück bis ins 19. Jahrhundert. Simon Rutte zog im Jahre 1830 nach Dordrecht, um sich als selbstständiger Destillateur zu etablieren. 1872 zog man in die heutige Adresse in der Vriesestraat um, wo ein Café gekauft und im Hinterhof eine Destille errichtet wurde. Rutte & Zn ist seit 1991 in der sogenannten achten Generation. Was hat es mit dieser merkwürdigen Bezeichnung auf sich? Die Firma ging nach der siebten Generation vom Familienbesitz in treuhänderischen Besitz einer Gruppe lokaler Genever-Enthusiasten über, da keiner der Rutte-Nachkommen Interesse an einer Weiterführung der Familientradition gezeigt hatte. Die neuen Besitzer fühlen sich ganz und gar der Aufrechterhaltung dieses Namens verbunden und stellen deshalb die Genever nach der alten eigenwilligen Weise des Simon Rutte her, haben die Rezepte jedoch durch den Einsatz moderner Destillierverfahren weiter perfektioniert.

Bei der Herstellung werden weder künstliche Farb- und Aromastoffe noch minderwertiger Melassealkohol verwendet. Bei den Botanicals konzentriert man sich auf die aromatischsten: Wacholder aus der italienischen Sonne, Zimtstangen aus Sri Lanka, Mandel, Sternanis, handgeschälte Orangen und Zitronen sowie handgeschnittene Äpfel und Birnen.

Der Rutte Oude Jenever (35% Vol) besteht zu zwei Fünfteln aus Moutwijn, Wacholderbeeren, Kräutern und Gewürzen und zu drei Fünfteln aus Getreidealkohol.

Der Rutte Jonge Jenever (35% Vol) wird mit Getreidealkohol und einem maximalen Anteil an Moutwijn (15%), Wacholderbeeren und Gewürzen erzeugt.

Der Oude Simon Jenever mit 35% Vol wird, basierend auf Rezepturen des Firmengründers Simon Rutte, unter Wahrung der alten Tradition gebrannt und anschließend im Fass gereift.

Der Oude Vijf Jenever setzt sich genauso zusammen wie der klassische Oude, reift dann jedoch fünf («vijf») Jahre in Eichenholzfässern, was ihm die goldene Farbe verleiht. Der Geschmack ist intensiver, was durch den etwas höheren Alkoholgehalt von 38% Vol zusätzlich verstärkt wird.

Der Oude Twaalf Jenever ist von der Zusammensetzung her identisch mit dem Oude Vijf, nur dass er zwölf Jahre Fassreife erfuhr, aber dennoch dieselbe Trinkstärke von 38% Vol aufweist.

Der Koornwyn Jenever ist ein Verschnitt aus vierfach destillierten Moutwijns unterschiedlichen Alters und wird mit Wacholderbeeren und einer eleganten Gewürzmischung zusätzlich veredelt. Er kommt in Tonflaschen und hat einen Alkoholgehalt von 40% Vol.

Der Paradyswyn Jenever ist aus ausgesprochen alten, exklusiven Destillaten zusammengestellt, die zwischen 10 und 30 Jahre in Bordeaux-Eichenholzfässern gelagert wurden. Die Trinkstärke beträgt hier 38,3% Vol. Neu im Sortiment sind drei Single-Barrel-Genever in limitierter Auflage: X-I-15 ist eine eher zufällige Bezeichnung, weil so das Fass nummeriert war, in dem der Genever zur Reife abgefüllt wurde. Bordeaux 14 Jahre und Bordeaux 15 Jahre sind im Einzelfass gelagerte Genever, deren Fässer aus dem Bestand der Nachkriegszeit stammen, in denen Rotwein an Rutte geliefert wurde. Wahre Sammlerstücke – die Genever und die Fässer! Die wohl interessanteste Neuheit ist der John White, eine jahrzehntealte Kreation von John Rutte, die die Ähnlichkeiten von Whisky und Genever aufgreift. Diese Zusammenführung des für Whisky typischen torfigen Geschmacks mit dem malzigen des Genevers und einem Touch Wacholder gipfelt in einem wirklich gelungenen, einzigartigen «Genevisky» (wenn man so sagen darf), dessen Name «John White» sich aus dem seines Schöpfers und dem der in seiner Heimatstadt geborenen historischen Figur Johan de Witt zusammensetzt.

Wenneker

Land:
Niederlande
Firmenname:
Wenneker Distilleries

Die Historie der Wenneker Destille beginnt am 16. Februar 1693, als Hendrick Steeman eine Lizenz bekam, zwei Destillierkessel für Branntwein errichten zu dürfen. 1812 kam die Destille dann in den Besitz von Joannes Wenneker, dessen Enkel Franciscus Wenneker mangels Nachfolger den Betrieb 1903 an einen Mälzer aus Schiedam namens Johannes Cornelis van der Tuijn verkaufte.

Heute führt und organisiert die vierte van der Tuijn-Generation die Destille, die sich über die Jahre national und international einen Namen für hochwertige Genever erarbeitet hat. Die steigenden Produktions- und Exportmengen überstiegen eines Tages die Kapazität der Destille in Schiedam, sodass man 1967 in das logistisch günstig gelegene Roosendaal umzog, einen Ort zwischen den Häfen Rotterdam und Antwerpen. Mit den Jahren übernahm Wenneker namhafte Destillen wie Piersma, Duys, Smeets (nicht zu verwechseln mit dem belgischen Pendant) und J. J. Melchers Wz., deren bekannteste Produktserie die Marke Olifant ist. 2014 entschied sich Wenneker jedoch, sich auf seine ursprünglichen Spirituosen und Liköre zu konzentrieren, weshalb eine ganze Reihe Marken verkauft wurde, darunter auch der Goblet Jonge, die Olifants und die Smeets (alle an Bruggeman). Stattdessen wurden dem Portfolio Eigenkreationen hinzugefügt.

Der Wenneker Oude Proever ist ein Oude Genever, dessen hohe Anzahl an ausgesuchten Botanicals sowie Wacholderbeeren für mindestens drei Tage in Moutwijn mazeriert werden. Das abschließende Destillat wird mit weiterem Moutwijn, neutralem Getreidealkohol und Wasser vermengt und anschließend für einige Jahre einem Reifeprozess in amerikanischen Eichenfässern unterzogen. Der Oude Proever Genever wird mit 36% Vol sowohl in Steingut- als auch in Glasflaschen angeboten.

Der Wenneker Korenwijn basiert auf einer jahrhundertealten Rezeptur, die ein spezielles Destillat enthält, das auf Wacholderbeeren und Süßholz basiert und drei Jahre lang in Eichenfässern mit weniger als 300 Litern Fassungsvermögen gelagert wurde. Der Destilliermeister fügt eine Mischung von verschiedenen Jahrgängen dieser Korenwijn-Destillate mit Moutwijn und Getreidealkohol zusammen. Das Destillat wird anschliessend von 60% auf 38% Vol reduziert und in Steingutflaschen abgefüllt.

Die jüngste Neukreation ist der Wenneker Genever Islay Cask Finish. Als Basis für diesen im März 2013 eingeführten Genever dient der oben genannte Oude Prover, wobei die übliche Fasslagerung nach kurzer Zeit abgebrochen wird und das Destillat in große Fässer (sogenannte Hogsheads) transferiert wird, in denen zuvor Islay Single Malt Scotch Whisky acht Jahre lang lagerte. Durch diesen letzten Schritt im Reifeprozess nimmt der Genever einen Teil des schweren, torfigen Geschmacks des Islay Whiskys an. Seine Trinkstärke ist auf doch eher sanfte 36 % Vol eingestellt. Nach der Abfüllung in Flaschen werden die einzelnen Chargen von Hand nummeriert.

Zuidam

Land:
Niederlande
Hersteller:
Zuidam Distillers BV

Diese Familiendestille wurde 1975 von Fred van Zuidam (sprich: Zaudam), einstmals Masterdestillateur bei einem namhaften Geneverhersteller, gegründet, um ausschließlich exklusive Produkte herzustellen. Ihr Bekanntheitsgrad nahm jedoch erst richtig Fahrt auf, als seine Frau Helene begann, die Verpackung und das Design zu gestalten. Das etablierte Unternehmen wird heute von den beiden Söhnen Patrick und Gilbert unter dem wachsamen Auge der Eltern geleitet.

Das Getreide wird in traditionellen Windmühlen gemahlen, aber nicht nur, um diesen wichtigen Teil der holländischen Kultur zu erhalten, sondern auch aus praktischen Gründen, denn durch diese Art des Mahlens wird das Getreide kaum erhitzt und das Mehl behält somit seine natürlichen Aromen besser.

Bei der Herstellung des Moutwijns werden zu gleichen Teilen Mais (bringt die Süße), Roggen (bringt die Würze) und gemälzte Gerste (das Rückgrat) für die Maische vermengt. Dem Gärungsprozess werden ganze fünf Tage eingeräumt, damit sich auch die feinsten Geschmacksstoffe herausbilden können. Anschließend wird die Maische dreimal in «Pot Stills» destilliert. Für Korenwijn standesgemäß ein viertes Mal.

Ein Teil der entstandenen Spirituose wird dann zusammen mit den Botanicals Wacholder, Süßholz und Anissamen destilliert. Die verschiedenen Destillate werden am Ende entsprechend der Rezeptur miteinander vermengt, auf 45% Vol reduziert und in Fässer aus amerikanischer Eiche abgefüllt, die entweder neu sind oder in denen zuvor Bourbon oder Olorosso Sherry lagerte.

Zuidam Jonge Graan Genever – eine spezielle Rezeptur von Patrick van Zuidam, die Geschmacksnoten von Vanille und Brot trägt. Mit einer Trinkstärke von 35% Vol wird er in 1-Liter-Flaschen abgefüllt.

Zuidam Zeer Oude Genever – durch einen hohen Eau-de-vie-Anteil ist sein Geschmacksbild bei 38% Vol sehr komplex. Die drei Varianten unterscheiden sich einzig und allein durch die Dauer der Fassreifung, die ein bis fünf Jahre dauert.

Der Zuidam Korenwijn wird – wie oben schon erwähnt – im Gegensatz zu den Genevers viermal destilliert. Die Botanicals und Vermischung sowie die Trinkstärke von 38% Vol sind hingegen identisch. Es gibt ihn in vier unterschiedlichen Fasslagerzeiten von ein bis zehn Jahren.

Zuidam Rye Genever – der jüngste Neuzugang. Diese reine Roggen-spirituose, deren Maische je zur Hälfte aus gemälztem und ungemälztem Roggen besteht, wird dreifach destilliert, bevor sie für mindestens fünf Jahre in neuen amerikanischen Eichenfässern gelagert wird. Anschließend werden die bereits genannten Botanicals hinzugefügt und die Trinkstärke auf 35% Vol reduziert, bevor die Abfüllung vorgenommen wird. Das Geschmacksbild enthält typische Roggenwürze, Vanille, Zimt und etwas Anis.

Bei der Flaschenform und Etikettierung greift Zuidam für sein gesamtes Produktportfolio auf das gleiche Design zurück (siehe Bilder). Zuidam hat zudem auch den Sprung aufs Gin- und Old-Tom-Tableau gewagt, siehe dazu die entsprechenden Kapitel.